読者・ユーザカード

このたびは小社の出版物をお買い上げいただき、誠にありがとうございました。このカードは、(1)ユーザサポート(2)アンケート集計(3)小社案内送付(ご希望の場合のみ)を目的とし、あくまでも任意でご記入いただくものです。いただいた個人情報は決して他の目的には使用せず、厳重な管理の下に保管いたしますので、よろしくお願い申し上げます。

アーカイブへのアクセス
—日本の経験・アメリカの経験

●この出版物を何でお知りになりましたか？

1. 広告を見て（新聞・雑誌名　　　　　　　　　　　　　　）
2. 書評・紹介記事を見て（新聞・雑誌名　　　　　　　　　）
3. 書店の店頭で　4. ダイレクト・メール　5. ニューズレター
6. インターネット　7. 見計い
8. その他（　　　　　　　　　　　　　　　　　　　　　　）

●この出版物についてのご意見・ご感想をお書き下さい。

●主にどんな分野・テーマの出版物を希望されますか？

●小社カタログ(無料)の送付を希望される方は、チェック印をお付け下さい。

□書籍　□CD-ROM・電子ブック　□インターネット

料金受取人払

大森局承認

662

差出有効期間
平成22年1月
31日まで
―切手不要―

郵便はがき

1 4 3 - 8 7 9 0

(受取人)
東京都大田区大森北1-23-8
第3下川ビル

日外アソシエーツ(株)

営業本部 行

ご購入区分：個人用　会社・団体用　受贈　その他(　　　　)		
(フリガナ) お名前	生年月日 M T S　年　月　日(　才)	性別 男・女
勤務先	部署名・役職	
ご住所(〒　　－　　)		
TEL.	FAX.	□勤務先　□自宅
電子メールアドレス		
ご利用のパソコン	(OS)	

ご購入年月日	ご購入店名(書店・電器店)
年　月　日	市区 町村

日米アーカイブセミナー2007の記録

アーカイブへのアクセス

Access to Archives:
Japanese Experiences, American Experiences

日本の経験、アメリカの経験

小川千代子
小出いずみ 編

日外選書
Fontana

装 丁： 赤田 麻衣子

まえがき

戦後六〇年を過ぎ、戦前期の記憶はおろか、戦後の記憶も薄れつつある。これを補う記録資料は今、どこにどのような状態で残されているのか、どのような利用提供体制が築かれているか、どうしたらアクセスできるのか？この疑問を軸に、日米の公文書館や歴史資料保存機関の専門家及び研究者が一堂に会し、三日間にわたる集中的な討論を行ったのが、二〇〇七年五月の日米アーカイブセミナーであった。本書は、このセミナーで発表されたペーパーと共に、主催者がセミナーを企画するにあたっての基本的な考え方を著し、一冊にまとめようとしたものである。

セミナーの概略は次のようであった。日米の基調報告者から全体状況についての報告を聞いた。次に国レベル、地方自治体レベル、大学、企業という異なる組織の関係者に、これも日米から一人ずつの報告があった。さらにアクセスという観点から日本人で米国のアーカイブを利用する研究者、米国人で日本のアーカイブを利用する研究者二名ずつをお願いし、その経験について語ってもらった。こうすることで、日米を「タスキがけ」で比較検討することができるようにしたいと考えての企画であった。また三日間のセミナーの全体について、評価報告をお願いし、公開フォーラムの最後には提言の採択を行った。

以上をふまえ、本書は提言と九章で編成した。

第一章は、アーカイブの公共性をテーマとした、セミナーの二人の基調報告で構成した。ここでは、公共性とは利用されるからこそ担保されること、秘匿されたアーカイブには公共性は生じないことが強調されている。日米のアーカイブへのアクセス環境の差異がここで把握できるだろう。

第二章は、「制度なくして利用なし」という事実を日本側、米国側の経験で浮き彫りにしている。牟田は、巷間に流布する「戦前の公文書は、保存されていない、整理されていない」という風評に反し、実際には日本の戦前公文書はかなりきちんと整理され、保存されてきていたという事実とその背景にある文書整理の制度を紹介した。また、メンゲルは、米国国立公文書館が提供するアーカイブへのアクセスが、いかに多くの法制を根拠に支えられているものかを丁寧に解説している。

第三章では、地方政府のアーカイブ組織の問題を取り上げた。アーカイブの組織的な確立が、資料へのアクセスの基礎を形成することを、日米の事例がそれぞれに明らかにしている。富永は所属の沖縄県公文書館を事例として、「県」という組織の中における公文書館の役割、位置づけとそこで行われる業務を細かく論じ、ピアス＝モーゼスはアーキビストが公開とプライバシー保護の両面の均衡をとる責任を負うことの難しさを述べながら、そこに法令準拠という柱を頼っていることを述べている。このなかで見えてくるのは、親組織とアーカイブの関係が確立したものでなければ、アーカイブ機関におけるアーカイブ資料へのアクセス提供は望めない、という単純な結論である。なお、ピアス＝モーゼスはＳＡＡアーカイブ用語集の著者であることを特に付言しておきたい。この用語集は本書編集にも非常に役に立った。

第四章は、大学のアーカイブである。日本ではまださほど普及していない「大学アーカイブ」だが、その現実を東京大学ならびに同大学院情報学環を事例に吉見と小川の対談で描出する。グリーンは米国の大学アーカイブを機関アーカイブと収集アーカイブという切り口により整理した。日米ともに、大学という組織の中でアーカイブ資料へのアクセスを確実にするにはアーカイブ資料の所在把握とその適切な整理作業、複製作成が欠かせない。とりわけ現今、複製作成にデジタル化という方法が加わったことで、アーカイブには新たな世界が広がりつつあることが見えてくる。

第五章は企業アーカイブの考察である。企業が保有するアーカイブ資料は、国や地方政府、大学のように、公開と利用提供が大前提にある、というものではない。ところがその社会的意義は企業自身が想定する以上に大きい。資料へのアクセスを考えるなら、保存しておかねばならない。つまり、保存はアクセスの始まりということは第五章の基調である。

第六章では、日本人で米国のアーカイブ利用者である大津留、小檜山、米国人で日本のアーカイブ資料利用者であるガロン、ブラウンの四人が、それぞれの経験に基づいた知見を語る。日米のアーカイブ資料へのアクセス制度の違いが、利用者の視点で克明に語られているところは、注目したい。

第七章は、日米アーカイブセミナーの全体を別の角度から検討する。古賀はセミナーで提出された問題について日米を比較しながら分析評価する。小出がまとめた質疑応答の記録では、日本人の知りたいアメリカの実践が披露される。さらに、長岡がイベントの準備と実施における情報・記録共有の諸側面について、本セミナーを事例として報告する。ここでは、情報共有が日米をつなぎ、アーカイブの保存、アクセス、公共性を高めることを確認した。

第八章は、小出がアクセスを外交課題に位置づけた論文である。アクセスとは、個別具体的な資料閲覧だけに矮小化されるべきものではない。「アクセスできる」状況の有無が時に外交問題にもかかわる。日本が世界に誇る「デジタルアーカイブ」、アジア歴史資料センターの成立の背景に何があったのか、国際関係のなかでの資料アクセスがいかなる意味をもつかを論じた。

第九章は小川のエッセイ「残すということ」である。残すことがアクセスの始まりであり、「残せる」ことのもつ意味を語る。残すことができるものは、資料を残す。残す力の強弱は、資料が残り続ける可能性にかかわる。一方、資料は保存されると、そこからアクセスの道が開ける（企業アーカイブ）。所在情報が明らかにされれば、より迅速で、より便利なアクセスが可能となる（大学アーカイブ）。アクセスのためには確立した専用の組織がほしい（地方アーカイブ）。そしてその組織を根拠づける制度がほしい（国のアーカイブ）。このように段階的に発展する希望と工夫が、歴史を紡ぎ、歴史をつくるアーカイブの存在を支える、というメッセージを汲んでいただきたい。

そして、冒頭に掲出した「提言」は、公開フォーラムの最後に採択したものである。このセミナーの成果を確定し、今後何をどのように留意しつつアーカイブのアクセスについて考え、行動するべきかを考える指針であり、本書の骨格である。

最後になったが、巻末執筆者一覧の中で、主に米国側執筆者の肩書に頻出したCAについて触れておきたい。これはCertified Archivistの略号で、米国公認アーキビスト・アカデミーが認定する公認アーキビストの資格を有することを意味する。知識・技能に関するペーパーテストの受験成績と、詳細な業績目録の書類審査を経て与えられる五年更新の専門家資格である。日本におけるアーキビスト資格制度の整備が期待される現今、参考としたい有力な先行事例として注目しておきたい。

以上、本書の構成のあらましを述べた。ここに至るまでの長い道のりをともに歩み、いつも励ましてくださった小出いずみ氏、セミナー事務局として八面六臂の活躍をされた長岡智子氏、このお二人に引き合わせて下った末吉哲郎氏、本書の作成に至る長い時間をじっと静かに見守ってくださった日外アソシエーツ社長、大高利夫氏、山下浩編集局長、出版サイドから本書の編集に精力的かつ献身的に取り組んで下さった若林月子氏ほか多くのスタッフの皆様、吉見・小川対談書き起しの労をとってくださった東京大学大学院の加藤義人氏、そのほか多くの皆様にお世話になった。お名前を挙げられなかった方も含め、記してここにお礼申し上げます。

二〇〇八年七月十八日　湘南海岸にて　　小川千代子

目　次

『アーカイブへのアクセス―日本の経験、アメリカの経験』

第四章　アーカイブ資料の共有化

第五章　アーカイブ資料の保存

第六章　アーカイブのアクセス―利用者の経験

第七章　日米をつなぐアーカイブ

日米アーカイブセミナーの提言

日米アーカイブセミナーは、二〇〇七年五月九－十一日の三日間、東京大学山上会館（東京）で、合計一五〇名余りの参加者を集めて開催され、アーカイブの公共性とアクセスについての真剣な討論を行い、次の提言を採択した。

提言1　アクセス

日米両国はそれぞれにアーカイブへのアクセスをめぐるきめごとと習慣があること、アクセスをめぐるきめごとは当該記録の作成組織により定められるということ、ならびにそうしたきめごとは、その地域や組織の文化を反映するものであることを踏まえ、さらには、アーカイブ機関には、文化の中で理解されている個人のプライバシーの尊重と保護を行う義務があることを認識しつつ、

日米アーカイブセミナーは

アーカイブ機関に対しては、利用者に対しては資料へのアクセスを最大限に提供し、記録作成機関においては説明責任の振興を促し、また国のあらゆる歴史に関する調査を可能にするよう、強く求める。

提言2　アーカイブ組織の確立

どのような種類のアーカイブ組織も、それぞれの親機関の意向にかなったアーカイブ保存戦略を追求しなければならないということに鑑み、

日米アーカイブセミナーは

1. 国レベルの行政府に対しては、政府全体の記録保管とドキュメンテーションに関するプロセスを包括的に制御する法的枠組みを創設し維持するように求め、
2. 州・都道府県および市町村政府に対しては、アーカイブ機関をもれなく設立することを推奨し、
3. 大学・研究機関に対してはその組織に関わるアーカイブ資料およびその他特殊コレクションの保存体制を確立または改善、およびこれら資料が利用者に対しては利用可能となるように整理し、そのことにより全ての利用者が少なくとも資料の目録情報を共有できるようになることへの期待を表明し、
4. 企業や事業組織に対しては、その業務記録の保存が価値ある業務であることへの認識を促進し、アーカイブ・プログラムを支援するよう招請する。

提言3　アーカイブ資料の整理・目録作成・複製作成

二〇世紀の歴史が世界規模のものであり、われわれが共有するアーカイブ遺産の持つ重要性の増加は研究利用によって証明されているのであることをここに改めて確認し、

日米アーカイブセミナーは

アーカイブ資料の公開の管理業務を担当するアーカイブ機関、専門家団体ならびに関連機関・組織に対し、整理および国際標準を満たすアーカイブ資料の検索手段の作成および公刊、ならびに二十一世紀の技術を用い

て、二〇世紀のアーカイブ記録遺産の複製作成とアクセス提供の実現により、アーカイブ記録継承を行うことを推奨する。

提言4　アーカイブ資料の保存

機関および個人の記録が将来に向けて保存されるのかどうかについて懸念しつつ、

日米アーカイブセミナーは

1. アーキビストや文書管理担当者たちが恒久的に保存する記録の評価を行う場合、ならびに歴史的資料の寄贈を追求する場合には、幅広くさまざまな利用者に配慮するよう奨励し、
2. 正史の作成を行う機関は、歴史を書くに当たり利用した資料が、将来の利用者にもアクセスできるよう保存されることを推奨し、
3. アーカイブ資料を所蔵する機関にあっては、歴史的資料を保存し保護するのに適切な予算が配分されるよう、強調する。

第一章　アーカイブと公共性

歴史の教訓—日本近代史における歴史の「誤用」について

加藤　陽子

◆はじめに

私は日本近代史、特に一九三〇年代の外交と軍事を専門とする歴史研究者であって、アーキビストではない。しかし、研究対象が、慣習的二大政党制が崩壊し、日中戦争、そして太平洋戦争に向かってゆく時期にあたっているので、どうしても政府の作成した公文書を基本資料として用いて研究することが多くなる。

歴史的な史料を読んでいると、政策決定にあたる為政者が、いかに過去の歴史が教えたり予告したりしていると自ら信じているものに縛られるか、よくわかる。こうした点については、ハーバード大学で政治学を講じていたアーネスト・メイ教授の名著『歴史の教訓』[1]が最も鮮やかに分析したことである。メイ教授が挙げた例を一つだけ挙げておこう。第二次世界大戦において、ローズヴェルト（Franklin Delano Roosevelt）大統領が無条件降伏に固執したのは、第一次世界大戦において、ウィルソン大統領が犯した過ちを二度と繰り返さないためであった。ウィルソン大統領は、十四か条の対独休戦条件を明らかにした上でパリ講和会議に臨んだために失敗したのである。

振り返ってみれば、日本も過去の教訓に縛られた例が手近に一つある。これは「湾岸戦争のトラウマ」というべきものであった。一九九一年の湾岸戦争の時、日本は多国籍軍に一三〇億ドルに上る財政支援をしながら、クウェートからもアメリカからも感謝されなかった一件は、当時の日本のジャーナリズムに大きく採り上げられた。さらに、二〇〇一年のアフガン戦争の際にも、貢献国リストに日本の名前はなかった。二〇〇三年のイラク戦争の際、湾岸戦争とアフガン戦争の失敗を繰り返すまいという、以前の深い屈辱感を一掃したいとの一念だけで、日本政府が自衛隊派遣を急いだことは、周知のことである。

この時、たとえば、九一年と〇一年の二つの戦争について、アメリカにおいて貢献国のリストを作成する際に、アメリカ現地軍作成のリストが、国防総省や国務省のチェックを受けないままに最終決定になってしまったのではないか、これは、アメリカ側の政府内決定システムの問題なのではないか、といった冷静な議論はなされなかった。つまり、感謝しないアメリカの側に、たとえば、軍事と政治の関係で軍事優位の政策決定がなされていたのではなかったかといった、相手方の構造的な問題点にも目を向けようとする姿勢は、日本側には全くなかった。

ここからわかるのは、為政者や国民が、歴史をふりかえって先例を求める時、自らが思いついた事例に囚われ、狭い類推例の中から恣意的に歴史を使いがちになるということである。為政者や国民は、しばしば歴史を誤用するわけである。本日の私の演題は、ほとんどメイ教授の本の題名から借用しているが、それは以上のようなことを述べたいがためである。

◆公文書を作成する側の自覚の問題

さて、未来への政策決定にあたる為政者や国民が、過去の歴史をしばしば誤用する点について述べた。しかし問題は、歴史を用いる以前の段階、むしろ、歴史を作成する側、つまり、公文書を作成し保存する側にあるのではないかという点につき、本日は事例を交えながらお話をしたい。

三〇年たったら公文書を公開するといった三〇年ルールは欧米の公文書館では一般的である。しかし、たとえば日本の国立公文書館に収蔵された文書から、一九七〇年代の日本の政策決定を知ろうと思ってもできない。戦後の重要な公文書さえ十分に収蔵してこなかった日本の国立公文書館の問題点が顕在化したのは、二〇〇一年の情報公開法と、国立公文書館の独立行政法人化にあった。これまで不十分ながらも、省庁から公文書館に一年間に一万七〇〇〇冊余りの公文書が移管されていたが、情報公開法の施行後、驚くべきことに、移管の簿冊数は六七四冊にまで激減した。

これでは、将来、政策決定にあたる者が過去になされた重要な意思決定の意味を確認できないし、歴史を批判的に選択して用いることもできない。さすがに、政府全体とはいえないが、二〇〇三年当時、内閣官房長官であった福田康夫氏はこの問題を深刻なものと受け止めて、「公文書等の適切な管理、保存及び利用のための懇談会」を設け、有識者を集めて何が問題なのかを議論した。情報公開法の専門家、弁護士、行政法の専門家、公文書館館長などに混じって、私も懇談会の議論に加わった。今回の会議の基調講演を依頼された理由はこうしたところにあると思う。

懇談会で議論されたことはたくさんあった。なかでも、世界の公文書館との違いから日本の問題点を見ていくと、何が問題であるのか、すぐに明確になってきた。問題は五点ほどにまとめられる。①諸外国では法律となっている文書管理法に相当する法令が日本にはないこと。たとえば、アメリカの場合は、合衆国法律集四四　公共印刷物及び公文書に関する法律があり、韓国、中国、カナダなどにも同様の法律がある。②政府内の機関が現在使用している公文書の管理について監督・指導する機関がないこと。③文書を廃棄する場合、審査・承認する機関がないこと。④省庁から国立公文書館に移管する場合、どの文書を移管するかの決定権限が国立公文書館の側にないこと。⑤歴史的史料や公文書を専門的に扱える専門職員の養成システムが未確立であること。

以上の五点は、いずれも問題点の核心に迫る点であると思われる。しかし私は、公文書を作成する側、政策決定を行う側が、文書を作成する時点で、以下のような自覚を持つことこそが大切だと感じた。つまり、自分は国家の政策決定に関わっているのだ、政策立案から決定、執行までの全体の過程を正確に残すことは、国民や国家に対する最も基本的な責務なのだ、という自覚である。

現在、電子媒体を用いての政策立案、折衝過程がごく普通に見られるようになった。皆様も日々体験されていることと思うが、電子媒体、電化メールなどを用いて、多くの人々の間で折衝を重ねてくると、文書が修正された経過などは、よほど意識しない限り、記録上にはなかなか残りにくいものである。明治期は勿論のこと昭和期などに比較しても現在という時代は、どのように政策決定が行われたのか、後世から判断する際、最もわかりにくい時代になってしまっていると思う。

そうであれば、政策立案にあたる者が文書を作成する際、自らの作成した文書が、将来、国立公文書館に移管され、保管されるのであるとの自覚をもって文書を作成し、保存することは、ますます重要になってくると思われる。しかしながら、人間に自覚を持たせようというのは、どうも道徳家の考えるにふさわしい題目であり、歴史家の考えるにふさわしい問題ではなさそうである。

歴史家としては、ただ、過去の歴史において、歴史的な史料が作成されるにあたって、いかにさまざまな力が働いて、史料が正しく遺されなかったか、その点について、江華島事件の事例からお話をしたいと思う。長い目で見れば、史料が作為されたことで、後世の歴史認識は随分と大きな影響を被った。そうした影響は必ずしも良いものばかりではなく、日本にとってマイナスになったことも多かったのである。

◆江華島事件の例―列強の目を意識した修正

政権を握る者が、権力の維持にマイナスになるために、自らに都合の悪い事実を隠蔽しようとするのは、いつも時代でもどの国々でもなされていることである。日本の場合も例外ではなかった。ただ、日本の場合、特徴的であったのは、一方で日露戦争の勝利によって列強の不平等条約体制からの離脱を図り、他方でアジアを支配する側に回れるまでの日本は、常に、列強の目を気にする必要があったということである。列強にどのように説明をするかという観点から、歴史的事実は書き換えられていった。江華島事件の例をみてみよう。

この事件は、日本の高校教科書などでは、一八七五（明治八）年九月、日本の軍艦・雲揚の艦長が、飲料水を求めるとして通告なしに艦のボートで江華島砲台に上陸しようとしたところ、朝鮮（国号は大朝鮮国）側がこのボートを砲撃したので、艦長は帰艦後、同砲台を砲撃した、と説明されてきたものである。日本政府は、事件の翌年、この事件を口実に朝鮮政府に迫り、朝鮮を開国させることに成功した。

この説明のポイントは、①上陸の目的は飲料水を求めることにあった、②国旗を掲げていた軍艦雲揚に江華島の第三砲台側から攻撃をしかけてきた、の二点にあった。このような記述は、国立公文書館の所蔵する「公文録」という史料の中に入っていた、一八七五年一〇月八日付の雲揚艦長の報告書の記録に基づいてなされてきた。つまり、当時作成された本物の記録に、以上のようなことが書かれていたのである。

しかし、東京大学文学部准教授の鈴木淳氏が、ある史料を発見したことで、一〇月八日付の雲揚艦長の報告書自体が、実のところ、事実を書き換えて修正された文書であることが判明した。これについて詳しく知りたい方は、鈴木先生の「『雲揚』艦長井上良馨の明治八年九月二九日付け江華島事件報告書」[2]という論文を参照されたい。

実のところ、「雲揚」艦長である井上は、九月二八日付で第一番目の報告書を作成していた。一〇月八日付の報告書よりも前の日付である。第一報告書には、飲料水の補給を目的として寄航したという事実は書かれていなかった。報告書は寄航の目的を「測量及諸事検捜且当国官吏へ面会万事尋問」をしようとしたと、明確に書いてあった。測量など江華島付近の調査にあたるとの目的が隠されていない。井上の感覚では、寄港して附近を探索し、地元官吏と会談するという行動は、隠すべきことではなかったのだろう。

また第一報告書には、今一点、朝鮮側が国旗を掲げた雲揚に砲撃を行ったのは、雲揚の側が砲撃を行った後であったことについても、隠さず述べてあった。この第一報告書に手を入れて修正したのが、井上の上官にあたる伊東祐麿であった。伊東は海軍大臣の河村純義に報告書を提出する際に、井上艦長の報告書を二点にわたって書き換えた。

日本側が、朝鮮の重要な砲台に対して測量を行い、砲撃に及んだことは、列強の警戒心を喚起し、また、当時の国際法からいっても許されないと考えた伊東が、第一報告書に修正を加えたのである。伊東によって修正を加えられた報告書が「公文録」に入り、それは、『日本外交文書』[3]に収録されて公刊された。一九四〇年のことである。日本側が水を求めて寄港し、国旗も掲げていたのに、朝鮮側は砲撃を加えて不当だ、といった感情が日本側には長らく抱かれたことであろう。

真実は、伊東が遺した史料が、一九六四年に防衛庁防衛研究所戦史部図書館に寄贈されたことで、どうやら生き延びることができた。しかし、鈴木先生によって二〇〇二年に正確な論文が書かれるまで、真実は眠っていたのである。近代日本における歴史史料を読む際には、こうした、列強の目や国際法の観点と矛盾のないよう、まさに史料を作成した当事者自身が修正を加えている例があるので、注意が必要である。

◆おわりに

一方で列強からの独立を願い、他方でアジアからの脱出を願った日本人は、列強の目を常に意識する一方、他方で、アジアに対する蔑視の目を持っていた。日本の近代が背負った、このような二つの方向性は、政策決定を行う者が史料を遺す際にも、大きな影響と制約をもたらすものであった点を忘れてはならないと思う。そして、戦前までの日本にとっての、列強の目、アジアへの蔑視に相当するものが、今の時代にあっては何であるのかを考えてみることは、現代を生きる日本人にとって大切なことであろう。

〔注〕

1 日本語訳は、アーネスト・メイ著、新藤栄一訳『歴史の教訓：アメリカ外交分析』（中央公論社、一九七七）。
2 『史学雑誌』第一一一編第十二号（二〇〇二・十二）六三〜七三頁。
3 外務省調査部編纂『大日本外交文書』第八巻（日本国際協会、昭和十五）一三〇〜一三二頁。

アメリカ合衆国におけるアーカイブの姿勢とアクセス

トルディ・ハスカンプ・ピーターソン

米国における記録や個人文書へのアクセスの現状は、アメリカ人の間に根強い二つの考え方が緊張関係にあることを示している。第一に、国民は政府というものを、とくに連邦政府を信用していない。だから、政府の行為に関する情報へのアクセスを求める。第二に、私生活においてはプライバシーの領域が大きいと考えられている。逆説的ながら時に人々は、自分たちは政府を信用していなくとも、政府には個人のプライバシー権を保護する義務があると考える。こうした二つの考え方が緊張関係にあり、しかもそれらがアーカイブに保存されているあらゆる種類の記録や個人文書に影響するため、アクセスのパターンは一様ではない。

本稿ではまず、米国の各種機関とそれらのアーカイブへのアクセスの現状について述べる。次に、プライバシーという重要な問題を取り上げる。プライバシーはあらゆる種類のアーカイブ機関に影響する。続いて、アクセス管理について一般に受け入れられている原則を挙げる。最後に、今日の米国におけるアクセス状況全般について考察する。

◇各種機関とそれらのアーカイブへのアクセス

◆政府の記録

まず政府についていえば、米国では政府不信は今に始まったことではない。つまるところ、アメリカ植民地への移住者はほとんどが母国の政府を信用していなかったし、政府の政策に反対だった。米国憲法の起草者らは連邦政府の権限を意図的に制限した。過去五〇年間を振り返ると、政府の行為に対するこうした懸念の表明が連邦と各州での情報自由法（ＦＯＩＡ）の制定につながり、国民が政府の記録にアクセスする権利が規定された。連邦や州のＦＯＩＡはそれぞれ異なる。連邦政府はテキサス州の記録の扱いについて口を挟めないし、同様にテキサス州はアイオワ州の記録の扱いについて口を出せない。入手したい記録がどの政府の管轄下にあるのかを知らなければ、当該政府のＦＯＩＡによりどのようなアクセス権があるのか判断できない。

ほとんどのＦＯＩＡは包括的なものではない。つまり、政府のあらゆる機関の記録を対象としているわけではない。連邦ＦＯＩＡ[1]は一九六六年に制定され、一九七四年に大幅に修正された。連邦政府の各行政機関に適用されるが、裁判所、連邦議会、大統領直属の機関には適用されない。（後に大統領記録法が制定され、現職大統領を除く歴代大統領関連の公文書へのアクセス規則が定められた）[2]。一九七〇年代以降、連邦法の適用が徐々に弱まり、一部の機関、とくに中央情報局（ＣＩＡ）の部局は議会に適用除外を認めさせてきた。

政府機関が保有する記録へのアクセスを決定する重要な要因はＦＯＩＡの適用だけではない。ＦＯＩＡの実効性は、政府が定めるＦＯＩＡ施行規則、行政機関における実際の運用、ＦＯＩＡの意味を明確にする訴訟とその判決によっても変わる。

法律に定められた期間内に行政機関が情報請求に応じているか、そして規定の期間後は裁判所の開示命令によって情報公開がなされているかが重要な問題である[3]。ＦＯＩＡに基づく情報公開請求への速やかな対応が連邦ＦＯＩＡ制定当初からの課題であり、それは今も変わっていない。連邦捜査局（ＦＢＩ）は情報公開請求を受けても回答しない例が山ほどあるといわれている。それは一つには、請求件数が多いうえ、行政機関が未処理の請求に対応すべく十分な数の職員を情報公開室に配置しようとしないからである。回答が遅れるもう一つの理由は、文書の一部を開示する場合、その部分だけで理解できることが条件となるからである（言葉を換えていえば、文書の相当部分を削除すると公開可能な情報が意味のないものになるなら、削除する必要はない）。削除（「編集」ともいう）するには行政機関が文書を実際に読んで公開できるもの、できないものを判断しなければならず、そのために情報公開請求への対応が全般に遅れる。

請求者が妥当な期間に回答を得るには、どのような方法をとれるのか。ＦＯＩＡは、一定期間に回答がなかった場合、訴訟を提起する権利を認めている。とはいえ、たいていの人は「弁護士費用を払ってまで、入手したい情報を政府に開示させたいのか」を考える。実際に訴訟を起こすのは、企業などの組織かその弁護士を務める者だけである[4]。

提起された訴訟に対する裁判所の対応も一様ではない。政府に好意的な裁判所もあれば、情報を得るために提訴した個人に好意的な裁判所もある。とはいえ、いずれの裁判所も九・一一同時多発テロ事件以降、保守化し、状況はもちろん生易しいものではない。したがって、一定期間内に回答を得るため、あるいは情報を開示しないという行政機関の決定を覆すために裁判所に訴えても、満足な結果を得られないことが多い。

連邦・州レベルの特定の公文書へのアクセスを制御する条項を含む法律は、ＦＯＩＡのほかにも多数ある。そのさまざまな条項を把握・整理しておくのが記録管理専門職の主たる任務である。そうした法律の中には情報公開を規定したものもある。たとえば、政府が行う会議の公開を求める「サンシャイン」法[5]は、連邦レベルでも州レベルでも制定され、そうした会議の記録は公開されている。とはいえ、アクセスを制御する法律はほとんどが情報公開を認めていない[6]。ＦＯＩＡを除くと、記録へのアクセスに関するもっとも重要な法律は、特定の目的のために特定の者について、例外的な事由がある場合を除き情報公開を認めないプライバシー法である。

プライバシー法は、州政府でも連邦政府でも制定されている法律の一つである。当初は単独の法律であったが、今や、特定の情報（医療情報、クレジット情報など）に関する多数の個別法でプライバシー保護が規定されている。米国では一般に州が個人データの大半を保有しており、州が率先してそうした措置を講じてきた。

州のすべてのアーカイブは、保管記録が適用除外とされる場合を除き、州プライバシー法の規定に対応しなければならない。米国国立公文書館記録管理庁（National Archives and Records Administration，NARA）は連邦プライバシー法[7]の適用を受けないが、同法によれば、連邦政府は個人情報を開示する前に、該当する個人にその旨を通知しなければならない（ただしＮＡＲＡには、連邦ＦＯＩＡが適用され、これには個人のプライバシーに関する情報を保護する条項もある）。

ＦＯＩＡとプライバシー法の影響を主に受けてきたのは、連邦機関とそれらの現用・半現用記録である。政府のアーカイブは通常、ＦＯＩＡで定められた狭い範囲のアクセス制限を適用する。個人のプライバシー保護、企業利益の保護、特定の政府利益の保護（捜査情報を含む）などであり、連邦政府においては国家安全保障や外交関係に影響する情報も保護される[8]。こうしたアクセス制限のいくつかにおいては、企業、宗教団体、非政府組織（ＮＧＯ）、大学、個人など政府以外の記録作成者の利益が考慮されている。それらの情報が政府の記録に記載されているし、それぞれが独自の記録を保護しようとしてもいる。

以下では、政府以外の主要な記録作成者とそれらの保管記録へのアクセスについて概要を述べる。

◆企業の記録

企業記録の世界は、一連の企業不祥事や会計不正事件に対処すべく米国企業改革法（サーベンス・オクスレー法）[9]が二〇〇二年に制定されて以降、大きく変わった。同法はすべての公開会社、つまり米国企業だけでなく、米国で事業を営む外国企業にも適用される。どのような企業文書をどのくらいの期間保管すべきかが規定され、電子記録やその他の書式にも適用される。監査人や政府が審査できるよう、記録は「五年以上」保管しなければならない。違反した場合の罰則も定められている。同法は今日の企業記録の保管に大きな影響を与えたが、一般市民が企業記録に直接アクセスすることを認めてはいないし、規定の保管期間が過ぎたあと、企業記録をアーカイブ史料として保存することを要求してもいない。企業アーカイブへの一般アクセスは企業が完全に制御しており、記録は企業の意向に応じて管理される企業財産の一つにすぎない。米国企業のなかには企業アーカイブをもち、社外からのアクセスを認めている企業や、歴史協会や大学の企業史料センターに記録を寄贈する企業もあるが、それらはごく一部にすぎない。企業改革法が制定された結果、企業は規定の保管期間が過ぎると直ちに記録を廃棄するようになるかもしれない。アーカイブに移すと、将来、訴訟の証拠資料ともなりかねないからだ。

民間企業に影響するもう一つの連邦法は、一九九六年に制定された「医療保険の相互運用性と説明責任に関する法律」（ＨＩＰＡＡ）である[10]。医療機関と関連ビジネスを対象とし、患者を特定できるあらゆる情報に適用されるプライバシー規則を定めている[11]。患者には自分の情報にアクセスする権利がある。個人の医療情報の提供は規制され、個人情報の不当な利用に対しては罰則が定められている。企業改革法と同じく、ＨＩＰＡＡは医療機関が保管する現用記録に直接影響するものではないが、ＨＩＰＡＡが適用される医療機関の記録（死亡者の情報を含む）がアーカイブに移行した後、それらへのアクセスはどうなるのか、疑問点がいくつも残っている[12]。

◆宗教団体の記録

米国では非政府組織に分類される宗教団体も大量の記録を保管しており、それらはその団体の財産である。ほとんどの主要宗教はその宗派全体のために、あるいは宗派内の主要な教会のために、一つ以上のアーカイブをもっている。そうしたアーカイブのなかには、少なくとも一部の記録についてだれでもアクセスできるものもあるが、主にその宗派の信者を対象とするものや、教会が事業で継続的に利用する場合を除き、おおむね非公開とされるものもある。

◆非政府組織の記録

米国社会の特徴として、米国ボーイ・スカウトから人権監視団に至るまで多数の非政府組織（ＮＧＯ）が存在する。教会など宗教団体の場合と同様、それらの記録はすべてそれぞれの財産である。記録を歴史協会[13]や大学内の資料保管所に寄贈するＮＧＯもあり、独自にアーカイブをもつＮＧＯはごくわずかである。ＮＧＯの種類によって、記録へのアクセスが重大な問題をはらむ場合がある。ヒューマン・ライツ・ウォッチのような人権調査団体は調査記録、とくに情報源が悪影響を被らないよう保護する必要がある。多くの組織は会員名簿や寄付者名簿への一般アクセスを認めていないし、ほとんどの組織では非公開で行われる理事会の議事録を一定期間公開していない（非公開でない会議の議事録は公開されることが多い）。

◆大学の記録

大学の記録へのアクセス制御は大学によって異なる。大学が連邦政府から助成を受けた場合、ある種の記録は連邦政府の規制を受ける。学生のプライバシーを保護する規制[14]に加え、連邦資金の使途を公に説明することを要求する規制がある。同様に、大学が州の教育機関であれば、その州のＦＯＩＡが大学運営に関する基本的な記録に適用される場合がある。さらに大学においては各教授が作成したり受領した資料のうち、どれが個人の管理下にあり、どれが大学の記録になるのかという問題がつねに生じる。現在、ほとんどの大学はアーカイブをもち、その大部分は一般に公開されている。

◆個人文書

最後に、米国内のアーカイブに寄贈・寄託された個人文書へのアクセスという問題がある。そうした文書は個人（本人または相続人）の財産であるから、さまざまな条件で寄贈・寄託される。一定期間は完全に非公開とされるもの、すべて公開されるもの等々、公開・非公開をめぐってさまざまな条件が付せられている。どの保存機関もできる限り公開することを勧めはするが、一定量の資料を一定期間非公開とすることは通常認めている[15]。アクセスが制限された資料には、寄贈・寄託者が関与した商取引に関係する文書である場合もあるが、それよりも配偶者や子ども、親しい友人、あるいは生存している著名な人物に関係する文書であることがずっと多い。個人の財務・医療関連資料が寄贈されることもあり、それらは利用が制限される。

◇プライバシーの概念とアーカイブ機関

では次に、最近インターネット上に「マイスペース」（MySpace）や「ユーチューブ」（YouTube）が登場した。このような技術が手軽に楽しめる時代におけるプライバシーとは何かという問題を考えてみよう。

米国憲法には、憲法上保護されるプライバシー権の存在は明確に規定されてはいないが、「権利章典」（憲法補正第一～一〇条）の条項の多くでプライバシーが保護されている。米国では、プライバシーを独立した固有の権利だとする認識は、一八九〇年に執筆された論文にさかのぼる[16]。その論文ではプライバシーをできるだけ単純化して、一人にしておいてもらう権利、不当に公衆に知られることなく生活する権利だと定義している。米国ではプライバシーの侵害は訴訟問題になりうる。プライバシーの問題にかかわる不法行為には、個人の平穏な生活や私事への不当な侵入、個人に関する私的事柄の暴露、個人について公衆に誤認させるような広報、個人の名前や肖像の無断使用などが含まれる。プライバシーをめぐる訴訟が米国では頻繁に起きている。

プライバシーとは何かをめぐり米国では活発な議論が続いているが、弁護士やアーキビストには、おおむね次のような共通認識があると思われる。第一に、生存者の医療カルテや精神疾患記録は通常、プライバシーを考慮して公開されない。たとえばジョージ・W・ブッシュ大統領は、「個人の医療記録以上に私的なものはない」と語っている[17]。第二に、顧客関係（たとえば医師と患者、弁護士と依頼人、聖職者と告解者）から生まれた情報を含む資料は通常、プライバシーを理由に公開されない。普通、死者にはプライバシー権がないが、死者に関する情報が生存者のプライバシーを侵害する場合は別である。死者に遺伝性疾患があり、生存している子どもに感染した可能性があることを示す医療記録がその典型といえる。コンピューター化された個人データ（社会保障番号などの個人識別コード、医療・クレジット・銀行情報など）が誤操作で消失したり公開されたりする事例が米国では跡を絶たない。その結果、いかに多くの個人データを政府や企業が保有しているのか、国民は認識を新たにした。

プライバシーと資料の問題は基本的には、私生活の細部にわたる情報の公開を本人が制御できるかどうかという問題である[18]。人々はどんな個人情報を他者と共有したいのか。その中身が米国では大きく変わりつつある。「マイスペース」や「ユーチューブ」などのウェブサイトには個人情報が驚くほどあふれている。ほとんどの場合、利用者自身が個人情報をサイトに掲示している。だが他者、とくに政府や企業がまったく同じ情報を公表したら、公表された本人は喜ぶだろうか。つまり、自ら、私はゲイです、養子です、エイズですといったことを公表するのはかまわないが、同じことでも他者によって公表されることは許されないのが現実である。実態としてはインターネット上にはおよそ信じられないほど個人情報が広がっているのである。このような状況は、他者が利用できる情報についての考え方を変えることにつながるのだろうか。答えはまだ見えないが、一般に受け入れられているプライバシー観が変わらない限り、アーキビストや手稿本取扱の専門家は、生存者に関するある種の資料の公開にやはり慎重な姿勢であり続けるだろう。

◇アーカイブにおけるアクセス管理

ここでアクセス管理に話を進めよう。米国のアーカイブや資料保存施設ではアクセス方針が採用されており、そこにはいくつか基本原則がある。

1．平等閲覧の原則

情報請求者のカテゴリーごとにアクセス規則が定められると、その規則は同じカテゴリー内のすべての者に平等に適用される。たとえば、個人には自分の医療情報を閲覧する権利があるが、その情報を他の者は閲覧できない。犯罪者には事件に関する情報を知る権利があるが、その情報を研究者は入手できない。個人は自分の職歴ファイルを見られるが、それを他人は見られない。つまり、同じカテゴリーの成員が同じ記録にアクセスできるのではなく、同じカテゴリーの成員が情報を請求すれば、いずれも同じプロセスで処理されるということだ。アクセス方針は、だれがどのような状況で何を閲覧できるのか、マトリクス・アプローチを必要とする。成員のカテゴリーごとにアクセスは平等であるべきだが、ある者が閲覧できる資料は、他の者が同時に閲覧できる資料とは違うかもしれない。おそらく違うだろう。

2．恒久的公開の原則

一般市民の一人に公開した資料は、その後同じ資料を請求するすべての市民に公開される。したがって、研究者も一般市民に含まれる。

3．一定期間経過後の公開

時が経過するとアクセス制限の必要がなくなる。現時点でもっとも機密性が高い情報もいずれは公開可能となりうる。問題は、どのくらいの期間にわたって資料へのアクセスを制限すべきかであり、その資料を公開できるかどうかではない。

4．アクセス方針公表

情報請求に適用される一般規則が請求者にわかるよう、アクセス方針は公表される。方針に変更があれば、それも公表される。

◇全般的考察

米国のアーカイブ機関に保存されている記録や個人文書へのアクセスについて、結局のところどういうことが言えるのか。五つの観点から見てみよう。

1．政府の記録へのアクセスとNGOや個人の記録へのアクセスとでは、一般市民の考え方が違う。政府の記録に記載されている情報がプライバシーにかかわる個人情報である場合を除き、政府の記録へのアクセスが妨げられることに一般市民はまず寛容ではない。一方、NGOや個人が組織の記録や個人文書へのアクセスを制御することには一般に寛容である。

2．九・一一同時多発テロ事件後、米国民は国家安全保障に名を借りた公文書へのアクセス制限を容認する傾向を強めた。あらゆるレベルの政府で国家安全保障を理由に非公開とされる記録が増えている。

3．企業や教会、大学、NGOは、少なくとも一定の使途については記録の公開を求める法律に従わねばならないが、組織の営利活動や財務力に影響しかねない記録の公開を相当期間にわたって拒否する傾向にある。どんな組織も人事記録は開示しない。役職候補者の審査、大学警備の手続きなど、法の執行に準じる機能を果たしたり調査活動に携わる組織は少なくないが、それらも長期にわたって情報を公開していない。

4．個人文書の寄贈者は通常、生存者のプライバシーを保護する。そのために寄贈者は寄贈契約書を作成して、寄贈資料で特定される個人のプライバシーを保護するようアーカイブに指示することが多い。

5．個人のプライバシーの概念は変わりつつあるが、その中にあってプライバシーのもっとも重要な点は、生存している個人は自分自身の情報を開示できるが、他の者や組織は本人の許可がなければその情報を開示してはならないというところにある。死者に関する情報については、プライバシー権はまずない。

アーカイブ資料によって提供される知識基盤があってこそ、学術研究は根拠のたしかなものになる。研究者にとって記録にアクセスできるかどうかが研究成果のカギになる。アクセスできなければ分析はできないし、組織の運営について記録に残されている事実や、記録や個人文書に出てくる人物、場所、事物、現象に関する情報を知ることもできない。

市民は現用記録や半現用記録にアクセスすることで、組織、とくに政府機関にはその行為に責任があると認識するようになる。ハイウェーを新設するのにどのような決定がなされるのか、あるいは企業はどのように運営されているのかを知ろうとする場合、記録にアクセスできれば、監視や規制に不可欠な情報が得られる。

アクセスは、記録が保存されている国の文化や政治の現状に大きく左右されるだけでなく、戦争や貿易、通信の国際的影響も受ける。米国のアーキビストは本当に保護すべき記録は保護し、調査研究のためにしかるべく公開できる記録はだれでも利用できるようにしようと尽力している。今も戦争が続き、人々は現状に満足していない。このような時代のアクセス方針は、政府不信から生じる情報公開の要求と個人のプライバシー保護の要求にはさまれ、今後も両者を勘案したものになるだろう。こうした環境での記録へのアクセス管理はどうあるべきか、これが現代のアーカイブの課題である。

〔注〕

1　連邦情報公開法の日本語訳については、http://www.gwu.edu/~nsarchiv/nsa/foia-japanese.htm（参照二〇〇八年七月八日）。

2　Presidential Records Act of 1978, 44 United States Code 2201-2207.［訳注］大統領記録法。本書第二章メンゲル論文四九～五二頁参照。

3　連邦ＦＯＩＡは行政機関に保管されている現用記録と半現用記録に加え、米国国立公文書館に収蔵された行政機関文書も対象とする。ＦＯＩＡの運用上問題になるのは主に現用記録と半現用記録であり、アーカイブに保管されている記録ではない。ただし、行政機関の許可なく国立公文書館が移動させることができない、国家安全保障にかかわる機密記録は対象外とされる。

4 組織も個人も情報公開請求ができる。ＦＯＩＡを利用するのに米国市民である必要はない。

5 ［訳注］本書第三章に収録したリチャード・ピアス＝モーゼス論文の注９参照。

6 たとえば、「医療保険の相互運用性と説明責任に関する法律」をめぐる議論（後述）を参照。

7 連邦プライバシー法（合衆国法典第五章第五五二ａ条）は連邦政府の行政機関の記録にのみ適用され、国内のあらゆる記録に適用されるわけではない。

8 情報やその情報を含む記録を機密扱いにするかどうかを決定する基準についてはここでは触れない。要するに基準を決めるのは、情報を作成または取得した機関であって、文書作成機関と同一でない場合がある。機密扱いを解除できるのは、その情報を作成した機関だけである。ＮＡＲＡは作成者と協力して機密扱いを解除しなければならないが、ごく一部の文書を除き、一方的に機密扱いを解除することはできない。

9 Sarbanes-Oxley Act of 2002 (Pub. L. No.107-204, 116 Stat. 745). 正式には「上場企業会計改革および投資家保護法」といい、通称「ＳＯＸ法」とも呼ばれる。

10 Health Insurance Portability and Accountability Act of 1996, Pub. L. No.104-191.

11 ＨＩＰＡＡは公共医療機関にも適用されるが、本来の意図は民間医療機関を規制することにあった。

12 アイオワ州のある郡は、調査研究のためにある公的機関の十九世紀の記録にアクセスすることを当初認めなかった。その機関は今も存在し、その現用記録にはＨＩＰＡＡが適用されるという理由による。最終的にはアクセスを認めたが、この事件は同法が調査研究に与える影響について重大な疑問を提起している。Susan Lawrence, "Access Anxiety: HIPAA and Historical Research," *Journal of the History of Medicine and Allied Sciences,* fall 2007, advance access web version published January 4, 2007, http://jhmas.oxfordjournals.org/cgi/reprint（参照二〇〇八年七月八日）。

13 ［訳注］米国では各地におかれている。郷土資料の保存を担当するものが多いが、団体の資料を保存するものもある。

14 Family Educational Right to Privacy Act (Buckley Amendment of 1974), 20 USC S.1232g. 通称ＦＥＲＰＡ。

15 アメリカ・アーキビスト協会（Society of American Archivists）は二種類のパンフレットを作成して、資料を寄託する際の基本事項を説明している。アクセス制限についても記述がある。http://www.archivists.org/publications/donating-familyrecs.asp（参照二〇〇八年七月八日）及び http://www.archivists.org/publications/donating-orgrecs.asp（参照二〇〇八年七月八日）。

16 Samuel Warren and Louis Brandeis, "The Right to Privacy," *Harvard Law Review* 193 (1890), p. 4.

17 "Warning Over Privacy of U.S. Health Network," *New York Times* (18 February 2007), p. 16.

18 連邦情報公開法によれば、企業や組織にはプライバシー権はない。プライバシーは個人の権利である。唯一の例外は、小規模事業者と個人が同一の場合である。もちろん組織には、仕事を進めるために他者にかまわないでもらう権利があるが、それをプライバシー権とはいわない。

第二章　アクセスの枠組み

戦前の公文書にかかわる神話と現実

牟田　昌平

◇はじめに

日本に国立公文書館が設立されたのは一九七一（昭和四六）年である。それまで、米国のように国の諸機関の公文書を集中して保存・管理・公開する施設はなかった。総理大臣の下に設置された日本学術会議は、一九五九（昭和三四）年十一月二八日、当時の岸信介総理大臣に対して公文書散逸防止について勧告した。学術会議が危惧したように、かなりの量の重要公文書が戦災や「人的な破棄消滅」によって失われた事実は否定出来ない[1]。しかし、戦前の公文書をデジタル化してインターネットで提供するアジア歴史資料センター構想実現にあたって行われた公文書の所在調査や、開設後五年間の経験から、戦前の公文書は、当初の予想に反して系統的に整理され、国の諸機関に残っていることが判明した。貴重な歴史公文書の散逸や廃棄は、戦前の政府機関が所蔵した公文書に関する限り「神話」ではないかというのが本論の趣旨である。一方、戦前の公文書が歴史研究に十分に利用されなかったことも事実である。この問題を克服するために二〇〇一（平成十三）年、アジア歴史資料センター（ＪＡＣＡＲと呼ぶ）が開設されたのである。本項は、ＪＡＣＡＲが提供する国立公文書館、外務省外交史料館、防衛省防衛研究所図書館が所蔵する、明治以降、終戦までの政府公文書に視点を於き、それらが如何に作成され保存され、戦後どのように引き継がれたのか、そして、ＪＡＣＡＲ設立によって戦前の公文書がどのように利用出来るようになったかについて報告する。

◇明治政府の成立と公文書の保存管理

◆古代からの伝統を持つ記録保存

東大寺正倉院宝庫には奈良時代の文書約一万二〇〇〇点が保存されている。日本には、八世紀に古代律令制度が整備されて以来、文書による行政は社会に深く根付いてきた[2]。二六〇年にわたる鎖国の後、明治維新政府が近代的行政制度を整備するにあたって先ず行ったのが、伝統的な文書管理制度を改め、欧米の近代的な制度を取り入れることであった。現在、国立公文書館には、『仏国記録書』『独逸国記録書』のように明治初期（一八七〇年前後）に取り寄せられた欧米各国の公文書館制度に関する翻訳記録が残っている。一八八五（明治十八）年十二月には太政官制度が廃止され、欧州の統治制度を模範とする内閣制度が創設された。そして、翌年（一八八六年）二月に政府の文書規則である「公文式」が制定され近代的文書管理制度が整備された。

◆天皇を頂点とする統治体制と公文書

明治政府は、一八八九（明治二二）年二月の大日本帝国憲法発布、翌一八九〇年十一月の帝国議会開催と、西欧的立憲君主国としての体裁を整えていく。一方、一八八二年の軍人勅諭や一八九〇年の教育勅語の制定に深く関わり、戦前の陸軍や官僚制の基礎を築いたと言われる山県有朋は、立憲君主制度とは矛盾する天皇の権威を神格化し、天皇を頂点とした強力な官僚統制国家を生み出した。その典型例が戦前の陸軍である。戦前の陸軍は、文書主義が徹底した近代的官僚機構であった。その一方で、上位者の決定は究極的に天皇の決定と見なされ、「現人神」である天皇の決定は無誤謬であるとされた前近代的組織であった。例えば、最近映画「硫黄島からの手紙」で話題になった硫黄島での戦いでも明らかなように、無謀な作戦でも最高意志決定機関である大本営で一旦決定されると後戻り出来ない。反論も許されない。天皇の臣民である国民は政府の決定を、『官報』や政府報道から一方的に知らされ従わされるのであった。当然、政策決定過程を示す公文書は非公開であった。勿論、議会がある程度機能し、大正デモクラシーと呼ばれる言論の自由が確保され政府批判が許された時代（一九一〇－二〇年頃）もあった。しかし、天皇が任命した役人である「官」が作成した公文書を天皇の臣民に公開するということは、無誤謬であるはずの天皇を頂点とする官僚制度の根幹をゆるがすことになる。戦前の政府にとって公文書の「公」とはパブリックではなく、「おおやけ」つまり古代地方豪族の家であった「大宅」を語源とする権威を意味するものであった[3]。

◆戦前の公文書管理・保存

戦前の公文書の管理・保存制度は、「近世以来の伝統を放棄した、国民から記録を隠蔽する、いわば天皇制官僚制度の一環として成立した」ものであった[4]。法律、条約、条令などの政府の重要事項に係わる文書は、内閣制度発足後、翌一八八六（明治十九）年に設置された内閣記録局記録課で保存・管理された。その後、内閣書記官室記録課等を経て、戦後、総理府総務課に業務は引き継がれた。そして、公文書だけでなく内閣が所有した図書類も含めて、これらの資料は内閣文庫と呼ばれた。憲法や法律の原本を含むこれらのコレクションは、現在国立公文書館に移管され、その最大のコレクションとなっている。各省庁で作成された公文書は、それぞれの省庁が独自の方法で管理・保存した。例えばプロシャ陸軍をモデルとした陸軍はプロシャの、英国海軍をモデルとした海軍は英国の影響を受けたと言われている。また、外務省の文書管理制度はデューイ十進分類法を応用した独自の整理分類方法を取っている。各機関は、保存には当たっても独自の保存施設を持っていた。戦後も、宮内庁の書陵部や外務省の外交史料館のように公文書保存のための独自施設を維持しているところがある。二〇〇一（平成十三）年に施行された情報公開法、正式名称は「行政機関の保有する情報の公開に関する法律」（平成十一年法律第四二号）の例外規定によって、独自施設を持つことを認められた機関の公文書は、公文書館への移管対象から除外されている。

戦前の公文書の保存・管理は、保存・管理という観点のみから言えば欧米諸国と比較しても遜色のないものであった。火災や地震に対しても大正時代（一九一二－一九二六）に既に防火・防災設備を完備した鉄筋コンクリート製の書庫を完備した外務省のように、関東大震災（一九二三）に際しても貴重な文書は損失されることなく残った[5]。国立公文書館が所蔵する明治初期からの内閣関係の公文書類が「ほぼ完全な形で存在している」ことからも、

省庁での公文書の保存・管理が厳密に行われていたことが推測される[6]。公文書は、天皇の官吏の文書として厳重に管理・保存されてきたといえよう。しかし、省庁毎に異なる整理分類体系を持ち非公開として個々に保存されてきたことは、現在でも戦前の公文書を理解するために、それぞれの特長を理解するだけでなく、個別の施設を訪問する必要があり、利用者にとって負担となっている。たとえば現在でも外交史専門家は外交史料館を利用しても、防衛研究所図書館所蔵の旧陸海軍文書や公文書館を利用することはまれである。

◇戦前の公文書の主な所蔵機関

一九七一年に国立公文書館が開設された後も、外務省や旧陸海軍関係資料を保存する防衛研究所から戦前の公文書が国立公文書館へ移管されることはなかった。本項では戦前の歴史を研究する上で不可欠な内閣、外務省、旧陸海軍の公文書を保存公開している三つの所蔵機関を紹介する。

◆国立公文書館

国立公文書館には、現在約六〇万冊を超える公文書が所蔵されている。その中には戦前の内閣が受領した①「太政類典」：慶応三（一八六七）年から明治十四（一八八一）年、太政官日記日誌及び公文録等から典礼条規を浄書収録し、十九部門に分類し年代順に編集したもの、②「公文録」：明治元（一八六八）年から明治十八（一八八五）年まで、太政官内部部局及び各省院使台府藩県からの伺・届及び官吏進退等の資料で国の重要文化財に指定、③「公文類聚」：明治十五（一八八二）年から昭和二九（一九五四）年までの法律や規則の原議を収録したもの）、④「公文雑纂」：明治十九（一八八六）年から昭和二五（一九五〇）年までの公文類聚に収録された以外の内閣が授受した文書を各省庁別、年次別に編集したものがある。

この他、明治十九（一八八六）年から昭和二二（一九四七）年までの「御署名原本」がある。これは、新・旧憲法、詔書、法律、条約、勅令、政令等の天皇の御名・御璽のある公布原本で貴重書のためマイクロフィルムでしか見ることが出来ないものである。さらに、明治憲法制定や外交など重要国策を諮問した枢密院の議事録である「枢密院文書」や一九七四（昭和四九）年に米国から返還された陸海軍・内務省・内閣等の二七三〇冊がある。

国立公文書館では既に全ての目録の検索がインターネットを通じて可能となっている。

国立公文書館デジタルアーカイブ：　http://www.digital.archives.go.jp/index.html（二〇〇八年四月三〇日アクセス）

◆外務省外交史料館

外交史料館には明治二（一八六九）年の外務省創設から太平洋戦争終戦までの約八〇年間の在外公館との往復電報・公信類をはじめとする外交活動にともなう資料が「外務省記録」として約四万八千冊のファイルに整理・編さんされている。旧記録と呼ばれる明治・大正期（一八六八－一九二六）の記録は、一門（政治）、二門（条約）等の八つの門に整理され、日清戦争、日露戦争、第一次世界大戦、パリ講和会議などの記録が含まれている。新記録と呼ばれる昭和戦前期（一九二六－一九四五）の記録はA門（政治、外交）、B門（条約、協定、国際会議）等の十六門に整理されており日中戦争を経て太平洋戦争終了までの外交記録が含まれている。その他、幕末から終戦までに締結された条約書約六〇〇件や幕末・明治初年（一八六〇年代）から終戦までの国書・親書約一一〇〇通等が所蔵されている。外交史料館ホームページ：　http://www.mofa.go.jp/mofaj/annai/honsho/shiryo/（二〇〇八年四月三〇日アクセス）

◆防衛省防衛研究所図書館

防衛研究所図書館は、旧陸海軍の公文書を中心に旧陸軍関係約八三〇〇〇冊（約一五〇シリーズ）、旧海軍関係約三三〇〇〇冊（約九〇シリーズ）を所蔵している。これらの資料には、軍事行政資料である陸軍省の大日記類や海軍省の公文備考類の他、終戦時、陸海軍の関係者が保管し、米軍の接収を免れた陸軍参謀本部や海軍軍令部の統帥（指揮運用）関係資料が含まれる。特に参謀本部資料の中には、昭和十五（一九四〇）年から終戦までの大本営陸軍部戦争指導班が記録していた当時の最高機密資料である「機密戦争日誌」が含まれている。その他、大東亜戦争公刊戦史編纂と戦史の調査研究のために防衛研究所が収集し又は寄贈を受けたものを所蔵している。

防衛研究所ホームページ：　http://www.nids.go.jp/（二〇〇八年四月三〇日アクセス）

◇終戦時の公文書廃棄についての神話と現実

◆神話の醸成

戦前、天皇の公文書として厳重に管理・保存されてきた公文書にとって、最大の危機は太平洋戦争であった。

本土空襲が本格化した一九四四（昭和十九）年秋、公文書の地方への疎開が始まる。戦中戦後の公文書の散逸や遺棄の全貌を示す研究や記録は少ない。公文書館に残っている内閣関係の重要文書についても疎開された記録はあるが、その実態となると不明な点が多い[7]。海軍省は横浜の倉庫や山梨県韮崎等、陸軍省は北多摩等の安全な場所に、重要公文書を疎開させた。また、外務省では一九四二（昭和十七）年の火災で防火書庫外にあった明治初期、条約改正、第一次大戦関係の一部六五〇冊のファイルを焼失し、さらに一九四五（昭和二〇）年の空襲で主要な建物が焼失したため、執務室で利用されていた公文書は失われたものの、対爆防火された記録書庫にあった公文書は無事であった。戦災によって失われた重要な公文書もあるが、疎開や日本銀行の地下金庫に保管された条約原本のように安全な保存施設での保管によって多くの貴重公文書は戦禍を免れた[8]。

しかし、終戦を前にした八月になると、政府機関で公文書の焼却が始まった、と言われている。例えば、外務省では八月七日に外務次官を委員長とする「臨時外務省文書委員会」を設置して文書処理方針を決定した。本省にある三万五千冊と疎開先にある四万冊余りの外務省記録を「情勢が一層急迫したる場合は焼棄する」とした[9]。外務省の場合、この決定が実行された形跡はない。例えば太平洋戦争開戦の経緯を示す日米交渉関係記録は、交渉開始の一九四一（昭和十六）年春から十二月七日にワシントンで手交された「最後通牒」の原本を含む電報や重要文書が残っている。外務省が何故焼却しなかったのかは不明である。

陸海軍でも、戦争指導を行った陸軍参謀本部や海軍軍令部の重要文書は焼却された、と一般に言われてきた。確かに大量の文書が焼却されたことは、旧陸軍参謀本部跡から燃え切らなかった大量の文書が発掘されたことからも、否定出来ない。しかし、極東軍事裁判で焼却され存在しないと証言された大本営陸軍部重要書類は、参謀達によって持ち出され、自宅のドラム缶などに隠されて保存された。これらの資料の存在が一般に知られたのは一九六一（昭和四六）年、中央公論社が創刊した『歴史と人物』の同年九月号から十一月号に「大本営機密戦争日誌」として一部資料が公表されてからである。海軍軍令部も同様に重要文書を隠蔽した。陸海軍省を介さず、天皇に直隷する軍令機関として作戦に携わる陸軍参謀本部や海軍軍令部の文書は、次に紹介する連合国軍総司令部（GHQ）による公文書の接収を免れることになる。昭和史を理解する上で根幹となる軍令機関の重要記録は、長い間一般の目に触れることはなかった[10]。

これら国内に残った記録や連合軍に接収され返還された旧陸海軍省の記録をもとに編纂されたのが防衛庁防衛研究所戦史室（当時）発行の「戦史叢書」一〇二巻（東雲新聞社、一九六六－一九八〇）である。「戦史叢書」に利用された文書の多くは現在、戦史室が所属する防衛省防衛研究所図書館に所蔵されている。

終戦にあたってかなり大量の公文書が焼却廃棄されたのは否定出来ない。しかし、それが言われている程徹底的なものであったかどうかについては、上述した現実を踏まえると、疑わしいと指摘せざるを得ない。このように、戦前の公文書にかかわる「神話」は、敗戦直後の社会的な混乱を経て醸成されたものと推察される。アーカイブの世界では評価選別を経て永久保存文書として公文書館に移管されるのは全体の五パーセントにも満たないといわれる。確たる証拠はないが、焼却された多くの文書は通常でも期限が来れば廃棄されるものが多かったのではと考えられる。さらに疎開によって地方に散逸していた公文書も、次に紹介するGHQによる公文書の接収作業に協力する形で元の所蔵機関へ戻された。

◆ワシントン・ドキュメンテーション・センター（WDC）による接収から返還へ

米国陸軍省副官部は、早くも一九四四（昭和十九）年の中頃、後に日本国内で戦犯裁判に必要な資料接収にあたるワシントン・ドキュメンテーション・センター（WDC）を設置した。一九四五（昭和二〇）年十一月末には先遣隊が到着し、翌一九四六（昭和二一）年三月三一日まで主要な接収作業を終えた。事前調査は十分に行われたといわれている。正確な数字は今となっては確認出来ないが、アジア歴史資料センター開設準備のために日本国際交流センターが行った委託調査では約四七万点近くの公文書・図書・刊行物等が収集され米国へ搬送されたと言われている。一九四〇年代末、公文書類五万点は米国の公文書館に、図書類と図書に誤認された文書類約二五万冊が議会図書館に移され、その他は米国の主要大学図書館に送られたと言われている。日本政府はその後公文書の返還を要求し、一九五八（昭和三三）年、陸海軍省の公文書を中心に約四一〇〇〇点が返還されている。これらは現在防衛研究所図書館で公開されている[11]。

外務省が編纂した『外務省の百年』（外務省百年史編纂委員会編。原書房、昭和四四年）によれば、WDCに接収されたのは一部の記録で、極東軍事裁判等に提出された記録もある。さらに、一九四九（昭和二四）年から五一（昭和二六）年にかけて、米国国務省と議会図書館との共同作業による、外務省記録文書のマイクロフィルム撮影が行われた。その総量は、二〇〇万ページを超え、マイクロフィルム二一〇〇巻といわれている。一九五四（昭和二九）年には議会図書館からそのリストが Checklist of Archives in Japanese Ministry of Foreign Affairs, Tokyo, Japan, 1867-1945 として出版されている。国立国会図書館には議会図書館から入手したこのマイクロフィルム二一二一巻が所蔵されている。

残念ながら、全ての公文書が米国から返還されているとは言えない。例えば、国立公文書館の場合、戦前の政府の外交政策を知る上で不可欠な資料で殆ど原文が揃っている枢密院会議録の内、日独三国同盟に関する会議録が未返還である。簿冊の形に綴じられているため図書と誤認され図書館に送られたり、何らかの理由で返還されていない重要な日本政府の公文書が今だに米国の公文書館や図書館等に眠っている可能性がある[12]。

◇「八月の幽霊」とアジア歴史資料センター

◆「八月の幽霊」

毎年、八月十五日の終戦記念日が近づくと日本のマスコミは「新資料発見」としてスクープ記事を掲載する。多くの場合、米国の公文書館（ＮＡＲＡ）での発見である。筆者も個人的に経験したがメリーランドの公文書館（Archives 2）を訪問し日本資料の専門家であるジョン・テイラー氏（John E. Taylor）に日本関係資料の検索手段はあるのかと尋ねた。彼は、自らの頭を指さして「ここにある」といったのを覚えている。終戦記念日が近づくと多くの日本のジャーナリストは彼のもとを訪れ、何か未発表の資料がないか尋ねるとのことであった。筆者が何かまだ知られていない文書があるかと尋ねると大量にあるとの返辞であった。国内でも同様である。既に紹介した三館所蔵の公文書は、以前から公開されていたにもかかわらずそれらが十分に活用されてきたとは言えない。それなのに、終戦記念日が近くなると「新事実が判明した」との記事が出る。水野雅之読売新聞論説委員は「新事実なら意味はあるが単なる季節ものなら、夏の幽霊話と変わらない。」とコラムに書いた[13]。

このようなことが起こる最大の原因は、検索手段の未整備である。検索手段が未整備のため、求める資料にアクセスするには所蔵機関に頻繁に通い職員と顔なじみになって何か新しい資料はないか尋ねることが手っ取り早い。外交史料館を例に取ると、同館が一九九二年に公刊した『外務省記録総目録』には「ファイル」のタイトルのみしか記されていない。そのため、たとえば、日米開戦への交渉経緯を研究する場合、「日、米外交関係雑纂／太平洋ノ平和並東亜問題ニ関スル日米交渉関係（近衛首相「メッセージ」ヲ含ム）」とする同様のタイトルの二一冊に綴じられた一点一点の記録を見る必要があった。その結果、日本の外交史研究者の多くは原本ではなく、外務省編纂による『日本外交文書：日米交渉一九四一年』上下巻に頼りがちになる。しかし、一九九〇（平成二）年に出版された同書には、米国や英国の暗号電報を日本側が解読していた証拠となる〝「特殊情報」綴〟と副題があるファイルは含まれていない。日米開戦に至る交渉研究の常識を覆す可能性のあるこのファイルは、以前から公開されていた。しかし、簑原俊洋神戸大学助教授（当時）が米国公文書館（ＮＡＲＡ）所蔵のＣＩＡ資料から日本の暗号解読について確認し、外交史料館で該当する〝「特殊情報」綴〟について公表するまで、その存在は一般に知られることはなかった。

なぜ公開されていた資料が発見されなかったのかについても、日本の戦前の公文書へのアクセスの問題が介在している。先ず、米国による日本外交電報の暗号解読はあってもその逆はあり得ないはずだとの常識や、重要公文書は廃棄されて残っていないはずという思いこみも、資料へのアクセスの障害となる。次にアクセスを難しくしているのが既にあげた検索手段の不備である。さらに、公文書に記された歴史用語や正式名称と現在歴史教育で学ぶ歴史用語の乖離、古文体や草書体による難読な文書も、アクセスを困難にしている。前述の『外務省記録総目録』には「特殊情報」の副題が付いていた。「特殊情報」が暗号解読文に関する用語であることを知っている軍事史研究者には簡単に識別出来ても、外交史研究者には資料を請求して開かない限りそのファイルの価値は解らない。また、資料を目にしても思いこみがその資料の本来の価値を見えなくする。

◆アジア歴史資料センター概要

目録などの検索手段の未整備、用語の乖離、そして重要公文書は終戦時に焼却されたという「神話」によって、日本では一次資料にもとづいた客観的な外交史や軍事史研究が進まなかった。その最も良い事例が虐殺は無かったとする「まぼろし派」と三〇万人以上が虐殺されたと主張する「大虐殺派」に分かれて論争が続く「南京虐殺事件」である。国内でも収拾がつかない歴史認識論争に対して一つの解決策として政府が検討したのが「アジア歴史資料センター」（ＪＡＣＡＲ）の設立構想である。

二〇〇一（平成十三）年十一月三〇日にＪＡＣＡＲは、国立公文書館の組織として開設された。一九九四（平成六）年八月三一日、アジア近隣の人々との関係改善を目的とした村山総理談話の中でＪＡＣＡＲは、過去の歴史を直視し、未来志向に立った対話のための資料を提供する施設として位置づけられた。そして、一九九九年「近現代における我が国とアジア近隣諸国等との関係に関わる歴史資料として重要な我が国の公文書その他の記録」、すなわちアジア歴史資料をインターネットで提供する本格的デジタルアーカイブとして国立公文書館に開設することが閣議決定されたのである。二〇〇七（平成十九）年三月現在、国立公文書館、外務省外交史料館ならびに旧陸海軍資料を所蔵する防衛庁防衛研究所図書館のアジア歴史資料約一二五〇万画像、目録データ約八五万件を提供している。二〇〇八年三月現在ではそれが、約一五〇〇万画像、約一〇〇万件に上っている。

◇アジア歴史資料センター（JACAR）情報提供システムの特長

ＪＡＣＡＲが提供するのは電子画像化された公文書である。図書と異なり原則として一点しかないユニークなものである。既に紹介したように、日本の公文書は所蔵機関特有の方法で整理分類されており公文書共通の整理分類方法はない。そこで既存の分類体系を横断的に整理分類するために検討されたのが七階層からなる共通整理分類体系である。国際公文書館会議（ＩＣＡ）が提唱する「国際標準記録史料記述：一般原則」（ＩＳＡＤ（Ｇ））とわが国の公文書整理の基本単位である簿冊（主題別や時系列に整理され綴じられたもの）を基本の共通単位として七階層からなる「目録データ階層構造モデル」を設定した。これによって、文書資料整理の国際的な規則となっている「原秩序尊重の原則」を壊すことなく、異なる所蔵機関の目録データの横断検索が可能となった。さらに、インターネット対応型書誌項目ダブリン・コアに我が国の文書管理の実態を考慮して十五目録項目のメタデータを採用した。なお、二〇〇六（平成十八）年秋に行った新システムへの移行では、アーカイブズ（記録史料、永久保存記録）の検索手段を電子的に符号化したＥＡＤ、**Encoded Archival Description**（符号化記録史料記述）を採用して、七階層にとらわれることなく本来の階層を再現することを可能とした[14]。

アーキビストによる要約が必要とされる「内容」のデータ作成にあたっては、各資料の先頭から三〇〇文字程度を原文のまま抽出することを原則とした。これは、図書目録にキーワードを付与する代わりに目次データを入力するようなものである。専門家の手を煩わすことなく内容検索対象となるデータを大量に増やす事が可能となった。また、恣意的なキーワードの付与を避けることが出来、検索結果の中立性を確保することにも役立っている。さらに、インターネットで一般的な自由語検索を可能とする為、原資料に含まれる歴史用語と現在使用されている歴史用語との乖離を埋めるための辞書を作成した。例えば、一般に認知されている「太平洋戦争」は公文書では使用されていない。そこで閣議決定で正式名称として採用されている「大東亜戦争」を同義語として展開して検索できるようにした。

◇終わりに

歴史認識問題は日本にとって近隣諸国との関係を考える上で避けて通れない。歴史認識を被害者と加害者の間で共有することは不可能といえる。しかし、事実の共有は可能であり双方が相手の立場を共感することが出来れば現在のような歴史認識に起因する対立を避けることが可能になる。戦前の日本の公文書は事実を跡付けるための基礎資料であるが、上述したようなアクセスの困難さから十分に利用されてきているとは言えなかった。JACARはアクセスの問題を最先端の技術を利用して克服しようとする試みとして設置された。インターネットで目録と原資料を公開することで、これまで一部研究者にしかアクセス出来なかった戦前の公文書を「いつでも」「どこでも」「だれもが」「自由に」利用出来るようにした。今後、英語検索の充実を図り特別展の英訳などを積極的に進めていくことで日本語が堪能でない利用者へのアクセスを改善していく方針である。

〔注〕

1 全国歴史資料保存利用機関連絡協議会編『日本の文書館運動：全史料協の二〇年』（岩田書院、一九九六）二四二頁。

2 安藤正人・青山英幸編著『記録史料の管理と文書館』第一章「古代・中世における文書の管理と保存」（北海道大学図書刊行会、

一九九六）二一一頁。
3　正村俊之『秘密と恥』（勁草書房、一九九五）一五〇～一五二頁。
4　前掲『記録史料の管理と文書館』二五三頁。
5　外務省外交史料館編『外交史料館所蔵外務省記録総目録戦前期：第二巻（昭和戦前期）』（原書房、一九九二）iv頁。
6　石渡隆之「太政官・内閣文庫」第一章『日本古文書学講座、九、近代編二』（雄山閣、一九八五）三三頁。
7　梅原康嗣「公文書の疎開と復帰」『北の丸：国立公文書館報』第三九号　二〇〇六　三～一八頁。
8　田中宏巳編『占領接収旧陸海軍資料総目録米議会図書館蔵』（東洋書林、一九九五）「［解説］米議会図書館（ＬＣ）所蔵の旧陸海軍資料について」。外務省百年史編纂委員会編『外務省の百年』下巻（原書房、一九六九）一二九四～一二九五頁。
9　前掲『外務省の百年』下巻　一二九六頁。
10　軍事史学会編『大本営陸軍部戦争指導班：機密戦争日誌　上』（錦正社、一九九八）vii～xiv頁。
11　（財）日本国際交流センター編『アジア歴史資料の現状と所在』一九九七　七頁。
12　公文書専門官室「公文書の接収、返還、未返還台帳（内閣関係）について」『北の丸』第三四号（平成十三年十一月刊）八八～一一七頁　http://www.digital.archives.go.jp/howto/pdf/kaiteiban_kitanomaru34gou_P88.pdf（参照二〇〇八年四月三〇日）。
13　「今年も恒例の〝幽霊〟」『読売新聞』二〇〇二年七月二五日。
14　五島敏芳「ＥＡＤを実装したアジア歴史資料センター、新情報システムによせてＩＥＡＤの概要とアジ歴への期待」『アーカイブズ』第二七号（国立公文書館、二〇〇七）五七～五九頁。

David J. Mengel

ＮＡＲＡにおける米国政府記録へのアクセス

デイビッド・Ｊ・メンゲル

「ワシントンＤＣにある国立公文書館のロタンダ[1]には、独立宣言・憲法・権利章典の原本が見たい者だれでも見られるように展示されている。大切に保管されたこの羊皮紙に記された文書は、われわれの政府と国を二世紀有余にわたり形作ってきた礎であり、わが国の民主主義の始祖たちが市民に抱いた希望・夢・大志は、この文書によって永遠に形をとどめている。しかし、アメリカの物語の大半はロタンダの壁を越えたところに、歴史や政府の職務と活動、個人の権利と権利の付与について記された記録のなかにある。すなわち、日々全米各地でわれわれがなすべき仕事にむけてプランを練り実行しているＮＡＲＡのオフィス、各地の公文書館、中間書庫、大統領図書館、閲覧室に存在しているのである。」[2]

アレン・ワインシュタイン（Allen Weinstein）
合衆国アーキビスト

米国国立公文書館記録管理庁（The United States National Archives and Records Administration, NARA）は、米国連邦政府によりまたは米国連邦政府のために作成された、永久的価値をもつ記録、すなわち、アメリカ市民の権利、連邦職員の活動、国家の歩みを記した記録の管理者である。ＮＡＲＡの所蔵資料には、立法・司法・行政機関にかかわる連邦政府の記録、フーバー（Herbert Hoover）大統領以降の歴代大統領政権における大統領資料、連邦政府職員OBや連邦政府とつながりのあった個人から寄付された資料などが含まれる。なかには米国および世界で発生したもっとも重要な民事・軍事・外交上の出来事を記録したものもある。NARAの所蔵する最古の資料は、羊皮紙文書など、アメリカ合衆国建国まで遡る。国立公文書館本館のNARA1および新館のNARA2（メリーランド州カレッジパーク）に限っても、保存・保護・提供する資料は「文書資料六〇〇万点、スチール写真一一〇〇万点余り、映画十一万二四六九巻、ビデオ二三万六五五七点、地図・海図二七六万八九〇点、建築・機械設計図三六三万九五七一点、航空写真二〇六八万七一七三点」[3]に及ぶ。

政府行政機関では毎日新たな記録が作り出され、その中には公文書館に移されるものもある。連邦政府が業務上作成した全ての記録・資料のうち、一パーセントから三パーセントだけが法律上または歴史上の重要度が高いという理由で、法的にNARAに移管され、永久保存される。これらの資料を保存維持し、一般の利用に供する政府機関が、米国国立公文書館（正式名称は米国国立公文書記録管理庁）である。

NARAの主な目的は、後世のためにこのような記録を保存しつつ、できるかぎり多くの情報へのアクセスを一般に提供することである。NARAでは毎年、何十億点もの公開可能な文書、写真、ビデオ・音声記録、設計図、地図、条約文書、ポスターほかの資料の利用サービスを一般に対して行っている。利用者は、こうした資料を全国のNARAの施設内でじかに閲覧することができる。所蔵資料の大部分は秘密指定を解除して一般公開するが、約五パーセントは国家安全保障事項として秘密指定されているか、その他の法で定める制約があるために、閲覧利用に対して不開示となる。歴史資料へのアクセスは、おそらく今日NARAが公文書館として直面するもっとも厄介な問題であろう。立法・司法・行政の三権にかかる政府記録・大統領記録から移管された歴史資料へのアクセスを提供するために、当館のスタッフは利用関係の諸規則に基づいて記録の情報公開審査を行っているが、その資料の作成機関によって適用規則自体が大きく異なることもあるためである。各記録カテゴリーには、国家安全保障事項やプライバシーなどのように、共通した開示制限もあるが、いずれのカテゴリーも独自の制限とアクセス規則がある。複雑な法令・法規をすべて把握するには、広範な訓練と長年にわたる実務経験が欠かせない。例えば司法省では、情報開示審査の担当者に対する情報自由法（the Freedom of Information Act）の基本研修に三日かけている。行政機関によっては諸規則の一部の影響しか受けないが、NARAは関連法令・法規すべてに基づいて情報開示の適否を審査しなければならない。

米国の民主主義の根幹には、政府は人民の声に答えなければならないという信念がある。政府当局の行動に対して国民が説明責任を果たさせる唯一の道は、政府をできる限り公開することである。では国民はどうすれば、連邦政府のさまざまな部局で作成・収集された情報が入手できるのか。もし情報開示が政府から拒否された場合、国民は次にどんな手段が取れるのだろうか。こんな疑問がNARA収蔵資料について寄せられた場合、これに答えるには、われわれが保管している記録の種類を確認したうえで、アクセス規則が及ぼす影響を簡略に説明しなければならない。

◇行政部門の記録

行政部門の記録は、米国大統領の管理下にある連邦政府のあらゆる行政機関が対象である。このなかには大統領府、すべての連邦行政機関、多くの独立審議会・委員会・調査機関で作成された連邦政府記録が含まれる。非開示扱いとする行政部門の記録のうちでは、国家安全保障事項として秘密指定された資料の割合が大きい。その他、非開示扱いになりうる記録として、高度に慎重を期し制定法で開示を免除されている情報、個人のプライバシー情報、企業情報、捜査情報などがある。国家安全保障情報、制定法に関わる情報、個人情報を保護することは、NARAのアクセス審査担当者にとって、最優先すべき課題である。

国民が非開示扱いの行政部門情報にアクセスするには二通りある。すなわち、情報自由法（Freedom of Information Act, FOIA）または旧命令を改正した大統領命令一二九五八号（Executive Order 12958, EO

12958）のいずれかによって開示請求が可能である。この二つの法律は、行政機関に記録の秘密指定の見直しを義務づけているが、機微に触れる情報すべての開示を求めるものではない。法の定める適用除外事項に当てはまる場合、当該情報を公開対象から除外することができる。

◆情報自由法（The Freedom of Information Act, 5 U.S.C. 552, FOIA）

情報自由法（ＦＯＩＡ）は一九六六年に議会が制定し、これによりアメリカ国民は、公表されていない政府情報の開示を請求できる法的手続きが付与された。それ以前には、国民は政府活動に説明を要求する権利はあったが、その権利を裏づける有効な法的根拠はなかった。米国議会がＦＯＩＡを制定したのは、政府の収集・作成した情報について、国民が政府に開示要求するための法的手段を確保することが目的であった。ＦＯＩＡの制定以来、興味深い状況が二つ生じた。第一は、ＦＯＩＡが全米および全世界における情報公開法の基礎になったこと、第二は記録公開をめぐる新たな問題の発現に応じて、ＦＯＩＡがさらに進化を続けていることである。

ＦＯＩＡは絶えず改正・修正・改良を重ねている。当初のＦＯＩＡは革新的法律だったが、規定を裏付ける法律上の権限はほとんどなく、請求者には政府決定に不服申立てをする手段が一切与えられなかった。一九七〇年代初頭に起きたウォーターゲート事件のあと、議会はフォード大統領の拒否権を覆して、一九七四年にＦＯＩＡの改正法を成立させた。この改正では、現行の審査・不服申立手続きを定め、国民に政府の不開示決定を提訴する能力を付与した。

一九九六年に議会は電子情報自由法改正法（ＥＦＯＩＡ）を制定した。電子的記録の増加やインターネットの発達に加え、電子的記録もＦＯＩＡの対象とする判決が出されたことに対応するためである。この改正法は行政機関に対し、電子的記録をＦＯＩＡに基づいて審査すること、利用者の希望する電子的形式が可能な場合には記録のアクセスをその電子的フォーマットで提供すること、またオンラインＦＯＩＡ閲覧室を開設して請求の頻度の高い記録を公開することを義務づけている。

二〇〇五年十二月、ブッシュ大統領は大統領命令一三三九二号（E.O. 13392）を発し、全行政機関に対してそれぞれのＦＯＩＡプログラムの見直しと、利用者サービス・ＦＯＩＡ審査プロセスを向上させる計画の策定を命じた。司法省の指揮のもとで、各行政機関は情報公開改善計画を策定し、ＦＯＩＡプログラムの不備に対処することとした。この大統領命令が加わった結果、行政機関は年間のＦＯＩＡ請求件数だけではなく改善計画の進捗状況についても、年次報告するよう義務づけられた。

端的に言えばＦＯＩＡは、行政機関で収集または作成されたあらゆる資料について、公衆に開示請求権を付与するものである。ＦＯＩＡのもとでは、政府行政機関は、情報が法の定める特定の開示制限事項に該当しない限り、できるだけ多くの情報を探索し、一ページずつ審査を行って、公衆に提供しなければならない。政府行政機関がＦＯＩＡのもとで情報の非開示を決定した場合、その機関は、法の規定する九つの適用除外事項[4]の一つを根拠として示さなければならない。行政機関が情報開示をしないとき、請求者は公開しない行政機関に直接、不開示決定に対する不服申立てを行う権利がある。この不服申立ても拒否された場合には、請求者は連邦地方裁判所システムによって政府に訴訟を提起することができる。ＦＯＩＡ訴訟において、裁判所は独自に情報を収集し、資料開示の許否を最終的に裁決する。

ＮＡＲＡは法定保管者として行政機関の永久保存記録を保管しているので、ＦＯＩＡの開示除外事項は、政府の行政記録だけでなくＮＡＲＡの所蔵する歴史的記録にも適用される。ＮＡＲＡが保管する非公開の歴史記録または行政記録の開示を請求するには、利用者は請求の提出時にＦＯＩＡに基づく請求であると書きさえすればよい。ＮＡＲＡのスタッフが資料を突き止め、公開の可否を審査し、可能と判断されれば請求された資料を開示する。

◆ＮＡＲＡの保管記録をＦＯＩＡに基づき探索する

ＮＡＲＡの保管する歴史的記録にＦＯＩＡ請求があったとき、請求に対応する記録を探し出すことが処理上最大の難問になることがある。利用者は往々にして、資料請求前に特段の調査はまったくしていないか、したとしてもごく僅かである。「ベトナムについてここにあるもの全部」見たい、「わたしの親戚に関わる情報は何でもすべて」欲しい、といったきわめて漠然とした曖昧なリクエストを私たちはよく受ける。こうした大ざっぱな要望にＮＡＲＡが費やせる資源はごく限られているし、請求に応じて実質的調査をする人員は配置していない。経験を積んだレファレンス・アーキビストが利用者に応対し、できる限り請求資料を絞り込むか、自分で記録を探す機会を利用者に提供する。ＦＯＩＡの規定では行政機関が探索にかかる手数料を請求できるよう定めているが、ＮＡＲＡは探索の手数料を請求しない。いかなる開示資料についてもＮＡＲＡの請求対象は複写費用だけである。

◆秘密指定された情報をＦＯＩＡに基づき審査する

秘密指定された国家安全保障情報や、制定法により開示対象外とされている情報について、ＮＡＲＡが一般公開できる権限はきわめて限定的である。秘密指定された記録の開示請求は処理に時間がかかるため、恒常的に多くの未処理案件が生じている。一定の場合に限り、機微に触れる情報をＮＡＲＡスタッフが修正または削除したうえで、秘密指定外の情報または秘密指定を解除した情報を利用者に提供することができる。しかし大部分については、秘密指定文書のコピーをＮＡＲＡのアクセス審査者から行政機関の審査担当者に送付し、送付先が秘密指定の解除を検討する。しかるべき行政機関すべてが当該資料を審査し、秘密指定解除の指示をＮＡＲＡに送ったときには、ＮＡＲＡスタッフが公開版を開示する。以上の調整プロセスには数年かかることもある。

◆個人情報をFOIAに基づき審査する

請求された記録を特定し、国家安全保障以外の理由によって非公開決定されたことが判明した場合、NARAのアクセス審査者は資料の全ページをくまなく読み、ほかの八つの適用除外事項に当てはまる情報がないかどうか確認する。これは長く忍耐を要するプロセスだ。安全保障に関わる情報に比べ、ほかの除外事項に相当する情報の方が、アクセスの可否を判断するNARAの裁量権は大きい。また、除外事項の確認のためにスタッフが記録を見直すにあたって、国民が情報を知る必要と機微に触れるな情報に対する法の保護とのバランスを取ることが可能でなければならない。FOIAによって義務づけられているように、NARAアクセス審査者は、機微に触れる情報をマスキングするか削除するかして、開示に適さない部分を資料から取り除き、できる限り多くの情報を利用者に提供する。

NARAの審査者が見直している秘密指定外の情報または制定法に関わる情報のうち、圧倒的に多いケースは個人情報である。瞬時にして情報にアクセスできる今日では、個人情報の盗難が現実の懸念になってきたために、われわれの審査作業は一段と難しくなっている。電子的に入手できる情報が加速度的に増えるに従い、世界中のだれでも個人情報にアクセスできる能力ができた。こうした状況が個人情報の保護をきわめて困難にしている。NARAのアクセス審査担当者は、現在用いられている個人のプライバシー情報を保護すべく極力努めているが、当館の所蔵資料が膨大なため、プライバシー情報をくまなく識別することは不可能である。個人情報以外で、FOIAに基づいて審査し不開示にすることが多いのは、捜査情報、企業情報、要注意記録である。

◆取扱い注意を要する記録（Records of Concern, ROC）

二〇〇一年九月十一日の同時多発テロの後、大多数の連邦行政機関では公開していた記録の見直しに取りかかり、何らかの情報がテロリストやテロ支援者による米国や米国民への攻撃を助けた可能性がなかったか、検証し始めた。ＮＡＲＡはこの任務を重大に受け止め、テロリストに次の活動を許す恐れのある情報が含まれていた可能性のある、以下のような記録について、体系的見直しを行った。

１．氏名と社会保障番号がセットになった情報にアクセスして、ある人物のＩＤを盗み出す。
２．公共の場に対するテロ攻撃をめざす、または計画する。
３．攻撃による損害を最大にするため、セキュリティー、避難その他の緊急時対策に関する情報を利用する。
４．破壊目的の武器になりうる物に関する情報を入手する。

まずはじめに大量の記録を識別してから、スタッフは以上のカテゴリーに特定的に当てはまる資料だけを明らかにすることができた。ＲＯＣプログラム全体では所蔵資料の約〇・一パーセントを非開示とした。このＲＯＣプログラムに基づく審査は体系的に行った。つまり潜在的に慎重を期する情報が含まれる場合、その記録全体を非開示とした。これらの非開示記録にＦＯＩＡ請求がされたとすると、ＮＡＲＡスタッフがさらに精査を行うなかで、追加的に開示される資料が出ると推測される。

◆大統領命令一二九五八号（Executive Order 12958）

機密事項を扱う国家安全保障情報を確実に保護するため、ニクソン（Richard Nixon）大統領が一九七二年に最初の大統領命令を出した。この大統領命令一一六五二号は、国家安全保障情報の秘密指定と秘密指定の解除を行う新たなシステムを明らかにした[5]。一九七二年以降三回にわたり大統領命令が大改正された。現在、アメリカ合衆国の秘密指定記録の閲覧は、改正された大統領命令一二九五八号（以下本稿では命令）によって規定されている。これは、ビル・クリントン（William J. Clinton）大統領が一九九五年に制定し、後にジョージ・ブッシュ（George W. Bush）大統領が改正したものである。この命令のもとで、秘密指定された記録は、体系的審査、義務的審査、自動的な秘密指定解除という三つの方法によって秘密指定解除が可能である。

◆自動的秘密指定解除（Automatic Declassification）

前述の三つの秘密指定解除のルートの中で最大の意義を持つのは、自動的な秘密指定解除のルールである。自動的に秘密指定を解除するというコンセプトは新しくはないが、あらゆる秘密指定情報が（特定的に適用除外される場合を除き）自動的に指定解除される期日を定めている点はこの命令独自のものである。この大統領命令一二九五八号により、秘密指定情報はすべて確認したうえ、開示を適用除外しなければならない。さもなければ、その記録群の中でもっとも古い記録が秘密指定されて二五年経った年の一月に、自動的に秘密指定が解除される。各行政機関は保有する歴史的記録を一ページ単位で見直し、まだ秘密扱いすべき情報が含まれていないかどうかの確認を迫られた。しかもその確認作業は当該機関の情報だけにとどまらず、その記録に含まれるほかの行政機関についても必要だった[6]。秘密指定されていた情報は、自動的秘密指定解除の期限に先立って、当初の指定を行った行政機関がその記録を適用除外としたか、移送したものを除き、自動的に秘密解除される。

また大統領令一二九五八号によって、秘密指定解除された情報を各行政機関が不開示にしたり再指定したりするのは、いっそう困難になる。ある行政機関が、機関自身の情報が不適切に秘密指定解除されたと判断した場合、その機関の上級職員が再指定を求める措置を講じるとともに、情報保安監督局（Information Security Oversight Office, ISOO）に対応を通知しなければならない。こうした対策を取れば、現場でアクセス審査に携わる担当者が、何の通知も根拠もなしに資料にマル秘のスタンプを押して非開示にするような事態は未然に防げる。

大統領令一二九五八号が定めた自動的秘密指定解除は、数度の期限延期のあと解除日が確定し、二〇〇七年一月一日に発効した。秘密指定されていた何百万ページもの情報が一夜にして指定解除されたのである。残念ながら国立公文書館は秘密指定を解除された膨大な記録に対応が追いつかない。何百万ページもの文書が秘密指定解除されているなか、ＮＡＲＡでは今もＦＯＩＡ請求の適用除外情報を所蔵記録から取り除く作業を行い、膨大な量の資料を一般公開できるよう努めている。他の部署から応援を得ているにもかかわらず、一般公開に向けた未処理文書資料が山をなしている。

ＮＡＲＡが一次審査結果の処理を続けている間も、次の解除期日に向けて時は過ぎてゆく。自動的秘密指定解除は毎年行われ、今年もまた秘密指定から二五年経過する記録が新たに発生する。二〇〇八年一月一日に自動的に秘密指定が解除される前に、こうした記録の見直しを行わなければならない。さらに、二〇〇九年の移送期限に備えて、各行政機関はすでに移送事項の見直しを始めている。

現在この期限が関係するのは秘密指定された文書資料に限られる。所蔵資料のうちの紙以外の記録媒体には大統領命令によって別の期限が設けられた。二〇一一年一月一日、特定のメディア資料に対する自動的な秘密指定解除の定めが発効する。ＮＡＲＡにとってこれがどれほどの難事なのか、すでに目に見えている。ＮＡＲＡはフィルム・音声記録・ビデオテープ・写真・地図・電子的記録など、あらゆるタイプのメディアを保管しているが、その多くは時代遅れかもはや使われなくなったものである。ＮＡＲＡはこの問題に取り組み始めたばかりだ。今後二年間でメディア・タイプの異なる秘密指定情報へのアクセスを確保しなければならない。そして、秘密指定がまだ続いている情報を確認する際に各行政機関が利用できる審査手続きを確立しなければならない。

◆義務的な秘密指定解除審査（Mandatory Declassification Review , MDR）

大統領命令一二九五八号には「秘密指定解除の義務的審査」（ＭＤＲ）規定が置かれ、公衆に特定の秘密指定資料に対する開示請求権を与えている。この規定は、連邦政府・立法府の記録および寄贈された記録に含まれる秘密指定情報を請求できるという点で、ＦＯＩＡの限界を超えるものである。大統領命令一二九五八号のＭＤＲ条項に基づいて請求者がアクセス請求した場合、当該機関は請求資料について秘密指定解除の可否を審査する義務が課される。審査の結果、行政機関は請求資料の公表を拒否することはできるが、拒否する場合にはその理由として大統領命令の定める九つのカテゴリーの一つを示す必要がある[7]。

開示拒否の機関決定に対して請求者が上訴を望む場合には、上訴手続きを定めている。行政機関は、請求者に対し、直接当該機関に異議申立てをする機会を与える義務がある。最終的な上訴機関として、諸機関間安全保障機密上訴委員会（Interagency Security Classification Appeals Panel, ISCAP）を設けた。この委員会は大統領機関であり、国防総省、国務省、司法省、ＣＩＡ、ＮＡＲＡの代表で構成され、国家安全保障会議（National Security Council）が議長を務める。また省庁間安全保障監督局（Interagency Security Oversight Office, ISOO）が補佐し、監督局の局長が事務局長の役を担う。ＩＳＣＡＰ委員会は上訴の内容をよく検討し、秘密指定を解いて開示情報を追加するか、非開示を決めた当初の機関の決定を支持するかを裁決する。

秘密扱い情報に対する開示請求を義務的審査制度のもとで処理するプロセスは、ＦＯＩＡに基づいて秘密指定記録を処理するのと大変よく似ている。記録を作成した行政機関の書面による具体的なガイダンスがない限り、ＮＡＲＡが行政機関の情報の秘密指定を解くことはできない。ＮＡＲＡは、請求対象の資料をコピーし、当該の機関に送付して、見直しと指定解除の検討に付す義務がある。情報を作成した行政機関が複数にまたがる場合には、各機関とも情報を検討する機会を確保しなければならない。またその場合、ＮＡＲＡは請求者に対する回答の調整を担当する。各機関から決定がすべてＮＡＲＡに届いた段階で、ＮＡＲＡは請求された資料をすべて開示するか、行政機関の求めに応じて非公開にするか、請求者のために閲覧できる情報の写しを作成するかの対応を取る。この調整過程によって、秘密指定を解除するプロセスがさらに何年か長引くこともある。

◇大統領記録

かつて大統領の文書や記録の多くは紛失したり、破棄・売却されたり、保管状態が悪くて破損するなどした。フランクリン・ルーズベルト（Franklin D. Roosevelt）大統領は高名な歴史家や学者の助言を容れて、後世のために大統領の職務に関連する記録を保管する公共の保存施設を設立した。ルーズベルト大統領は、今日まで引き継がれている伝統に先鞭をつけて、大統領図書館建設費用の寄付を民間から募り、後にこの大統領図書館を米国政府に移管して、ＮＡＲＡ国立公文書館の運営に付した。

議会はこの路線を法制化し、一九五五年に大統領図書館法（Presidential Libraries Act）が成立した（一九八六年修正）。大統領図書館システムは十一の大統領図書館とニクソン大統領資料館で構成され、ＮＡＲＡの大統領図書館部（Office of Presidential Libraries）の管理下にある。大統領図書館は普通にいう図書館ではない。公文書館・博物館であって、それぞれが、ある一人の大統領とその政権に関わる資料・所産を一か所に集積し、研究や議論のために政治的見解や所属に関わりなく一般に開示するものである。

大統領記録へのアクセスには三つの法律が適用される。一九五五年制定の大統領図書館法（Presidential Library Act, PLA）、一九七四年制定の大統領録音記録及び資料保存法（Presidential Recordings and Materials Preservation Act, PRMPA）、一九七八年大統領記録法（Presidential Records Act of 1978）の三法である。この各法は異なる法的地位を対象とするため、適用されるアクセス規定もそれぞれ違いがある。

◆大統領図書館法（一九五五年）（44 U.S.C. 2108）

大統領図書館法は、大統領時代の文書を公開して研究に役立てるため文書の収容施設を設立したいというルーズベルト大統領の提案を受け、議会で可決された。同法が制定される前は大統領の退任に伴って文書も持ち去られ、多くの場合は散逸や損傷を免れず、個人コレクターに売却されることもあった。大統領図書館システムを確立したのは大統領図書館法である。大統領の個人的文書が政府に寄贈されたため、これらの大統領図書館は「寄贈」図書館とも言われる。文書の保存とアクセス提供は引き続き政府の管轄である。資料へのアクセスの管理は、寄贈時に大統領本人または家族から示された制限条件に従う。秘密指定もしくは慎重を期する政府情報の保護は、全ての贈与証書が認めている。閲覧希望者は、大統領命令一二九五八号の義務的審査（MDR）規定により、国家安全保障情報の開示請求を行うことができる[8]。

◆大統領録音記録及び資料保存法（一九七四年）（44 U.S.C 2111note）

前述したとおり、ウォーターゲート事件後、米国議会は破棄される恐れのあったニクソン大統領の資料を保護するため､大統領録音記録及び資料保存法（PRMPA）を成立させた。ニクソン資料の押収はこの法によって実現し、一般公開のガイドラインも定められた。これは寄贈図書館の閲覧規則とくらべると大きな違いである。PRMPAという法律の制定は、大統領記録の法的位置づけが大きく転換していく前触れをなした。寄贈図書館の場合と同じく、秘密指定情報へのアクセスは義務的審査（MDR）請求によって可能である。PRMPAの下では、アーキビストは公衆、現職大統領、通知を要請していた元行政当局者に対し通知を送付しなければならない（一般公衆には連邦官報により公表する）。通知を受けとった人々は公開に先立って資料・物件を検討する機会を有する。この法律の範囲は限定的ではあるが、大統領記録の法的位置づけに重要な影響を及ぼした。この法律によって確立したアクセス規定は、一九七八年の大統領記録法の土台になっていった。

◆大統領記録法（一九七八年）（44 U.S.C. 2201-2207）

大統領録音記録及び資料保存法（PRMPA）につづき、一九七八年大統領記録法（PRA）が制定された。この新法によって大部分の大統領記録は私文書という位置づけから公文書に変わり、新たな法律上の仕組みを確立して、大統領自身が記録の管理をしなければならないと定めた。大統領記録法の具体的内容は次のとおりである。
・記録の公的所有権の定義と明示を行う。
・現職大統領の記録の保管と管理の責任を大統領に置く。
・現職大統領は、行政的価値・歴史的価値・情報または証拠としての価値を失った記録を廃棄することができる。ただしその実施は、現職大統領がＮＡＲＡ長官たる合衆国アーキビストから廃棄対象の検分を受けた後とする。
・大統領およびそのスタッフに対し、あらゆる実際的手段を尽くして大統領記録から個人記録を分離して整理保管するよう求める。
・右記の情報の審査と一般公開のプロセスを定める。具体的には、ＰＲＡは政権終了後五年を経た大統領記録の一般公開をＦＯＩＡによって認めるが、その反面、大統領が最長で十二年間にわたり、一般公開に六項目の特定開示制限を加えることを可能にしている。またＰＲＡは非公開記録について、前大統領・現大統領に三〇日前までに通知を行った後に、議会・法廷・次期以降の政権が特別アクセスを得る手続きを定める。
・副大統領の記録についても、大統領記録と同様の取り扱いを義務づける。

ＰＲＡは一九八一年に発効し、レーガン大統領から現大統領までの政権に由来するあらゆる大統領記録を対象とする。

二〇〇一年十一月、ブッシュ大統領は大統領命令一三二三三号（Executive Order 13233）を制定し、ＰＲＡの施行方針を命じる指針とした。一三二三三号は従来の指令に代わるもので、公開予定の資料を審査する大統領権限を拡大した。この大統領命令のもとでは、ＮＡＲＡは現大統領と大統領経験者に対し、公開が提案されている資料のコピーを提供しなければならない。その審査期間に九〇日間を設定する規定である。各大統領は、各自の見直しに基づき、大統領特権に該当すると判断される記録の公開を拒否することができる。

大統領記録はその法的地位が変化するとともに、ＰＲＡが規定する記録がＦＯＩＡのもとで審査されるようになった。この変化によって、公衆はＰＲＡ記録のアクセス請求がしやすくなったが、反面大統領図書館の担当者にとってはアクセス審査がますます難しくなった。扱う対象は本質的にきわめて新しい記録である。審査作業が極端に複雑になり、困難になった理由はここにある。審査の複雑さが倍加し、それはそのまま作業量の問題につながる。大統領記録がＦＯＩＡの対象になるとまもなく、ＰＲＡが適用される大統領図書館にはアクセス請求が押し寄せる。そのために処理に何年もかかるほど未処理案件がたまってゆくのである。

◇立法記録

国立公文書館ＮＡＲＡは米国議会における立法記録の保管を担当している。保管対象は、米国上下両院・議会各種委員会・立法補佐機関の歴史的価値がある記録だ。上下両院の記録は公式の委員会記録で構成され、議員の私文書ではない。これらの記録は物理的にはＮＡＲＡに移管されるが、法的には両院の管轄下にある。

ＮＡＲＡに移管された議会の記録には、上下各院がそれぞれ定めた開示規制要件があり、これに従う。下院規則Ⅶ（House Rule VII）は、未公開の委員会記録が三〇年経過した時点で公開できると定めている。上院決議第四七四号は、二〇年経過した未公開上院委員会記録の公開を認めている。各種調査委員会の記録に個人のプライバシー情報と法執行情報を含む可能性がある場合、その記録については、五〇年の間、非公開とすることができる。なお、両院が作成した公聴会の記録や公開済み報告書などの大部分は直ちに公開されている。下院記録の開示請求に対する不服申立ては、下院の議事担当書記（Clerk of House）に、上院記録への不服申立ては、その記録を作成した委員会に対して行う。

立法補佐機関（Legislative support agencies）では、上下両院とは別に独自のアクセス制限を定める。政府印刷局（Government Printing Office）や議会予算局（Congressional Budget Office）などの立法補佐機関は、記録をＮＡＲＡに移管すると同時に公開する場合が多い。議会が設置した委員会のひとつ、九・一一委員会は、ＮＡＲＡに記録を移管した際、五年を経過した二〇〇九年一月以降はできる限り多くの記録を一般に開示する、との指針を添えた。九・一一委員会の記録の多くは、行政部門の機関によって秘密指定されたもので、大統領命令一二九五八号に従って秘密指定を解除しなければならない。一般にＦＯＩＡを反映したＮＡＲＡの一般的規制要件が適用される情報も、その一部には含まれる可能性がある。

◇司法記録

司法記録とはあらゆるレベルの連邦裁判所が訴訟の結果として作成・収集した記録であり、証拠として提出された証拠物件も含まれる場合が多い。ＮＡＲＡが所蔵する裁判記録は、合衆国連邦地方裁判所（District Courts of the United States）・連邦請求裁判所（U.S. Court of Claims）・連邦商事裁判所（U.S. Commerce Court）・司法省請求裁判所担当部署（Court of Claims Section）・連邦最高裁判所（U.S. Supreme Court）・連邦控訴裁判所（U.S. Court of Appeals）・連邦租税裁判所（U.S. Tax Court）・国際貿易裁判所（U.S. Court of International Trade）・合衆国裁判所事務総局（Administrative Office of the United States Courts）などの記録である。一般から高い関心を持たれている破産裁判所（Bankruptcy Court）の記録、地方裁判所の訴訟事件記録などは、全国各地にある記録保管業務施設（Regional Records Services Facilities）で見つけることができる。

◆司法記録へのアクセス　Access to Judicial Records

ＮＡＲＡの所蔵する司法記録へのアクセスは、既定のアクセス関連諸法に基づくものではない。議会記録へのアクセスの場合と同じく、連邦裁判所がその記録の一般公開の可否を決める。一般的に、公開の裁判で用いられた記録は、公開の対象であると考えられる。ＮＡＲＡでは、公開裁判で証拠として提出された情報や示された情報はすべて開示する。これに対し裁判所は、業務の一環として使用または作成した記録を非開示にすることができる。司法記録の非開示指定が解除できるのは、はじめに非開示扱いを命じた裁判所だけなので、非開示の法廷記録に公衆がアクセス請求するには、はじめに非開示を決定した当該裁判所にアクセス申請するよりほかない。まれなケースだが、国民の知る必要性が記録を非開示として保護する必要性より重大であることを裁判所が認めると、裁判所は非開示指定を解除するに至る。

ＮＡＲＡの所蔵する司法情報のなかでもっとも機微に触れるものは、大陪審の調査に関わる資料である。大陪審が入手した情報は連邦刑事訴訟規則（Federal Rules of Criminal Procedure）または裁判所により非開示とされた情報はいずれも、裁判所に申請してはじめて開示されうる。大陪審情報を識別することは一般に難しくはないが、時として司法記録以外の資料に混じっていることがある。当然ながら、司法省の記録や独立検察官の調査記録の中に入っている例が一番多い。大陪審の情報が正式の開示手続きによって公開されたことを確認できない限り、ＮＡＲＡの審査担当者はその情報を厳重に保護、つまり非開示とし続ける立場をとる。

◇まとめ

ＮＡＲＡのアクセス審査担当者は、法的に可能な限り多くの所蔵資料を国民に開示するために取り組んでいる。周知の通り、ＮＡＲＡが所蔵する記録は膨大な数に上るうえ、情報公開に先立って検討すべきアクセス法は多岐にわたる。アクセス請求の処理に完璧を期するため、ＮＡＲＡでは多様なアクセス法に通暁した職員がアクセス審査を担当している。アクセス担当者はつねに、公共の利益として開示する必要と情報保護を要求する法律とのバランスを取っていかなければならない。きわめて難しい作業でありながら、長く単調なプロセスを要し、大きなプレッシャーがかかる場合もある。担当者はごく短時間のうちに、大量の資料を一ページずつ綿密に見直す作業を完遂するよう求められることも少なくない。このように困難は多々あるが、アメリカ国民のニーズに応えるべくあらゆる努力をするのが、ＮＡＲＡスタッフとして私たちの仕事なのである。

ＮＡＲＡは全体としてあらゆるレベルのアクセスに対応している。現在は、国内外どこからでも人々が記録にアクセスできるように、ウェブでの対応を増強中である。ＮＡＲＡのサイト（www.archives.gov）から入って、ＮＡＲＡ所蔵情報の五〇パーセント以上を収録した公文書館カタログ（**Archival Research Catalog, ARC**）、ＮＡＲＡが永久保存する歴史的資料の一部をオンラインで公開するＡＡＤシステム（**Access to Archival Databases, AAD**）にアクセスできる。さらに、電子記録保存についてはＥＲＡ（**Electronic Records Archive**）というシステムの構築を通して、将来を見据えた開発を続けている。ＥＲＡにより、ＮＡＲＡでは作成時のフォーマットに関わりなく記録の収集・保存が可能になり、記録をインターネットで公開できるようになる予定である。こうした電子的イニシアティブを推進しながら、ＮＡＲＡの職員は他の行政機関と連係しつつ、歴史的価値のある米国政府記録を保存・保護し、国民に提供するために働き続けている。

〔注〕

1　〔訳注〕屋根のある円形の広間のことを指す建築用語。米国国立公文書館の展示ホールの呼称となっている。

2　合衆国アーキビスト（すなわち国立公文書館記録管理庁長官）、アレン・ワインシュタインの言葉。NARA の戦略計画書 *Preserving the Past to Protect the Future: The Strategic Plan of the National Archives and Records Administration 2006-2016* (The National Archives and Records Administration, 2006) 冒頭のアーキビストの緒言より。http://www.archives.gov/about/plans-reports/strategic-plan/2007/nara-strategic-plan-2006-2016.pdf（参照二〇〇八年五月一日）。

3 『NARAファクトシート』("National Archives and Records Administration(NARA) Fact Sheet") 二〇〇七年三月十三日。NARA広報室(NARA Office of Public Affairs)。http://www.archives.gov/press/factsheet.html (参照二〇〇七年七月四日)。

4 FOIA(b)条に示された九つの適用除外事項は次のとおりである。(日本語条文は、次の本からそのまま引用した。日本弁護士連合会 情報公開法・民訴法問題対策本部 消費者問題対策委員会編『アメリカの情報公開の現場から 秘密主義との闘い』花伝社、一九九七)。

(b)(1)(A)大統領命令により定められた基準に基づき、国防又は外交政策のために秘密にしておくことが特に認められ、かつ、(B)大統領命令に従い、実際に秘密指定が正当に行われているもの。

(b)(2)専ら行政機関内部の人事規則及び慣行に関係するもの。

(b)(3)制定法(本編第五五二条bを除く。)により、特に開示が免除されているもの。ただし、その制定法は、(A)当該事項の非公開措置を裁量の余地なく要求しているもの、又は(B)非公開について特別の基準を設け、若しくは、非公開とされなければならない特別な種類の事項について定めがあるものに限られる。

(b)(4)営業上の秘密、及び第三者から得られたもので秘匿権が認められ又は秘密に属する商業上又は金融上の情報。

(b)(5)行政機関との訴訟において、行政機関以外の当事者でも法により入手できない行政機関相互間又は行政機関内部の覚書又は書簡。

(b)(6)開示すれば、個人のプライバシーに対する明らかに不当な侵害となる人事及び医療に関するファイル、その他これに類するファイル。

(b)(7)法執行の目的のために編集された記録又は情報。ただし、これは、次の場合に限られる。法執行記録又は情報の提出が、(A)執行手続を妨げると合理的に予見できる場合、(B)個人の公平な裁判又は公平な裁決を受ける権利を奪う場合、(C)個人のプライバシーに対する不当な侵害となると合理的に予見できる場合、(D)秘密で情報を提供した州、地方又は外国の、行政機関、官公庁又は民間機関などの秘密の情報源の身元を開示することになると合理的に予見できる場合、及び刑事法執行当局が捜査過程で編集した記録若しくは情報又は法律に基づいて国家安全保障に関する調査活動を行う行政機関が編集した記録若しくは情報にあっては、秘密の情報源により提供された情報を開示することになると合理的に予見できる場合、(E)法執行のための捜査若しくは訴追の技術及び手続を開示することになる場合、又は法執行のための捜査若しくは訴追の指針を開示することになる場合であって、その開示が法の潜脱の危険をもたらすことになると合理的に予見できる場合、(F)個人の生命又は身体の安全を危険に晒すことになると合理的に予測できる場合。

(b)(8)金融機関の規制若しくは監督について責任を負う行政機関により、その行政機関に代わって、又はその行政機関の利用に供するために、作成された検査、運営又は状況に関する報告に含まれ又は関係があるもの。

(b)(9)地図などの油井に関する地質学及び地球物理学上の情報及びデータ。

5　一九七二年の大統領令一九七二号によって、ニクソン大統領は義務的審査（Mandatory Review）プロセスも定めた。これで国民は一〇年以上経過した秘密指定情報の開示を請求できるようになった。

6　大統領令一二九五八号では、ほかの行政機関の確認を移送手続きという。各行政機関は、他機関の審査担当者が指摘した移送事項の見直しをするため、二〇〇九年一月まで三年間の猶予が与えられた。

7　大統領命令一二九五八号は、秘密指定要件を、発生後二五年未満の記録と、二五年以上経過の記録の二通りに分けて定めている。二五年未満の秘密指定要件に定められた情報カテゴリーがより一般的なのに対し、二五年以上経過した情報の非開示基準を満たすのはそれほど容易でない。ＮＡＲＡの保有する秘密指定記録の大部分は二五年経過のカテゴリーに入るので、これらの記録には下記の開示制限要件が大統領命令に基づいて適用される。

25X1:秘密情報源または諜報源の身許を明らかにすること。また、諜報源および諜報収集方法の適用に関する情報を明らかにすること。

25X2:大量破壊兵器の開発もしくは使用を促進するであろう情報を明らかにすること。

25X3:合衆国の暗号システムもしくは暗号活動を損なうような情報を明らかにすること。

25X4:合衆国の兵器システムの先端技術の適用を損なうような情報を明らかにすること。

25X5:有効な合衆国の軍事戦争計画を明らかにすること。

25X6:外国政府の情報を含み、合衆国と外国政府との関係を重大かつ明白に損なう、または外交活動に重大かつ明白な打撃を与えるであろう情報を明らかにすること。

25X7:大統領、副大統領その他の国家安全保障のために警備サービスを受けることが正当化される個人を警護するための合衆国職員の現在の責任能力を明瞭かつ明白に害するであろう情報を明らかにすること。

25X8:現在の国家安全保障緊急軍備計画を重大かつ明白に妨げるような情報、あるいは現在のシステム・軍事施設・国家安全保障関連プロジェクトの脆弱性を明らかにすること。

25X9:制定法、条約、または国際取り決めを侵害すること。

8　フーバー（Herbert Hoover）大統領からカーター（Jimmy Carter）大統領まで、ニクソン大統領資料を除く歴代政権の文書資料は、合衆国法典第四四編第二一一一条（44 USC 2111）に従い、国立公文書館に寄贈・移管された歴史資料である。ニクソン大統領の歴史的資料は大統領録音記録及び資料保存法（ＰＲＭＰＡ）が適用されるものであり（合衆国法典第四四編第二一一一条注解)、ＦＯＩＡの適用は受けない。ニクソンは、自分の記録に適用されるアクセス条件を寄贈証書で定め、その贈与証書に基づいて資料を寄贈したのである。各大統領図書館の所蔵資料のなかでＦＯＩＡの規定が適用される連邦記録はごく少数にとどまる。

第三章　アーカイブの設置

決定的な不在—アーカイブス戦略についての異見

富永　一也

◇はじめに

報告者は、沖縄県公文書館の設立準備に携わり、その後同館で六年間専門員として勤務した後、沖縄県立図書館へ異動、四年間の勤務の後に公文書館へ戻り、二〇〇七年五月現在二か年目が過ぎたところである。昨年、このセミナーの日本側主催者から参加の勧誘を受けたとき、私の経験はミクロの現場の実務屋のそれであり、日本の地方公共団体の公文書館の現況、といった一般的なトピックであれば他に適任者がいるであろうこと、また、私が以前から紀要論文などでパブリックに発言してきた公文書館一般の理念に関する見解は、全く孤立したものではないにしろ、多数派のそれでもないということを申し上げた。そのことを承知の上で報告依頼をしていただいたことにまずは感謝の意を表したい。また、アメリカから参加された皆様には、私の報告は、日本の地方の公文書館の置かれた状況を包括的かつ客観的に叙述するものではなく、私の一地方公文書館での経験を下敷きに、アーカイブズ資料へのアクセスの問題を一般化して論じてみようとする試みであること、したがって私個人の見解と限界とが反映されているものであることを、あらかじめお断りしておきたい。この報告への日本の同僚たちからの批判や補足、またアメリカの同僚の皆さんの質問や助言が加わることで、日本の地方公文書館についてのよりバランスの取れた現状認識と、将来への展望がひらけるものと期待する。

◇沖縄の経験の特殊性とアーカイブズ経験の一般化の是非

都道府県、政令指定都市、および市町村の保管する記録へのアクセスをめぐる諸問題について、一般的な言説や法則を導き出すのは本報告の範囲を越えている。報告者のアーカイブズでの職務経験は、五か月間のスミソニアン協会公文書館（Smithsonian Institution Archives）での研修を除けば、沖縄県公文書館のそれに限られている。他の都道府県や市町村の公文書館を見学させてもらう機会や、他の公文書館の職員と意見交換をする機会は数多くあるが、やはり直接そこで勤務してみないことにはわからないことがたくさんあるはずである。さらに、ご承知のように私の生まれ育って職業生活を送っている沖縄県は、日本の中でも歴史的に異なった背景を持つ地方である。以前に琉球と呼ばれたこの地域は、十九世紀後半までひとつの王国であり、一八七九年に日本の一県となった。日本政府による同化政策の二、三世代が過ぎ、第二次世界大戦末期には住民を巻き込んだ日米の激しい闘いの舞台となった。戦後は日本から分離され、二七年間米軍の統治下にあったから、われわれのアメリカの同僚たちにはなじみのある地名かもしれない。そして一九七二年の施政権返還後は再び日本の一県となって今日に至っているが、他の日本のどの都道府県と比べても、やはりその特異性は際だっている。

沖縄県公文書館の設置は一九九七年のことだが、その大きな原動力となったのは、米軍統治時代の琉球政府文書の存在である。琉球政府が閉庁する前年に局長会議で、琉球政府文書の歴史資料としての保存が決定された。施政権返還後、沖縄県教育委員会が整理作業を続けていたが、その保存機関としての公文書館の必要性が言われていた。また、沖縄県の公文書についても、将来の歴史資料として残していくべきであるとの議論があった。その後、公文書館法の施行という追い風もあり、公文書館が設置されたのである。非常に単純化すると、そのようなことになる。

沖縄の場合には、米軍統治下で極端に限定されたものとはいえ、司法・立法・行政という三権を備えた政府を持った、という格別に特異な経験がやがてアーカイブズの設立に結びついて行ったわけである。しかしながら、報告者は、沖縄的なアーカイブズ経験が、全くその歴史的な独自性に閉じこめられた、他の地方公共団体と共有不可能なものだとも考えていない。理由は三つある。

ひとつには、われわれが法体系を共有しているということである。基本となる法律は公文書館法であり、それは各地方公共団体が公文書館を設置する場合には根拠となる条例を定めるよう規定している[1]。そして各地方公共団体が条例を定めるとき、真空の中で作業が行われることはまずない。必ず先行する事例を調べ、多くの場合、いくつかの事例をベースにその地方公共団体の公文書館設置条例案が作成され、地方の議会の審議にかけられる。日本の役所は横並び意識が強いと言われていて、新しい制度を導入する際には、いろいろと先行事例を調査する。そして多くの場合、それを引き写したりしながら自分たちの事業を興す。沖縄県公文書館の場合は、先行事例の中でも、神奈川県立公文書館に最も多くを負っている。

ふたつ目は、公文書館関係者の間で、フォーマル及びインフォーマルな情報のネットワークがあることである。フォーマルな情報交換の場としては、例えば国立公文書館が主催する専門職員養成研修や実務者の会議、国文学研究資料館アーカイブズ研究系の提供する教育プログラム、あるいは全国歴史資料保存利用機関連絡協議会の年次大会などが代表的といえる。そしてそこで知り合った公文書館職員たちは、その後電話やメール、手紙といった手段で、日常の業務における様々な意見交換や相談ごとを行う。そういった情報交換の中で感じたのは、全国の公文書館職員が直面している様々な課題は、かなりの程度共通している、ということである。

最後に、最初の論点とも重なるが、日本の広い意味でのシステム、これが共有されており、われわれはその中で（その限界の中、といったほうがよいかもしれない）日々の業務を行っている。労働の在り方もその一つといえるだろう。たとえば、地方政府のアーカイブズが日本の公務員制度の枠組みでアーキビストを雇用しようとしたら、終身雇用、テニュアを与えなければならない。これは生涯賃金でみれば約二〜三億円の買い物になる。それを躊躇するのであれば、日本の公務員はほとんどが数年単位で異なるセクションを異動するゼネラリストなので、その異動先として公文書館を組み込んでおき、これらゼネラリストによって公文書館を運営するわけである。あるいは、一年更新の非常勤職員として雇用する方法があるが、医師や教員と違い、アーキビストの資格制度も職の独占もないので、給与はかなり低く抑えられるのが通常である。昇給はない。また、多くの場合、最長でも三年間の雇用である。アメリカ・アーキビスト協会のホームページには求人広告が掲載され、学歴や経験によって給与の相場もだいたい予想されるような印象だが、そのような労働市場は日本にはない。そのような枠組みの中で、それぞれの公文書館が工夫をしながら館を運営している状況である。

日本の地方公共団体の公文書館の状況はさまざまだが、それでもアメリカの地方政府のアーカイブズと比較するに充分な日本的特徴は共有していると考えている。ただし、過度な一般化があればそれは報告者の責に帰するということはいうまでもない。

◇日本の地方公文書館をめぐる一般的背景

◆地方政府

この報告では、国＝セントラル・ガバメントに対するローカル・ガバメントという意味で、地方公共団体という言葉の他に、地方政府という言い方も混在させていくことにする。

さて、日本の地方政府は、広域の自治体である都道府県と、都道府県の領域内に存在する基礎的自治体である市町村から成る。都道府県の数は四七だが、市町村は、ここ数年の再編により、三〇〇〇余から一八〇〇ほどになっている。他に、東京都には市町村とも違う特別区が二三ある。都道府県は、アメリカの州ほどには自律性は高くない。その役割は、国と市町村の間の連絡調整的なものと、広域行政である。アメリカと違い、三権のうち、司法権を持っていない。選挙によって選ばれる知事と、同じく選挙によって選ばれる一院制の議会がある。また、アメリカの州兵（the National Guard）のような軍事力を持たない。したがって、都道府県の公文書館は、地方政府の立法と行政の公文書に対して責任を負うことになる。行政の執行機関は、知事の部局と、知事からは独立した教育委員会や公安委員会などの行政委員会から成っている。都道府県の公文書館は、知事部局に属するものと、教育委員会に属するものの二つのタイプがある。

市町村は、都道府県の領域内にあって、住民への直接サービスを主として行う。やはり議会と執行機関から成るが、警察はない。

この他に、政令指定都市がある。これは大都市が日本政府による指定を受け、都道府県に近い行政サービスを行うものである。

現在、日本の国立公文書館のインターネットサイトには、日本の地方政府の公文書館一覧が掲載されている。その数は都道府県レベル（政令指定都市を含む）が三七、市町村レベルが十二である[2]。

◆公文書館法

一九八八年に施行された公文書館法では、国及び地方公共団体が「歴史資料として重要な公文書等の保存及び利用に関し、適切な措置を講ずる責務を有する」ことを謳っている（第三条）。ここでいう「公文書等」が、日本の中央政府及び地方政府のアーカイブズが対象とすべき範囲となる。法の第二条で「公文書等」の定義がなされていて、「国又は地方公共団体が保管する公文書その他の記録（現用のものを除く。）をいう。」とされている。さらに詳しくは、法律の所管官庁であった総理府（現内閣府）の有権解釈があり、「公文書等」とは、公務員がその職務を遂行する過程で作成する記録だけではなく、私文書も含み、また記録媒体のいかんを問わないとされている。つまりは、国又は地方公共団体が保管している記録で、しかも現用でなくなったもの、ということになる。そういうわけで、出処（provenance）が政府のアーカイブズ資料を規定しているということができる。ただし実際には、ほとんどの地方政府の公文書館が、その地域の私文書に対しても門戸を開いている。

公文書館法は、日本の地方政府に公文書館設置を義務づけてはいないので、歴史資料として重要な公文書等の保存及び利用については、それぞれの地方政府の判断にまかされている。また、法は、公文書館には館長の他に、「歴史資料として重要な公文書等についての調査研究を行う専門職員その他必要な職員を置くものとする。」と定めているが、附則により、「当分の間」専門職員を置かなくともよいことになっている。これは、専門職員の養成制度が整備されていない実状に鑑みた措置だったわけだが、この「当分の間」が約二〇年間続いていて、いつまで続くのかということについては誰にも予測できない、というのが客観的な状況である。

◇アーカイブズへのアクセスをめぐる問題

◆個人情報の問題

都道府県の情報公開制度及び個人情報保護制度は、国の法制度よりも早く整備されてきた。沖縄県も、情報公開条例を一九九一年に、個人情報保護条例を一九九四年に制定している[3]。しかしながら、公文書館のアーカイブズ資料は、情報公開条例及び個人情報保護条例の適用除外を受けている[4]。これは賢明な制度設計だと思う。というのも、個人情報保護条例は個人情報の目的外使用を厳しく制限しており、保有する必要のなくなった個人情報を確実かつ速やかに廃棄あるいは消去することを義務づけているからである。また、情報公開条例は、基本的に公文書を公開するためのものだが、個人が識別できる情報については除外しており、その制限解除年数についても特に指定がないので、これを適用されると、その個人の死亡を確認しない限り、公文書館の資料はいつ公開してよいかほとんど判断がつかなくなってしまう。これは、公文書館法が、公文書館において保存・公開する公文書を非現用のものとし、現用記録の扱いと区別している枠組みとも整合している。公文書館を設置している他の都道府県の情報公開条例及び個人情報保護条例にもあたってみたところ、すべてにおいて、公文書館を名指ししているかいないかにかかわらず、何らかの形で、情報公開制度・個人情報保護制度と公文書館や図書館制度との調整がなされていることが確認できた。

そのようなわけで、公文書館の所蔵となった歴史的公文書については、それぞれの館の独自の基準で公開、あるいは非公開を判断してよい仕組みになっている。沖縄県公文書館の場合は、新しい基準が昨年公報で周知された。ただ、いくら基準を公開したとしても、公文書館資料の利用において、提供する側と利用者の側の双方が最もフラストレーションをおぼえるのが、やはりこの個人情報保護をめぐる措置であろう。沖縄県公文書館の場合、沖縄県文書については、公開前の整理段階で個人情報をチェックし、個人情報を含む簿冊の当該ページを中性紙の封筒で覆って、簿冊を綴じ直し、封筒を破らない限りはそれを見ることができないように措置してある。個人情報の含まれる簿冊のほうが多いので、整理プロセスにおいてかなりの負荷となっている。また、琉球政府文書については、開館時にいったん整理公開していた関係上、閲覧申請時に個人情報のチェックを行っている。一ページごとに個人情報の有無を確認していくので、時として一時間以上申請者を待たせることもある。利用者が特に求める場合には、個人情報を塗りつぶしたコピーを提供している。

個人情報の保護期間は、その情報が当該個人にもたらすことが予想できる不利益の程度によって三〇年から五〇年、五〇年から八〇年、八〇年以上、という三つのカテゴリに分かれる。また、あらゆる個人識別情報は、県の個人情報保護制度との調整をはかって、三〇年間保護することになっている。三〇年、五〇年、八〇年という制限年数は他の地方公共団体の公文書館でもよく採用されている数字のようだ。一〇〇年、あるいは無制限という制限年数もある。また、封筒をかける、という措置方法もよく行われているようである[5]。

沖縄県公文書館においては、閲覧サービスを担当するセクションが基準に基づき、個々の事例について制限年数の最終判断をしているが、個々の専門員によって意見がわかれることはよくある。たとえば私は、現在制限を行っているいくつかの事例パターンについては、個人的には制限する必要は全くなかろうと考えている。私は、公文書館は法令的に見て、公開原則の施設なので、非公開（つまり例外）についてより大きな説明責任を負うべきだと考えているが、そうではなく、むしろ個人情報を公開することについての説明責任を重く見る意見もある。日本全体に目を向けると、現在、あらゆる場面で個人情報に対してかなり神経をとがらせるようになっている。二〇〇五年の国勢調査では、未回収率が四・四パーセントとその前の回の倍以上の率になった要因のひとつに、同年に施行された個人情報保護法に過剰に反応した人々が多かったことをあげる人もある。そのような環境では、たとえ公文書館の所蔵する資料が個人情報保護制度の範囲外におかれたとしても、アーキビストとて社会的動物であり、決して真空の中で業務を行うわけではないから、慎重の側、すなわち非公開に傾きやすいだろうということはいえる。

日本の個人情報保護制度は、国も地方政府も、個人識別情報とプライバシーを区別せず、原則として包括的な制限を行っている。それに対する誤解をも含んだやや過剰ともいえる反応の結果、社会の匿名化が進み、医療や教育や福祉の現場で支障が出ていること、地域社会の結びつきが弱まり、災害時の対応にも懸念があることなどが指摘されている。一方で、不祥事をおこして処分された公務員の氏名について、個人情報保護を理由に公表をしない事例があり、批判されている[6]。

いずれ法改正などにより、現在の問題も落ち着いてくるのかもしれないが、公文書館にとって重要なのは、どの程度の保護をしていれば公文書館としては免責されるのか、常識的なラインについての組織内及び社会的な合意ができることだろう。それには市民や研究者の側からの意見や批判を受けるためのシステムが必要なのだと思う。

◆ロジスティクスにおけるアクセス阻害要因

これまで、アーカイブズ資料の利用に直接関わる問題を述べた。これは公文書館の職員と利用者が対面する、いわばフロントライン（最前線）での話である。これから、アーカイブズ資料がそのフロントラインへ至るまでの過程（ロジスティクス）についてお話したい。というのも、この過程に問題があれば、当然アーカイブズ資料が適切にそして速やかに利用者のもとへ届かないわけだから、じつはフロントラインでの利用の質の大きな部分をここで決めているといってもよいだろう。

以前、沖縄県立図書館で勤務している頃、司書研修の受入れが毎年あった。司書の卵の皆さんをオフィスに案内すると、そこで閲覧室よりも多くの職員が様々な業務に携わっていることに一様に驚かれたものだった。彼らの図書館業務のイメージは、まさにフロントラインのそれに限定されていたわけである。そこで、一冊の刊行物、一点の私文書が閲覧に供されるまでのプロセスを、農業生産物や工業生産物が店頭で販売されるまでのプロセスに例え、そこに関わる多くの工程、情報の流れと物流、それに携わるそれぞれの人々の役割について説明したところ、よく理解してもらえたようだ。公文書館についても同じことがいえる。

◆◆整理の問題

まず、フロントラインに直結しているロジスティクス部門である。沖縄県公文書館において「整理業務」とは、資料を受け入れた以降の時点から閲覧に供するまでのプロセス（フォルダリストの作成から再編、目録記述、個人情報の保護、そして簡単な資料保存措置に至るまで）をすべて含めていう。したがって英語でいうarrangement（編成）とdescription（記述）をあわせたものにほぼ相当するといえるだろう。この一連のプロセスの最終地点（公開）に至るまでは、その資料は「未整理」とされるので、トートロジーのようだが、整理業務とは、資料受け入れのための業務を除いた、公開に至るまでの必要な一連の措置に係る業務、と言い換えることも可能である[7]。

歴史資料としてのアーカイブズへのアクセスは、利用制限の問題を別にすれば、整理部門の効率と質に左右される。このプロセスの効率が上がればそれだけより多くの資料を公開することができ、アーカイブズへのアクセスもより増大する。経験的にいうと、この部門での最大のポイントは、所与の資源（特に人材）をいかに最大限に活用するか、というマネジメントの質の問題である。実際、昨年度ひとつひとつの整理プロセスを吟味し、不要な工程を省き、必要な工程は導入し、また、目録記述の方法を、従来とは逆に、より上位のレベルの記述から下位レベルの記述へと進むように変えた。目録を採る係員たちとは頻繁にコミュニケーションを取り、また、整理業務が公文書館全体の業務に占める位置を常に意識するように努めたところ、従来の数年分にあたる文書を一年で整理することができた。まだ改善の余地は多いと思うが、利用者に対して、より大きなアクセス保証につながったことは間違いない。生産効率を上げ、作業者のモチベーションを高めるマネジメントの重要性については、日米問わずビジネスや生産現場ではよく認識されていると思うが、不思議と日本の公文書館関係の文献にはほとんどそのようなマネジメントについての議論は載らない。効率改善は逆にいえば過去のマネジメントロスの存在を暗示しているわけだから、日本全国でも潜在的にアクセス阻害の一因となっていることは十分に予想できる。

もうひとつ、整理を困難にする要因として挙げておかなくてはならないのは、整理方法論の未成熟さであろう。アーカイブズ資料の整理方法論については、九〇年代から国際公文書館会議（ＩＣＡ）の提案する国際標準記録史料記述（ＩＳＡＤ（Ｇ））についての紹介がなされ、実践的な研究も蓄積されてきているが、図書館界と比べると未だに試行錯誤の段階であることは確かである。報告者自身の職場においても、スタンダードの不在が、特に県の公文書以外の個人文書の整理プロセスにおいて大きなロスを生んできたことが強く実感される。

◆◆評価選別の問題

これは整理以上にスタンダード確立の難しい分野だと思う。しかしながら、良いアクセスを保証するためには、最も重要なプロセスかもしれない。沖縄県公文書館では、開館以来一〇年近く経てようやく三年ほど前から評価選別を開始しているが、いまだに試行錯誤が続いている。個人的には、歴史的・文化的に重要な記録とそうでない記録を分ける客観的な基準は原理的に作成不可能だと考えているので、評価選別の結果について、県民に対する説明責任が全うできるシステム作りが重要であろうと思う。公文書を廃棄することについての説明責任ももちろんだが、公文書を残すことについてもやはりきちんとした説明が必要である。保存を決定した公文書の整理については、試算したところ一箱につき二万円以上の費用がかかることがわかった。納税者からすればむしろこちらの費用のことを問いたいかもしれないのである。

昨年から、公文書の一点一点についての内容評価をやめ、記録が作成された業務に沿って「シリーズ」を編成し、そのシリーズ単位で廃棄か保存かを決定している。これまでに三〇〇近いシリーズを編成したが、まだこれで県の業務全てをカバーしているわけではなく、少なくとも最終的には一〇〇〇くらいのシリーズが編成されるのではないかと見ている。これまでの実績では、歴史資料として残される記録の量は、公文書館へ引き渡されてくる文書のおよそ十四パーセントほどである。

シリーズ毎に評価選別した公文書をシリーズ説明の記述とともに整理プロセスに投入したため、整理担当者が重複する記述を省略することができ、整理の効率向上に役立った。一方、個人文書については、評価選別をしないという暗黙の了解があり、重要かそうでないかの区別なくほとんどを整理プロセスに投入してきたため、大量の未整理資料を生む結果となった。これも、アクセス阻害要因である。そこで、一昨年からはウィーディング（雑草抜き）という一種の選別を導入して整理の効率化を図っている。個人文書の選別については、最近出版した論文（註記7参照）で触れたが、他の公文書館の友人たちに聞くと、そのようなことは行わないのが普通らしい。もし、適切な選別を行わないためにより多くの未整理文書を抱えてしまうということがあれば（それは沖縄県公文書館が経験したことだが）、これもアクセス阻害要因に加えてよいと思う。

◆◆公文書引き渡しの問題

沖縄県公文書館は、知事部局に属している。そして、公文書館設置の一九九五年以来、知事部局の保存期間満了公文書を受け入れてきた。しかしながら、沖縄県の公文書は、知事部局のものだけではない。沖縄県情報公開条例が、沖縄県の公文書を定義している。それによれば、知事部局の他に議会、また教育委員会、公安委員会をはじめとする各種行政委員会、それに公営企業の管理者及び病院事業の管理者を含む「実施機関」の職員が職務上作成または取得した文書、図画及び電磁的記録で、当該機関が組織的に用いるために当該実施機関が保有しているものをいう。つまり、公文書館としては、これらの実施機関の非現用公文書をアーカイブズ資料として受入れ、評価選別し、整理して公開しなければならないわけだが、これまでそれをしていなかったため、各組織で保存期間が満了した文書について、一部を除き毎年廃棄していたわけである。公文書館が、その所属する組織（首長部局あるいは教育委員会）の文書に重点を置き、他の所属の文書について手薄になるという現象は、他の地方公文書館でも見られることのようだ。それは、アーカイブズ資料へのアクセスという観点から見ると、大変に深刻な阻害要因だといえる。もちろん、公文書館に引き渡される公文書も、評価選別により約九割は廃棄するのだが、そこでは歴史資料として選んだ公文書を残す、という知的なコントロールがなされており、それが重要なことなのである。

先に述べた利用制限の話は、そもそも文書が残ったからこそ成立する話であり、そこにおいて多少の阻害要因があったとしても、それはアーカイブズの知的コントロールを経ずに廃棄される大量の公文書の存在と比較すると、マイナーな問題にも思えてくる。沖縄県公文書館は、昨年度より教育委員会をはじめとするいくつかの組織にアプローチし、少しずつ引き渡しの実績を積み重ねてきた。今すぐにすべての組織をカバーする体制を作るのは無理だが、一人前のアーカイブズ（full-fledged archives）をめざして前進することが、歴史資料としてのアーカイブズへのアクセスを保証することだと思う。

◆◆記録管理とアーカイブズ運営の問題

アプローチを始めてわかったことだが、引き渡しを阻害する（すなわち、将来のアーカイブズ資料アクセスを阻害する）要因として最も大きかったのは、記録管理の未成熟だった。公務員が作成する文書は、いったん共有のものとして固定されてはじめて記録となる。それまでは境界線のはっきりしないアメーバのような、フラックス（flux）の状態である。それが記録として固定されて川の上流に位置を占めたときに、アーカイブズという川下のプログラムとの接点が生まれる。ところが、報告者が昨年度新たに接触した組織（複数）は、文書主管課による集中管理書庫（いわゆるレコードセンター的設備）を持ちながら、そこに保管されている公文書の台帳を持っていないことがわかった。それでは、公文書館に文書を引き渡そうにも、引き渡す方法がないわけである。そこで昨年度は、これらの文書を記録として固定し、そのリストを作成するところからサポートした。これまでも、知事部局以外の所属から、文書が引き渡された例はあるが、それはオフィスの引越しなどに伴う散発的なものが多く、しかも、記録として固定されずに公文書館へ渡される（たとえば、文書を無秩序に段ボールに詰めて渡す）例が多いために、その後の評価選別や整理が滞ってしまっていたわけである。それは、アーカイブズ資料の受入れ（acquisition）というよりは収集（collection）であり、図書館的な方法ではあっても、公文書館的な方法ではない[8]。これについては興味深いエピソードがある。山口県文書館は、一九五九年に開館した日本で最も古いアーカイブズとして公文書館関係者から特別の敬意を払われている。その設置に力のあった鈴木賢祐元山口県立山口図書館長（アーカイブズ理論の大家であるジェンキンソンやシェレンバーグの理論の研究者・紹介者）が、開館後の山口県文書館に苦言を呈されているのである。文書館は文書を「収集」するのではなく、親機関から「自然と流入するなり引き継がれるなり」するものであるべきだ、と。そこが、研究所や図書館で行われている「収集」とは違うところだ、と[9]。

これは、アーカイブズ資料を将来にわたってアクセス保証していく上で、重要な論点と思われる。というのも、日本では、アーカイブズ資料が、歴史的・文化的に価値のある文書資料とほぼ同義に理解する論者が多かったため、公文書の組織的な引渡しについては、関心が比較的薄いままに済んでしまった面があるように思う。ある県のアーカイブズに勤務する友人があるとき私に漏らした「われわれがやっているのは県庁のゴミ拾いですよ（文書整理期間中に廃棄された文書を急いでピックアップするような、非組織的なやり方を指している）」という自嘲的な言葉は、このような脈絡の中で理解されるべきだろう。

日本では、アーカイブズを説明するのに、「三分法」がよく使われてきた。それは「図書を収集するのが図書館、モノを収集するのが博物館、そして文書を収集するのが文書館（アーカイブズ）」というものである。この理解の仕方には二つの問題があった。ひとつには、文書（ドキュメント）という形態をアーカイブズ資料の源泉と見ることによって、記録の持つ重要な側面である適切な管理という視点が抜け落ちてしまったこと。もうひとつは、図書館や博物館が戦前から行ってきた文書資料の収集・整理・利用という実績についての評価が抜け落ちてしまったことだった[10]。

報告者の経験事例に戻ると、沖縄県公文書館でも、「三分法」的な理解に従い、特に県立図書館とは競合するような種類の資料の収集に力を入れてきた経緯がある。一方で公文書の受入れ、評価選別、整理、公開は脇役に回ったような状況だった。昨年、沖縄県公文書館が指定管理者制度へ移行することが決まり、県の総務部で仕様をまとめているが、この間の反省があり、沖縄県の公文書を事業の中心に据えることと、資料の「収集」については、図書館や博物館といった類縁機関との調整をすることが打ち出された。二〇〇七年三月には、沖縄県立図書館、沖縄県立博物館、沖縄県平和祈念資料館、沖縄県立芸術大学、そして沖縄県公文書館をメンバーに、資料収集の調整会議が発足した。また、受け入れたまま書庫で滞留している県の公文書二万六千箱の評価選別を今後三年間で完了させる計画が立案され、県文書の評価選別・整理部門の増員が行われた（実際には、その間に受け入れられる見込みの公文書をあわせて、合計三万二千一〇〇箱の評価選別を行う）。

以上は、歴史的アーカイブズ資料へのアクセスをこれまで阻害したであろう記録管理や公文書館運営上の問題と、それの解決へ向けての沖縄県の動きだが、このような資源の再配分や他の機関との調整の問題は、全国的にも共有可能なものであると考える。

◇最大の問題 ― アーカイブズの決定的不在について

さて、これまで、アーカイブズ資料へのアクセスをめぐる阻害要因について、直接サービスの最前線である閲覧室から、だんだんとカメラを引くように整理、評価選別、受入れ、記録管理とアーカイブズ運営、というよりマクロな問題へと触れてきた。最後に報告者が最大の問題と考えるアーカイブズの決定的不在について論じたい。

いままで述べてきた諸問題は、少なくとも公文書館を設置している地方政府に起きる問題であって、公文書館事業が存在しない自治体においては、そもそもアーカイブズ資料が残らないのであるから、問題自体が存在しない。そしてそのことこそが、実は、アーカイブズ資料へのアクセスにとって最大の問題であるといえる。全国の都道府県で、アーカイブズを設置しているところが四七都道府県中三〇都道府県（六三・八パーセント）、十七政令指定都市中七市（四一・二パーセント）。この行政レベルはまだましである。市町村レベルだと、一八〇〇中十二。わずか〇・四パーセントである。圧倒的な不在であり、存在するほんの一握りのアーカイブズについて論じるよりも、不在の方をむしろ問題にするほうが、将来のアーカイブズ資料へのアクセスを保証するためには良い議論になると思う。ちなみに、公立図書館の場合、都道府県は設置率一〇〇パーセント、政令指定都市が設置率九四パーセント（今年中に一〇〇パーセントになる予定）、市町村については、二〇〇五年時点の統計データだが、市レベルだと九七・九パーセント、町立が五三・九パーセント、村立が二二・〇パーセントである（その後合併が進んで、設置率が上昇している可能性がある）[11]。

◆アーカイブズが普及しない原因についての仮説と反駁

アーカイブズが普及しない原因については、いくつかのことが考えられる。ひとつには、日本が経験した一〇年にも及ぶ経済不況であろう。また、国と地方政府に重くのしかかる財政赤字も、新しい行政プログラムをためらわせる要因となっているだろう。何しろ、国と地方政府の借金を合わせると、一〇〇〇兆円を超えている。赤ちゃんまで含めて、国民一人当たり八〇〇万円以上の借金をしている勘定になる。しかしながら、この説明にはいくつかの反論も成り立つ。山口県文書館が開館した一九五九年から、一九六〇年代の日本経済の高度成長期を経て、バブル経済の絶頂期であった一九八九年（その年は公文書館法施行の年でもある）に至る三〇年間に、都道府県アーカイブズの数は一館からわずか十六館に増加しただけであった。一方、バブルがはじけた九〇年以降、二〇〇五年までの十五年間で十四の都道府県立公文書館が設置されている。バブル崩壊前の時期は二年に一館のペース、バブル崩壊後は一年に一館のペースであるから、都道府県の公文書館に限っていえば、バブル崩壊後の方が、年率約二倍のハイペースで設置されてきたといえる。しかしながら、市町村のアーカイブズがなかなか増えない。確かに増加率だけを見れば、市町村立（区を含む）の公文書館も、バブル期の八九年の四館から、不況の九〇年代を経て、現在十二館、つまり三〇〇パーセントの増加である。しかしながら、市町村アーカイブズの場合、つい数年前まで三〇〇〇も存在した市町村のうちの八市区町が設置したに過ぎず、もともとの設置数自体が小さいために増加率が大きく見えるだけである。例えば公立図書館の場合、一九九〇年から二〇〇三年の間に一九一七館から二七一四館に増加している。これは四二パーセントの増加であり、母体となる数の大きさを考えると驚くべき数字だ。都道府県立レベルの図書館はすでに充足しており、館数はむしろ減る傾向にあるので、増加は市町村立図書館の設置に帰せられる。これを見ると、公文書館がなかなか増えないのは、財政的苦境だけが問題ではないということがわかる。図書館事業は、公文書館事業よりもさらに経費がかかる事業である。何しろ、資料の大部分を購入という形で収集しなければならないのだ。都道府県レベルの図書館で年間数千万円、市町村立だと年間数百万円は図書費が必要である。一方、公文書館は公文書の引渡しに際して対価を払うことはない。無料である。したがって、この財政的苦境の時代に、より高価な図書館事業が拡大しているということは、行政にも市民にも何かアピールするものがあったのだと思われる。

公文書館が増加しない要因を、情報を市民から隠したがる役人の性質に帰する説も聞いたことがある。しかしながら、一九八二年に神奈川県と埼玉県で情報公開条例が成立して以来、十六年間で全都道府県に情報公開制度が行き渡ったことを考えると、この説にも賛成しかねる。なぜならば、情報を隠したい役人にとっては、現用文書を公開請求される情報公開制度こそが、非現用文書をゆっくりと整理公開する公文書館よりも脅威であるはずだからである。しかし、現実には情報公開制度のほうが公文書館に比べて数倍のスピードで普及したのである。中には、川崎市公文書館や久喜市公文書館のように、情報公開制度と公文書館制度をセットで導入し、成功しているところもある。役人の情報隠しが公文書館設置を妨げている、という説には納得しかねる。

◆報告者の仮説――二本柱戦略の足かせ

実は、日本で流布しているアーカイブズの理念、すなわち公文書と地域の私文書がアーカイブズの二本柱である、という考え方が公文書館設置に対する足かせとなっているのではないか、というのが報告者の仮説である。先にも述べたように、アーカイブズを（図書資料やモノ資料に対する）文書資料、というふうに捉え、図書館や博物館とは別に文書を扱う専門機関を作るべし、という考え方が行政や一般県民（市民）に対して、図書館設置ほどの魅力を持っていないのではないかと思う。その理由を以下に述べる。

◆◆ニッチ（niche　生態学的位置）としてのアーカイブズ

実は地域の資料については、先にも述べたように、地方政府立の図書館や博物館がすでに長い間これを収集、整理、保存、提供してきている。それに対し、地方政府の公文書を、それが非現用になった時点で評価選別し、歴史資料として将来に伝えて行くという事業は、これまでになかった行政プログラムである。生態学の言葉を借りれば、地域資料の収集・整理・公開はすでに図書館や博物館によって占められている位置（ニッチ）であり、これに対し、歴史的資料としての公文書のケアは、これまでに占有されていなかったから、後者は図書館や博物館とスムーズに棲み分け可能なニッチなのである。しかも、この事業の重要性はほとんど疑いがない。ところが、図書館や博物館と重複する地域資料を抱き合わせたとたん、事業の必要性が分かりづらくなる。事前に図書館や博物館を説得して文書資料をあきらめてもらうような調整がつけば別だが、そうでなければどうしても重複の事業と見られてしまう。理念はシンプルでストレートなほど、アピール力が強いものだ。歴史資料としての公文書を残していく事業、という単純な理念で押していく方が、公文書館の増加につながるのではないかと思う。予算もかからない。

◆◆アーカイブズを社会教育事業として位置づけた場合

先に述べた三分法は、アーカイブズが文書資料を受け持ち、図書館、博物館がそれぞれ図書資料とモノ資料を担当する、という分業の考え方である。図書館、博物館は社会教育法に根拠を持っているから、三分法の考え方で行けば、アーカイブズは社会教育的施設という位置づけになる。所属は教育委員会ということになるだろう。これはあまり新味のあるアイデアではない。それよりも、行政の重要な公文書を間違いなく確保して整理、保存、公開していくことで、行政にも役立ち、市民県民の役にも立つ。そのような位置づけの方が新鮮でアピール力があると思う。特に、行政に役立つことを行政職員によく理解してもらえれば、公文書館を設置した後の公文書の引渡しもよりスムーズに運ぶはずである。

◆◆地方政府の評価

以上をまとめて言い換えると、ある地方政府が、非現用の公文書の保存・整理・公開についてどの程度その責務を果たしているのか、ということを評価する場合には、その地方政府の公文書館政策を見ればよい。しかしながら、その地域の歴史的・文化的資料について、当該地域を管轄する地方政府がどの程度の施策を行っているか、という評価は、その地方政府の社会教育機関を含めた、全般的なパフォーマンスを評価しなくてはならない。その地方政府の公文書館が地域資料についてどの程度のケアを行っているのか、あるいはいないのか、ということは、それ単独に検証したところで、その地方政府の評価に直接結びつくことではない。これでは、アーカイブズ事業を導入するモチベーションが薄れてしまう。情報公開制度が急速に普及した要因についてはいろいろと考えられるだろうが、ひとつには、導入実績がはっきりと目に見える、ということがあると思う。導入率がある値を超えると、導入していない地方政府の方に対する住民のプレッシャーが強くなるはずだし、地方政府としても遅れた少数派であることにある種の居心地の悪さを感じるはずなのである。同様に、非現用となった公文書をアーカイブズ資料として組織的に保存・整理・公開していく制度を導入しているかどうか、というふうにシンプルな指標であれば、導入実績が目に見えやすく、地方政府は比較の目にさらされることになると思う。また、公文書館事業はあくまでプログラムであって、必ずしも新規の建物を建設することを意味しないから、その地方政府の財政事情などに応じた責務の果たし方が可能だと思う。

さて、これまで述べてきたことは、決して二本柱戦略が無条件に間違った理念である、ということを主張するものではない。報告者は理論家というよりも実務屋であるから、どんな色であれ、「ネズミをより多く取るネコが良いネコである」[12]と考えている。その意味で、日本の地方政府にアーカイブズ制度を普及するにあたって、二本柱戦略のこれまでの実績とこれから期待される有効性を検証する必要があるのではないか、と提案しているのである。

◆望まれる図書館との協力

日本の文書館設置運動はまた地域の資料の保存運動でもあったが、一九六〇年代に図書館司書を疎外してしまった経緯がある[13]。そのためか、文書館設置運動の拠り所である全国歴史資料保存利用機関連絡協議会のメンバーシップに図書館関係者があまり見あたらない。これは公文書以外の地域の歴史資料を保存し、活用していく観点からは惜しまれることである。というのも、公立図書館は、戦前から地域資料をケアしてきた実績があるからである。確かに、一九七〇年代以降、低調になったきらいはあるだろうが、それでも潜在的な力は大きなものを秘めている。報告者は、沖縄県立図書館に勤務中、資料購入予算の三割ほどを一般図書の購入から割いて沖縄関係の歴史資料の購入や修復、デジタル化に上乗せした。沖縄県のような決して豊かではない県でも、資料購入費を三五〇〇万円ほど持っていたので、三割でも一千万円の投資になる。全国の公立図書館の資料購入費を合計すると四〇億円になる。そのうち三パーセントを新たに地域資料に投資するとしたら、それだけで毎年一億二千万円である。しかも、全国の図書館には七〇〇〇人余の司書がいる[14]。公文書館の場合、アーキビストの資格制度がないので、各館の自己申告による専門職員数は四〇人ほどである。すなわち、図書館の持つ資源は公文書館とは比較にならないほど大きい。文書資料の整理についてよく、「司書には無理」ということを公文書館職員が口にするのを聞くことがあるが、それは建設的ではない。地域の私文書の整理を公文書館の専門職員に独占させようとしても、全国にわずか数十人しか存在しないのではあまり意味がないからである。それよりも、図書館界と協力して地域の資料の保存を充実させ、その一方で公文書館プログラムを増大させていく戦略の方が、将来より多く、そしてより良く歴史資料を残していくことができるのではないだろうか。日本におけるアーカイブズ資料へのアクセス阻害の基本的な解決は、まずそこから始まるのだと思う。

〔注〕

1　公文書館法（昭和六二年法律第一一五号）第五条第二項。

2　http://www.archives.go.jp/links/index.html#Sec_02（二〇〇八年五月九日のアクセスでは、市町村レベルの公文書館は十五に増加している）。

3　その後、国の情報公開法及び個人情報保護法が整備される際に制度調整を行った。

4　沖縄県情報公開条例第二条二項の二において、「沖縄県公文書館その他知事が規則で定める機関において、歴史的若しくは文化的な資料又は学術研究用の資料として特別の管理がされているもの」は、条例の「公文書」の定義の範囲外とされている。沖縄県個人情報保護条例は、「公文書」の定義を沖縄県情報公開条例に拠っているため、公文書館の所蔵資料はやはり範囲外となる。さらに、「県の図書館、博物館その他これらに類する県の施設において一般の利用に供することを目的として保有されている図書、資料、刊行物等に記録されている個人情報については、適用しない。」（第六一条三項）という規定もある。沖縄県文書編集保存規程において、沖縄県公文書館へ公文書が際には、原課はまずそれらの公文書を廃棄した上で行う、とあるのは、管理権の放棄を指し、物理的なそれではない。原課が管理権を放棄した瞬間、公文書は現用から非現用、つまりアーカイブズの扱う範疇に入ったものと解釈できる。

5　『アーカイブズ』第十六号（国立公文書館、二〇〇四）参照。地方公共団体の公文書館では、個人情報の他にも、法人の利益を侵害する恐れのある情報や、警察の犯罪捜査に悪影響を及ぼす恐れのある情報については保護措置をとっている。

6　内閣府に設置された第二〇次国民生活審議会個人情報保護部会に提出した意見書で、日本弁護士連合会や日本新聞協会は法制度の見直しを主張している。以下のＵＲＬを参照。http://www5.cao.go.jp/seikatsu/shingikai/kojin/20th/20bukai-index.html（参照二〇〇八年五月九日）。

また、青柳武彦氏の『個人情報「過」保護が日本を破壊する』（ソフトバンク新書、二〇〇六）は、現行法の問題をあらゆる角度から検証し、代替案を提示している点で非常に参考になった。上記の意見書もこの著作で知った。

7 呉屋美奈子・富永一也（共著）「公文書館における私文書の収集と整理—実践と課題」『沖縄県公文書館紀要』第九号 二〇〇七 九二頁参照。

8 図書館法は第二条で図書館の定義を行う際に「収集」という用語を用いている。つまり、「この法律において「図書館」とは、図書、記録その他必要な資料を収集し、整理し、保有して、一般公衆の利用に供し」云々としている。一方、公文書館法は、第一条、第三条、第四条において「保存」という用語は用いているが、「収集」という用語は一切用いていない。公文書館資料の源泉は非現用となった公文書であり、従来なら廃棄されていたであろうそれらを「保存」することが公文書館の役割である、という意味で、「収集」ではなく「保存」という語が用いられているのだろう。

9 鈴木賢祐「文書館について—婆言三片—」（『文書館ニュース』第二号 山口県文書館、一九六六）所収。このエピソードは、山口県文書館のシンポジウムでパネリストの広田暢久氏によって紹介されている。「第三回文書館ウィーク特別講演会・シンポジウム—文書館の昨日・今日・明日—世紀を越えて—」（『山口県文書館紀要』第二八号 二〇〇一）三四～三五頁の広田氏発言参照。

10 図書館法や博物館法は、図書館や博物館が収集する対象となる資料について、「図書」や「モノ」といった形態に限定しているわけではなく、むしろ必要なものは形態にかかわらず収集することとしているので、「三分法」は法律論的にもあやしい議論である。

11 文部科学省「図書館に関するデータ」参照。http://www.mext.go.jp/a_menu/shougai/tosho/houkoku/06072602.htm（参照二〇〇八年五月九日）。

12 "No matter if it is a white cat or black cat ; as long as it can catch the mouse are the good cat".（白ネコであろうと、黒ネコであろうと、ネズミを捕るネコが良いネコだ）。
中国の鄧小平（Deng Xiaoping）氏の言葉として有名。

13 文書館運動と郷土資料担当司書との齟齬については、根本彰「地域資料サービスの意義」『地域資料入門』（三多摩郷土資料研究会編、一九九九）三〇～三一頁 及び田嶋知宏「日本における図書館と文書館の関係のあり方について—図書館の文書館認識を中心に—」『横浜市立大学学生論集』第四三号（横浜市立大学学術研究会編、二〇〇三）一三六～一三七頁参照。

14 これらの数字については、日本図書館協会の統計や文部科学省の図書館に関するデータ（注10）を参照。http://www.jla.or.jp/statistics/index.html（参照二〇〇八年五月九日 日本図書館協会図書館統計）。

【出版にあたっての付記】

本稿は、日米アーカイブセミナーのクローズド・セッション（専門家と招待者のみの会議）における報告の日本語版である。報告原稿は英語版と日本語版があり（このことは他の報告も同じ）、実際の報告は英語版に基づいて行ったので、全くこの原稿のとおりというわけではないが、主張されていることに変わりはない。

当日の報告では、日本の地方自治体のアーカイブズを代表する立場から述べた。しかし、今これが出版されるにあたり、さらに、現在進行中の日本国内の市町村合併と公文書廃棄の問題について、以下を付記として付け加える。

組織再編や制度の新設・改正が、公文書の大量廃棄に結びつきやすいことは、経験的にほぼ確かめられている。昭和三四年、日本学術会議会長兼重寛九郎から内閣総理大臣岸信介へ宛てられた勧告（「公文書散逸防止について」、昭和三四年十一月二八日）では、震火災、戦災以外にも、官公庁の統廃合、市町村合併（昭和の大合併）の進捗により、おびただしい文書が廃棄されていることが指摘されている。この教訓に基づき、最近の「平成の大合併」に際しては、国立公文書館による地方への文書保存の呼びかけが行われ、実際に新潟県、秋田県、群馬県などいくつかの県では、県立の公文書館、あるいは市町村を含めた協議会が主体となり、啓発事業が行われている。また、全国歴史資料保存利用機関連絡協議会（全史料協）も、小川千代子氏の手による歴史資料の「評価基準策定ガイドライン」を定め、残すべき公文書の判断に関する知的支援を行っている。

筆者は、昨年度より、沖縄県の公文書を公文書館に受け入れる業務の担当として、いくつもの現場を訪れ、文書管理の現状の確認や、文書引渡しの協議をしている。その短い経験からも、組織再編に伴うオフィスの引っ越しが文書廃棄の引き金になる例をいくつか見、また聞きもしてきた。ただし、一般的な印象としては、保存期間が満了しても文書を廃棄したがらない担当者の方が多いようである。後にその文書を参照する可能性を捨てきれず、それが緊急に必要な場合も想定してしまうからである。逆説的だが、文書管理が未確立な部署ほど、古い文書が管理されないまま残っていることがよくある。そもそも廃棄すべき文書を特定する作業からして骨が折れるからだと思われる。廃棄にもハードルがあるのである。対照的に、昨年アプローチしたある執行機関では文書管理が厳格であり、廃棄は正しい手続きで整然と行われ、その結果非現用の文書が全く残っていなかった。文書管理の在り方としては全く正しいのだが、公文書受入担当としては、残念な思いもあった。

市町村合併が、文書の大量廃棄の呼び水となりやすいのは、廃棄のハードル自体が下がるのではなく、そのまま保管し続けることに伴う追加コスト（目録作成、選別、あるいはオフィス移転のための搬送や、業務再編に伴う文書の振り分け、そして再配架など）が強く意識され、したがって相対的に廃棄のハードルが低く感じられるからであろう。いつ参照するか定かでない文書を念のためにとっておこう、という保存の動機は、ここで乗り越えられてしまう。保存の手間に対し、廃棄の手間の方がまだしも楽であると意識される。廃棄文書の受け皿があればよいが、ない場合には、そのまま消滅してしまう。

受け皿の理想は公文書館である、というよりも、定義上、公文書館は非現用文書を活用していく機関であるというべきだろう。しかしながら、報告で述べたように、日本において公文書館は「決定的な不在」—特に市町村レベルにおいては—の様相を呈している。この瞬間も、そしてこれからも、大量の公文書が公文書館による知的コントロールを経ずに廃棄されていく。

果たしてこの状況は打開できないものなのであろうか。公文書館が全国に普及するまで、何十年間かにわたり、地方公共団体で作成・収受される文書は、組織的あるいは非組織的な廃棄処分の列に並ばなければならないのだろうか。ペシミストは然り、と答えるだろう。確かに状況は厳しく、悲観的事実はいくらでも挙げられる。しかし、ここは楽観的かつプラクティカルにこの問題を見てみよう。

正式な公文書館（条例で設置された公の施設）事業が存在しなくとも、将来に向けて公文書を選別・保存しておくことは可能である。保管場所の問題もあり、困難も伴うが、空き教室や空いたオフィス、貸倉庫などを利用して保存するのである。ルーティン文書は思い切ってあきらめ、選別率一～三パーセントくらいで文書を残せば、あまり無理なく実行できるのではないだろうか。経験からいえば、人は現用の文書に想像力を働かせることは困難であっても、数十年を経た文書については、そこに何か歴史的なものを感じることは比較的容易である。選別した公文書の蓄積をてこに、やがては公文書館設置を推進することも充分可能なのである。逆に、そのような核となる文書群がなければ、公文書館を設置しても、その書架の大部分はしばらくの間空いたままだから、むしろよほどの強い力か偶然が働かない限りは、公文書館設置は難しいかもしれないのである。

芳賀町教育委員会の富田健司氏が興味深い調査を行っている。インターネット上で文書関係例規を確認することのできた全国の一二六一市町村のうち、三六パーセントにあたる四五七の市町村に歴史的公文書の保存のための条項が存在する（平成十九年十一月に茨城県水戸市で行われた全国歴史資料保存利用機関連絡協議会における同氏の報告。同協会会報第八一号（平成二〇年二月刊）に要旨あり）。実際に歴史的公文書保存のための施策がどの程度実施されているかについては今後の調査が待たれるが、そのようにして保存した歴史的公文書を一般利用に供している自治体も複数存在するとのことである。そのレベルに到達しているならば、たとえそれが公文書館法にいうところの公文書館に該当しないにしろ、これをアーカイブズと呼ぶことに支障はない。

今後、歴史的資料としての公文書の保存・蓄積の裾野が広がるならば、公文書館事業新設の裾野も広がるであろう。期待できる材料はある。昨今の年金データ廃棄の問題が良い例だが、公文書の適切な保存への関心の高まりがひとつ挙げられる。もちろん、現用文書の保存は直接には公文書館の役目ではないが、現用文書すなわち川の上流での管理のレベル向上は、川の下流側（すなわち非現用文書）には朗報である。言い方をかえれば、良い公文書館制度は、良い文書管理法制度を前提としなくては成り立たない。この点で注目されるのは、福田康夫内閣総理大臣が、第一六九回国会で行った施政方針演説（平成二〇年一月十八日）であり、その中で年金記録問題に関連して行政文書管理の法制化検討に言及、また同一センテンス内で国立公文書館の拡充について述べている。このことは、川の上流及び下流を同時に整備する首相の意思を示唆したものととれる。以前から公文書館制度に高い関心を持ち続け、国立公文書館の充実に向けて支援を惜しまなかった福田康夫氏が首相になったことは、国のみならず、地方の公文書館制度整備にとっても追い風となろう。公文書保存の枠組みが拡充されようとしているいま、その枠組みに残す公文書を少しでも確保していく努力が、「決定的な不在」を乗り越えるための方策となる。

【付記への註記】

この短い付記を脱稿したのは今年（二〇〇八年）の一月である。それからしばらく間があって、原稿の最終確認を依頼されたのが五月のこと。たかだか四ヶ月ばかりの時日が流れただけであるが、この間、国の動きがよほど急である。二月二九日に「公文書管理の在り方等に関する有識者会議」が内閣官房に設置された。また、同日、上川陽子少子化対策担当大臣が公文書担当大臣（新設）に任命されている。有識者会議は、一〇月をめどに最終答申を出す方針だという。当付記執筆の五月上旬時点ですでに四回の会議が開かれている。本書が出版されるのは今秋になると聞かされているが、その時分には報告書が出ていて、本書を手にされる方々は、何らかの具体的動きを目にし、また耳にしているはずだ。

さて、国レベルでの制度の新設や改革は、いずれ制度調整という形で地方にも及ぶと予想されるから、地方公共団体における公文書館プログラムの「決定的な不在」の問題も、何らかの積極的な対応や変化を求められることだろう。ただし、以下のようなことも忘れてはならないと思う。すなわち、地方自治体の歴史的公文書の保存や利用の問題は、一義的にはやはりその地方自治体の住民が主体となって解決していくべきものであって、国の動きばかりを頼みにするのではなく、自らを恃む態度が重要ではないか、ということである。筆者は、平成十八年五月に東京で開催された国際公文書館会議（ＩＣＡ）執行委員会のレセプションの席上、福田康夫氏（当時は官房長官を退いた後であり、その席に招かれたのは、氏の公文書館制度拡充における活動が主な理由だと思う）が、「公文書館は民主主義の基礎である」旨のスピーチをしたことを忘れない。レセプションには全国の地方公文書館の館長や職員が大勢出席していたが、筆者同様、このスピーチを印象深くおぼえているのではないだろうか。さて、その人はいま国のリーダーとなり、公文書館制度整備を強力に推し進めている。しかし、民主主義の本旨からすれば、上からの改革を心待ちにするのではなく、それぞれの行政レベルにおいて国民が、都道府県民が、そして市町村民が主体的に関わっていくことが肝要であろう。特に、ものごとが目まぐるしく進んでいくこのようなときこそ。（平成二〇年五月七日記）

Richard Pearce-Moses

板挟み——米国における州政府記録へのアクセス

リチャード・ピアス＝モーゼス

情報を公開しないアーカイブに、いったいどんな価値があるだろうか。利用する人がいなければ、せっかくの記録の収集や整理は徒労に終わる。情報の公開はまさにアーカイブ専門職の礎石である。しかしそれと同時にアーキビストは、個人や法人のプライバシー権に加えて、保管している記録の公開にかかる法的規制も認め、尊重しなければならない。パブリック・アーカイブ（公文書館）にとって皮肉なのは、少なくとも英語で公を意味するパブリックという言葉の持つ二つの意味が、両立しないことである。公文書の記録はそれが一般市民の物であるという意味ではパブリック（公共）だが、記録の一部は機密扱いなので、必ずしもパブリック（公然）でないからである。

本稿では、米国の政府情報の公開に関する主として州レベルでの問題をいくつか取り上げる[1]。政府記録の公開に対するアプローチは州によっていくぶん違いが見られるが、各州の法令には類似点が多く、相異点は少ない。また私は政府アーキビストと一般公務員とでは、保管している記録にさほど差はないと考えている。多くの場合、所属官公庁は異なっても公務員ならばアーキビストがやるような仕事をしているものである。たとえば国務長官は大量の永久保存記録を保管しているが、それは郡の記録官や市の書記官も同様である。

政治コメンテーターで『ワシントン・ポスト』紙の論説欄に執筆するマイケル・キンズレー（Michael Kinsley）氏は、「米国の民主主義政治は、公益を奪おうとする複数の特別利益団体による共謀だが、どの団体も、それが公益なのだと信じている」と評しているが[2]、これは政府記録の公開をとりまく環境についてもそのまま当てはまるのではないかと思う。公開を求めて闘う団体もあれば非公開を訴える団体もあるだろうが、どちらも同じように自分たちのアプローチが国益に資すると思い込んでいるのである[3]。

この利益の競合を背景に、政府情報の公開に関する政策はその時々の情勢をにらみながら漸進的に進められ、系統だった進展をしなかった。その結果、情報公開の法理がとかくまぎらわしく難解で、場合によっては相互に矛盾するものになってしまった。政府記録を扱うアーキビストがことあるごとに板挟みに悩むゆえんである。

◇公記録とは

私は近年、電子記録を大量に扱う仕事をしてきたが、考えてみるとアーキビスト仲間が何かにつけ好んで議論するテーマに「記録とは何か」という問いがある。ある文書の草案は一つの記録と言えるだろうか、それとも最終的な完全版だけが記録なのだろうか。記録は実行された取引の証拠だろうか、あるいはどんな文書も記録になるのだろうか、といった具合である。この問いはそれ自体に熟考の価値があるし、アーキビストにとって、その専門職の中核をなすこの概念について深い厳密な認識を持つのは大切なことである。

しかし同時にこれは、米国で政府記録を扱う人々全体に共通して答の出ていない問題でもある。たしかに諸法令には「公記録」の定義がある[4]。しかし政府記録は大きく分けても無数のカテゴリーがある。たとえば、不動産等の登録制度に基づいて郡裁判所に保管される譲渡捺印証書や担保権設定の記録のような公示を目的とした記録もあれば、政府計画関係の記録もある。後者はさらに、高官レベルの政策書から、許認可規定や行政管理規定のような、行政機関の主たる事業活動を定める記録にまで細分化される。このほか、人事記録や物品購入記録といった、大きな組織ならどこでも保管しているような定型的な行政記録があるかと思えば、政治家や役人の文書もある、というように、その守備範囲は広く、多岐に渡る[5]。

◇情報へのアクセス原則

公記録のアクセス権と閲覧権はコモンロー[6]で認められた権利だが[7][8]、ほとんどの州が、さらにアクセスに関する法規定、一般にサンシャイン法[9]、公文書公開法、情報自由法と呼ばれる州法を有している。こうした法律は、公務員が市民に対して説明責任を全うすべき情報の、市民による取得を確保するものである。政府情報の公開は、民主主義政治の基本原則であって、合衆国第四代大統領ジェームズ・マディソン（James Madison）の言葉を借りれば、「人民主権をうたいながら、人民周知の情報も情報周知の政策手段もない政府の登場で幕の上がる舞台など、所詮は茶番か悲劇であり、ひょっとするとその両方かもしれない」[10]。例外規定はあれ、少なくともこの法の精神が、国民は政府記録へのアクセスを有すべしというものであることは明らかである[11]。

しかし、公記録へのアクセスについてこうした気高い思想があったにもかかわらず、現実のアクセスは必ずしも容易ではなかった。情報自由法が制定されるまで、公記録の調査の必要性を立証する責任はほとんどの場合、個人に負わされていた。「情報自由法（ＦＯＩＡ）は、『知る必要性』ではなく、『知る権利』というアクセスの規準を確立し、また挙証責任を個人から、アクセスを拒否しようとする政府機関の側に転換した[12]」点が一つの特徴である。

◇情報公開の法的側面

現代の公文書法は全体に公開性促進の方向に動いているので、アクセスを制限するには、別立ての特別法制定が必要である[13]。実際には、公記録へのアクセスは多くの合法的な理由で制限することができる。その根拠となる適用除外規定は多岐に渡る法令のあちらこちらに、それこそ無数にちらばっているので、その可能性のすべてをここで論ずることはとてもできないが[14]、その代わりに、その法律の背後にある二つの力学について私の考えを述べることにしたい。政府利益の保護と、個人のプライバシー権である。

◆政府利益の保護

アクセスに制約がないと、政府が業務上明らかに不利な立場に置かれるケースがある。分かりやすい例が州の調達で、関係情報へのアクセスが誰でも自由にできると価格のつり上げを招く恐れがある。そのためこの種の定型情報は、その事業活動が完結して、行政として事後のアカウンタビリティが確保された時点で初めてアクセス可能にされることが多い。また、政策審議にかかわる情報に適用除外規定を設けている州もある。この情報がいつでも簡単にアクセスできる状態にあると、問題を十分に把握するために行われる率直な内部議論に萎縮的効果を及ぼす可能性がある上、記録を見ようとする人が跡を絶たなくなることは想像に難くない。こうした記録は政府機関に保管されている間は制限をかけることができるが、その場合でもアーカイブへの移管後には解除されることがある。

州の調達ほど直接損失に結びつく例ではないが、アリゾナ州法に、公務員は考古学上の発見場所に関する情報の開示を拒否できるという規定がある[15]。アリゾナ州としては、盗賊に貴重な出土品のありかを教えて闇市場に売らせるような真似はしたくないというわけである。

二〇〇一年九月十一日の同時多発テロ事件を契機に、それまで公開されていた記録の一部が国土安全保障上の理由で非公開化された。国家の安全保障は一般には連邦レベルの問題と考えられているが、実は州政府や地方自治体が、それまでなら国家機密にかかわるとはみなされなかったであろう記録へのアクセスを少なからず制限している。あのような事件が起きた後では、都市の水道施設、パイプライン、化学薬品倉庫の概要書や図面などの「要注意記録（records of concern）」を非公開にするのは当然だと誰もが感じたかもしれないが、こうした記録に対する制限は、残念ながら理性からではなく被害妄想からなされているきらいがある[16]。

◆プライバシー

政府記録にはかなりの個人情報が含まれているので、国民のプライバシー保護は最大の難題の一つである。つい最近まで、機密情報へのアクセスはその情報の取得に必要な労力によって合理的に制限されていると考えられていた。郡庁所在地あるいは州都まで出向き、職員の目が光っているところで手作業で記録を調べ、情報を書き写すという手間とコストのおかげで、そうした記録は事実上人目に触れない、実質的忘却[17][18]の状態に置かれていた。しかし現在では政府記録はインターネットで日常的に入手できるので、コンピュータを使えば、散在するたくさんの情報源から個人を特定できる情報の小片を集めきて、なりすまし犯罪にうってつけの完璧なプロフィールを捏造することができる。ある名前をネット上の別々の場所から盗んだ電話番号や住所、誕生日と結びつけることは不可能ではない。そこにどこかの家系調査データベースから取ってきた母方の旧姓を一つ加えれば、何も知らない個人の生活を乗っ取るのに必要なものは全部そろってしまう。

プライバシー権とは、「ひとりにしておいてもらう権利、他人から干渉されずに生活する権利、私生活をみだりに公開されない権利」である[19]。プライバシー権の目的は、本人の望まない形でもしくは本人の知らないところで私生活の詳細が公開されることのないように制限することによって、個人の感情や感性を保護することである[20]。

プライバシーにコモンロー上の権利を認めている裁判所もあるが、すべてではないので、わずかな例外を除いてほとんどの州では法令によって個人の私的な情報の一部へのアクセスを制限している。たとえば、多くの州では警官など法執行者の個人情報の機密性を保護して、彼らを報復行為から守っている[21]。しかし、こうしたプライバシー保護目的の制限は単独の法令に集約されるどころか、数え始めればきりのないほど多くの法令に散在しているのが実情である。また現在、なりすまし犯罪の増加を背景に、いくつかの州では公記録上の個人情報について制限を強化しようという動きが高まっている[22]。

プライバシー権は無条件に認められる権利ではない。他の個人の利益と均衡しなければならず[23]、かつ一般には国民の知る権利に従属する[24]。注目すべき事例としては、前述のテロ事件でワールド・トレード・センターに閉じ込められた人々が建物の崩壊直前にかけた緊急電話サービスとの通話記録を、ニューヨーク港湾公共事業体（the Port Authority of New York）が非公開にしたことがあった。港湾当局は、その人々の最後の言葉が遺族に過度の不当な苦痛を与える可能性があるとして、プライバシーを理由にその通話記録の開示を拒んだのである。まさにプライバシーの核心にある個人の感情や感性そのものに配慮した判断といえよう。しかし後日その決定は裁判で覆され、最終的に港湾当局は記録を公表している[25]。

また、プライバシー権が個人の利益と一致しないこともある。養子縁組記録はほとんどの州で非公開なので、養子が実の親を探すのを困難または不可能なものにしている。いったい母子どちらの権利が優越するというのだろうか。母親は人生の苦い思い出を自分だけの胸にしまっておきたいのかもしれないが、子どもの方は、手遅れにならないうちに自分の病歴を確かめようとしているかもしれないのである。

アーキビストはこれまで、多数の主権共同体から記録を非公開にしてほしいという依頼を受けてきた。そこで主張される権利は文化的財産権と呼ばれるもので、これは「社会、とくに先住民族の社会には、その伝統遺産の使用を管理する権限がある」という考え方から近年誕生した知的財産権の一つである[26][27]。二〇〇六年四月、先住アメリカ人と非先住アメリカ人双方のアーキビスト、図書館員、学芸員、歴史学者、人類学者、合わせて十九名からなるグループが一堂に会して議定書を作成した。この議定書には「非部族団体が保持するアメリカ・インディアンの文書館資料の当該文化に応じた取り扱いと利用法として推奨すべき専門実務」が示されており[28]、たとえばアーキビストは宗教舞踊や宗教品の写真のような、文化財となる資料を非公開にすること、また文化財とすべき資料の選定に際しては各部族に相談することが求められている。これはプライバシーの概念を個人から文化共同体全体に敷衍した例と見ることもできよう。

◇法律適用の実際

公文書法の冒頭はきまって次のような文言で始まる。「『記録』は、物理的な形態もしくは特徴にかかわらず、書籍、文書、地図、写真、機械可読資料、その他媒体にかかわらず事実を記録する資料の『一切』を含む」。私が「一切」という言葉を強調したのは、そこに含まれる資料群が実に「大群」だからである。この単純な事実に重要な意味合いがあることは、公記録の閲覧権を定めた法令を読んでみるとよく分かる。たとえばアリゾナ州の法令は「公務員が保管する公記録その他の物は、執務時間内において随時、何人に対しても公開されなければならない」としているが[29]、政府機関全般の業務量の多さからして、このアクセス理論は開示請求に対応する現場の実務にそぐわないことが多い。

一方、裁判所は、記録へのアクセスは通常業務に支障をきたさないように合理的な規定にのっとって行わなければならないと従来から主張してきた[30]。しかし、何をもって業務の支障とみなすかという点で、政府機関と開示請求者である個人や組織との間では考え方が異なる場合がある[31]。

また、法令で非公開とされている記録もある。たとえば、出生・死亡記録へのアクセスは大半の州で極端に制限されている。しかし、実は法律でアクセスが制限されているのは「情報」に対してであって、「記録」でないことが多く、おそらくほとんどの場合がそのはずである。それなのに、記録の保管担当者は記録全体に利用制限をかけてしまうことが珍しくない。その方が部分開示のために記録の中から機密情報を抽出・削除する処理（redacting）を行うよりも、明らかに簡単だからである[32]。しかしながら、裁判所のこれまでの一般的な主張は、記録の保管担当者は処理を施した形態で記録を利用に供すべしというものである。

実は、この点がよく問題になるのは閲覧権云々ではなく、利用者のアクセス方法の問題としてである。データベースのカスタムクエリのように担当者が申請人に代わって情報を選んだ上でそれだけを開示するという要求はいくらでもみられる。これが裁判になった場合は、そのような要求を退ける凡例が一般である。記録の保管担当者は保管している記録の公開はしなければならないが、新たに記録を作成する義務はないとしている。

重要だが取り扱いの厄介なのが、政治家、とくに知事や州議会議員の記録に関係したものである。彼らの公私の区別は得てしてあいまいなので、記録の一部にどうしても分類しにくいものが出てくる。たとえばアリゾナ州法では、知事に対して「本人の行った人事一切を記した何らかの記録簿を、任命日、被任命者および前任者の氏名を記載して」保管することを義務づけているが[33]、その知事の日誌に私的な昼食の約束から散髪の予約に至る私的な会合の約束が含まれていても何ら不思議はない。それでは、知事が在職中に公益団体に行ったスピーチは公記録の一つに数えるべきだろうか。政治家は私文書の占有を維持することによる合理的かつ正当な利益を有している。彼らはよく、そうした書類を母校に預けようと考えるが、時には書類を丸ごと非公開にしようとすることもある。一方、政治家の公記録はアーカイブに移管するのが法律上の建前である。

◇記録でないものとは

前に述べたとおり、アーキビストの間ではよく「記録とは何か」という議論に花が咲くのだが、ここで私はこの問いに少し手を加えて改めて考えてみたい。「『公』記録とは何か」である。というのも、一部の資料に、それらが公記録でないというだけの理由で記録の公開を定める法律の対象から除外されるケースがあるからである。

第一に押さえておくべきことは、公共施設にあるという単純な事実だけでは公記録にはならないということである[34]。備忘録として保管され、作成者以外の人の目に触れない、職員個人の私的な業務日誌であれば、公記録ではなく、個人的な記録とみなされる可能性がある。

第二に、電子メールやインスタント・メッセージのような通信が公記録として公記録公開法の対象であるかどうかについては、疑問の声がある[35]。ほとんどの公記録公開法に「電子形式」、もしくはより包括的な表現で「任意の形式」の記録に関する規定があるにもかかわらず、一部の人たちは、電子メールは通話と同じく非公式なものであるからプライバシーにあたるとの推定ができると主張している。一方、最近のアリゾナ州の判例では、元郡長が郡の電子メールシステムを利用して送信したメッセージについて、業務に無関係との理由で公記録ではないとの判断が出されている[36]。

◇アーキビストに求められるバランス感覚

公記録を保管する公務員とアーキビストの苦労の種は、機密扱いの情報と公開してもよい情報とを定めている、複雑で矛盾の多い法的環境を理解することである。それだけでなく、機密情報の開示にかかる潜在的な影響についても考えなければならない。

ご存知のように、公務員がとても理想的とは言いかねる理由でアクセスを制限してしまうことがある。英国の作家ジョージ・オーウェルの未来小説『一九八四年』に、「過去を支配するものは未来まで支配する。現在を支配するものは過去まで支配する」[37]という有名なくだりがあり、この思想から生まれる望ましからざる未来が作品に描かれている。おそらく公務員の中には、公開されると厄介なことになる記録とか、仕事振りの悪さや不法行為をさらすような記録を公開したがらない人が少なからずいるだろう。自分の記録を私物のように扱い、公共の信託財産として扱わない公務員や職員は多い。この点においては、政府アーキビストと一般公務員とでは明らかに意識の違いがあると思う。

アーキビストにとって記録を利用に供するということは、単なる法的任務を超えた、プロとしての職業倫理上の責務である。それと同時に、アーキビストには国益を守り、かつ個人の損害を回避するという、公務員としての責任もある[38]。アメリカ・アーキビスト協会倫理綱領（The Society of American Archivists' Code of Ethics）に、アーキビストは制限のない公正な公開をしなければならないが、プライバシーもしくは機密の保護を目的とした制限は認めると書かれているとおりである[39]。

アーキビストは絶えずジレンマに陥る。情報を公開するにせよ制限するにせよ、常にメリットとデメリット両方の可能性がついてまわるからである。したがって、この二律背反を創造的に解決することが、アーキビストの仕事の重要な要素なのではないかと私は思う。それでは、守秘義務や開示制限を守りつつ、しかも職業倫理にかなった方法で記録を公開する手段を見つけることは果たして可能だろうか。

実は、アーキビストは折に触れて調停役を担う。これはアーキビストが中立的な第三者の立場にあるからである。アーキビストの調停を受け入れる義務はいずれの当事者にもないが、形式張らない話し合いによって問題が非常にスムーズに解決する可能性は開かれている。

利用者が求めているものは何だろうか。特定の情報を探している利用者が求める記録の種類はたいてい一つだが、その場合は、ほかにより適切な情報源があるかもしれない。そこで質の高いレファレンス・サービスに求められる能力の一つは、利用者の目の前の問いの背後に潜む本当の問いの意味を見出すことである。一部の問題はこの手法で解決できることがある。つまり、利用者の求めている情報を制限の緩い情報源に入れているコレクションを探し出し、その場所を利用者に教えればよいのである。場合によっては、そちらの方が質の高い情報が得られるということもあるだろう。

制約条件の厳しいコレクションの中にしかまず見つからないだろうと思われる情報を利用者が必要としている場合、アーキビストである私たちの任務は、法的に許される範囲でその情報を提供することである。ここで再び「適切な問い」を立ててみよう。その利用者はコレクション全体にアクセスする必要があるのか、それとも特定の部分でよいのだろうか。ケースによっては、非公開情報の含まれる記録だけを出さないようにすれば事足りるかもしれない。アーキビストと記録保管担当者には、たしかに要約を作成したり、記録を改めて編成し直す義務はないかもしれないが、場合によっては、そうする方が部分開示のために情報全体を処理するよりも、時間の節約になることがある。利用者の中には記録そのものにアクセスしたいのだという人もあるだろうが、多くの人にとっては、自分の研究の手助けをしてくれる人がいることの方がありがたいのではないか。

また資料の公開の仕方によって、開示と機密保持の問題をうまくかわすこともできる。積極的な閲覧希望者がいなければ、記録を事実上埋もれたままにしておく実質的忘却という慣行を続ければよいのではないか。現在アーキビストは、利用を増やすためにコレクションをウェブサイトに載せるようにという、強いプレッシャーをかけられている。とくにアリゾナ州のような大きな州では物理的な距離がアクセスの大きな妨げになっているからである。目標としてはすばらしいが、是が非でも達成すべきものではない。もしもあるコレクションに機密情報が含まれていれば、アーキビストはそれを安易にオンラインに載せてはならないし、載せるならば先に部分開示の編集処理を行わなければならない。

一部の政府記録には、非常に個人的な情報が含まれていることがある。私生活の危機に直面した時、知事や議員等の公務員に助けを求める人は多いが、その書簡には健康や財政状態の詳細に代表される並はずれて私的な情報が書かれているのが普通である。こうした記録はプライバシーを理由に非公開とすることがおそらくは可能だろうが、もし非公開にするなら、アーキビストは政府活動に直接関係のないこのような記録を、そもそも本当に取得すべきなのかどうかをまず問う必要がある。しかし残念ながら、こうした記録は保存してアクセス可能な状態にすべき他の記録に混じっていることが往々にしてある。現在のアーカイブの実務ではアイテムレベルでの作業をしないのが慣行だが、そのような機密情報を含むシリーズについては、注意深い審査が当然に必要とされる。

政治家の文書はアーキビストの垂涎の的だが、アーカイブとしては、その文書が明らかに私的な記録であれば一定期間「封印（seal）」という形で非公開にしてもよく[40]、公的な記録ならば封印できないことになっている。だが、こうした記録が実際には公記録とも私文書とも峻別しにくい現実においては、アーキビストは、もちろん法的にも倫理的にも許される範囲での話だが、自分から少しばかりバランスに働きかけて、私文書として封印する方向で判断を下したくなるかもしれない。しかし非公開にすれば、いずれにせよ論議を呼ぶことは避けられまい[41]。

文化財となる資料の取り扱いも、アーキビストの鋭いバランス感覚が求められる分野である。文化的財産権による資料の不開示要求に応じるかどうかは、当然、賛否の大きく分かれる問題である。博物館には合衆国連邦法で文化的遺産の工芸品を非公開にする権限が与えられているが、アーカイブ・コレクションはこの法律の対象になっていない[42]。となれば、この問題でもやはり実質的忘却が、少なくとも最も慎重に取り扱うべき資料にとってはせめてもの救いだろう。そしてアーキビストはその資料について、かりにアーカイブの施設内での利用を許すことはあったとしても、オンラインでの利用を認めることはしない。

先住アメリカ人の多くは文書資料の公開に懸念を抱いているが、理由は彼らがその記録に偏見と誤謬を感じるからである。そこに語られているのはよそ者の眼で見た民族の物語であり、「未開の」文化を見てやろうという十九世紀の人類学者の見え透いた魂胆や、「異教徒」の改宗に汲々とするキリスト教宣教師たちの色眼鏡で見た世界かもしれないのである。アーキビストがすべきことは、先住民族の人々とよく話し合い、記録がコンテクストの中で提示されていることと、その資料の記述が記録された人々に尊厳と対等な発言権を与える内容になっていることの二点が保証されるよう、取り計らうことである。

アーキビストは記録の存在を利用者に知らせても差し支えないし、またそうすべきだが、ただし開示できないデリケートな情報を保護する方法で行うことが条件である。モデルとしてはヴォーン・インデックス（Vaughn Index）のような、非公開文書の内容自体は開示せずに情報だけを記述した目録がある[43]。この種の検索手段（finding aids）は、オンラインに載せても問題ないし、またそうすべきである。そうすればアクセス権のある人が資料の所在を調べることができる。

最後に、アーキビストは電子記録の将来性に目を向けなければならないということを述べておきたい。記録が最初からデジタル形態で作成されたもの（ボーンデジタル）で、かつタグづけ（マークアップ）の十分な形式の整ったものならば、機密情報に自動で編集処理をかける方が部分開示には手っ取り早いはずである。現状でもテクノロジーを使って私たちにできることはある。たとえば、電子カレンダーを使えばフィルタリングで散髪の予約のような個人情報を除去できるので、正式な公記録だけが入ったコピーがアーカイブの手に入る。私たちはそろそろ自然言語処理ツールの使い方を研究して、人が目でチェックしながら機密情報をより分けている現在のやり方を効率化しても良い頃ではないだろうか。

本稿で私が強調したかったことは、公記録を扱うアーキビストには他のアーキビストには無い、難しい問題があるということである。企業や個人には自分たちの記録を広く一般の利用に供する義務はないし、収集アーカイブで働くアーキビストならば、寄贈者と交渉してプライバシー権その他の機微に触れる問題については贈与取り決め文書を作成しておくという恵まれた選択肢もありうる。

しかし政府アーキビストの場合はそれとは対照的に、収蔵資料を公開することが第一に求められており、開示制限をするのは一般に明らかな法的要請があった場合に限られる。そして制限する場合であっても、非公開情報の内容自体はともかく、その記録を公開するための方法を何かしら探さなければならない。そして個人や国家を損害から守るためにアクセスを制限するという、きわどい決断を下さなければならないことも稀ではないのである。

〔注〕

1　地方自治体の公記録へのアクセスには、一般に州法が適用される。

2　*The Washington Post* (20 February 2005), p. B7.

http://www.washingtonpost.com/wp-dyn/articles/A36625-2005Feb18.html　（参照二〇〇七年二月二八日）。

3　とくにジャーナリストは、その職務遂行に強い使命感を持っている。彼らは、国家・宗教・国民の力関係を均衡させる第四の階級としての立場から、政府記録へのアクセスを強く要求する。実際、政府記録へのアクセスを求める訴訟には、ジャーナリストや報道機関がかかわっているものが多い。

4　「『記録』は、物理的な形態もしくは性質にかかわらず、連邦法により、または公務行為に関連して米国政府の機関が作成または受理し、かつ米国政府の組織もしくは機能、政策、意思決定、手続き、事務処理その他の活動の証拠として、またはそこに含まれるデータの情報価値のゆえに、当該機関もしくはその正当な継承者が保存する、またはその保存に適合した、書籍、書類、地図、写真、機械可読資料、その他の文書資料一切を含む」。（44 USC § 3301）（合衆国法典）。

5　ここに挙げたものがすべてではない。裁判所が保管する記録の代表的なものは、民事・刑事両方の裁判記録である。ここには事実審理に証拠として提出された私的な記録が含まれている場合もあるが、これについては裁判所が封印して開示制限をかけることができる。なお、刑事捜査および法執行記録は、捜査過程とその後の訴追手続きの両方を保護するため定型的に機密扱いとされるので、全体としては本稿の射程外である。

6　［訳注］米国法制における不文法。

7　「公記録へのアクセスおよび閲覧の権利は、制定法上の権利として完全に認められたものではない。この権利は、コモンローに存在し、準拠法が存在しない限り、引き続きコモンローの適用を受ける」。（76 CJS Records §60(1994)）（アメリカ法大全2）。アメリカ法大全2は、合衆国の制定法および判例法のサマリーとして権威ある文献の一つである。Lawrence J. Culligan, Editor-in-Chief, and Anthony V. Amodio, Managing Editor, *Corpus Juris Secundum: A Contemporary Statement of American Law as Derived from Reported Cases and Legislation*（コルプス・ユリス・セクンドゥム―アメリカ法大全2―報告判例と制定法による現代の米国法）(West Publishing, 1994).

8 「記録とは、法的任務の遂行において保管すべく法律で義務づけられたもの、または、書面、口頭もしくは行為の覚書および証拠、もしくは権限を有する公務員の作成した書面による覚書、もしくは公的機関に保管されている文書、のいずれかとして法律で定められたものである」。（76 CJS Records §2(1994)）（アメリカ法大全2）。

9 この「サンシャイン法」という言葉は、おそらくルイス・ブランダイス最高裁判事がその著書『*Other People's Money*』(1914)に記した次の言葉から来たものだろう。「情報公開は、社会や産業の弊害の是正策として賞賛に値する。日光（サンシャイン）を最良の殺菌剤と言うなら、電光は最も有能な警察官である」。Fred R. Shapiro, *The Oxford Dictionary of American Legal Quotations* (Oxford University Press, 1993), p. 296.

10 Madison to W.T. Barry, August 4, 1822. Marvin Meyers, ed., *The Mind of the Founder: Sources of the Political Thought of James Madison* (Indianapolis, 1973), p. 437.
http://www.bartleby.com/66/48/37348.html（参照二〇〇七年二月二五日）。

11 さらに言えば、裁判所は一般に、政府機関または公務員が保管する文書情報が法律上記録であるかどうかについてはさほど関知せず、むしろその文書が政府機関または公務員の活動に関連したものであるかどうかに注目する。

12 Linda D. Koontz, *Freedom of Information Act: Preliminary Analysis of Processing Trends Shows Importance of Improvement Plans* (US Government Accountability Office, 2006). http://purl.access.gpo.gov/GPO/LPS73079（参照二〇〇七年二月一九日）。

13 「記録の機密性を定める法令は、コモンロー上の文書閲覧の権利に抵触するものであり、厳格に解釈されなければならない」。（76 CJS Records §74）（アメリカ法大全）。

14 統一州法委員会全国会議（the National Conference of Commissioners on Uniform State Laws）の「統一情報実務規程（The Uniform Information Practices Code）」は、開示の対象とならない情報を次の十二のカテゴリーに大別している。「(1)法執行目的で編纂された情報で、開示が次のいずれかの原因となるもの。(i)進行中の捜査、犯罪情報収集行動または法執行手続きの効果を著しく損ねる。(ii)機密情報の内容を特定する。(iii)犯罪課報活動を含む機密の捜査技術または捜査手続きを漏洩する。(iv)個人の生命を危険にさらす。(2)政府機関の相互間または政府機関内部の助言文書、諮問文書または審議文書（ただし事実情報を除く）で、下記に該当する場合。(i)意思形成のために伝達され、かつ(ii)その開示が、機関内部における活発な意見交換を著しく抑制する、または当該機関の意思形成過程に支障をきたすことになるもの。(3)当州の〔該当する裁判所名を指定〕の訴訟に適用される事前の証拠開示（ディスカバリー）規定により、当該機関と係争中の当事者には開示されることのない、訴訟を予期して作成された資料。(4)資格試験、採用試験または学術試験を実施するために利用される資料で、その開示が当該審査プロセスの公平性または客観性を損なうことになるもの。(5)開示された場合、政府の調達を阻止する、または政府機関との契約もしくは合意の締結を意図する者に便宜を図ることになる情報。(6)財産権の公的取得が検討されている不動産を特定する情報、または公的取得が検討されている取得契約締結前の不動産に関する、当州の法律の下ではほかで入手できない情報。(7)ソフトウェア、操作手順書、職員用手引その他の情報を含む管理上または技術上の情報で、その開示によって記録管理体系の安全性が脅かされることになるもの。(8)排他的権利者により製造もしくは販売され、当該機関が所有もしくは管理を委任されたコンピュータ・プログラム、ソフトウェアおよびその他の情報を含む専有情報。(9)要請により第三者から取得した秘密の商業上および金融上の情報にかかる営業秘密。(10)当該資料に課せられる合法的制限の範囲で個人により寄贈された、図書館、アーカイブもしくは博物館の資料。(11)連邦法もしくは州法により明示的に開示不能とされた、または証拠規則により保護された情報。(12)個人の特定できる記録で、第三条により開示可能でないもの」。*Uniform Laws Annotated*（注解統一州法典）(Thompson-West, 2002) § 2-103.

15　ARS § 39-125.（アリゾナ州修正法）。

16　二〇〇七年初めに、ジャーナリストとボランティアがそれぞれの地元で作成されている総合緊急事態対応計画書（the Comprehensive Emergency Response Plan）の写しを請求した。この計画書は、化学薬品の流出のような産業事故に備えて、対応策の策定を各地域社会に徹底するために作成されたもので、住民に取るべき行動を周知するため公表することになっている。アイオワ州のある当局者は「全州民の安全確保のため、事故発生中の対応について、できるだけ多くの人に知っていただきたい」とコメントした。ところが、計画書の開示請求のうち二〇パーセントが認められなかった。ある記者の請求に対する却下理由は、本人に一致するテロリストのプロフィールはなかったにもかかわらず、その可能性なしとせず、というものだった。"Officials in counties withhold documents," *Arizona Republic* (11 March 2007), p.B1, B8.

17　この「実質的忘却」(practical obscurity) という言葉が最初に使われたのは、合衆国連邦司法省対報道の自由のための記者委員会判決 (*U.S. Dept. of Justice v. Reporters Committee for Freedom of the Press*), 489 U.S. 749 (1989)（連邦最高裁判所判例集）である。この判決で情報自由法（ＦＯＩＡ）の適用除外規定第七号(C)を前科記録の不開示事由として援用した最高裁の主張は、前科記録の主体が私人であり、かつその情報が、政府行為の記録としてではなく、一つの編纂物として政府の管理下にある場合、その前科記録の「実質的忘却」が維持されていることから生ずるプライバシー利益は常に最高位にあるのに対し、ＦＯＩＡに基づく開示の公益性は最低位にあるということであった。こうして前科記録は、上記のような状況では、一つのカテゴリカルな事項として同除外規定の対象とされている。Ken Withers to the author, 9 December 2003（法学者ケン・ウィザーズ氏から著者あての二〇〇三年十二月九日の私信）。Richard Pearce-Moses, *A Glossary of Archival*

18 *and Records Terminology* (Society of American Archivists, 2005).
〔訳注〕この訳語は、牟田昌平「公文書館とプライバシー・個人情報保護―米国の事例を中心に」『アーカイブ』2004 Vol.15 p.81 を参考にした。

19 77 CJS Right of Privacy and Publicity § 1.（アメリカ法大全２）。

20 77 CJS Right of Privacy and Publicity § 3.

21 「州または地方自治体に雇用された者で、…法執行官もしくは裁判官、判事、陪審委員、公選弁護人、検察官、条例執行官の自宅住所もしくは自宅電話番号を、捜査を妨害する意図」または「法執行官もしくは裁判官、判事、陪審委員、公選弁護人、検察官、条例執行官に身体的危害をもたらす意図…で故意に公表する者は何人も…」（ARS § 39-124）.（アリゾナ州修正法）

22 連邦プライバシー法（The Federal Privacy Act）（5 USC § 552A 合衆国法典）は、連邦レベルで個人情報を包括的に保護するものである。前述の「統一情報実務規範」は各州のモデル法とされているが、一九八〇年の採択以降、州による採択はハワイ一州に留まっている。

23 77 CJS Right of Privacy and Publicity § 5.（アメリカ法大全２）。

24 77 CJS Right of Privacy and Publicity § 7.

25 Samantha Levine, "Terror on Tape: 'We're trapped'," *U.S. News & World Report* 135:7 (8 September 2003), p18.

26 Pearce-Moses 前掲書。

27 先住民族からのこうした要求の先駆けは、オーストラリア先住民族（アボリジナル）とトレス海峡島民によるものである。*Aboriginal and Torres Strait Islander Protocols for Libraries, Archives, and Information Services* (1994). オンライン版 http://www.cdu.edu.au/library/protocol.html（参照二〇〇八年二月二八日）。

28 *Protocols for Native American Archival Materials* (First Archivists Circle, 2006). オンライン版 http://www2.nau.edu/libnap-p/index.html（参照二〇〇七年二月二八日）。

29 ARS § 39-121.（アリゾナ州修正法）。

30 66 Am.Jur.2d Records and Recording Laws § 20.（アメリカン・ジュリスプルーデンス第二版）
『アメリカ法大全』と同様、『アメリカン・ジュリスプルーデンス』は合衆国の法律のサマリーとして権威ある文献である。
American Jurisprudence: A Modern Comprehensive Text Statement of American Law - 2nd ed. (Lawyers Co-operative Publishing and Bancroft-Whitney, 1973).

31 政府機関の業務妨害問題が再三浮上したのは、たいがい一シリーズ全体の複写請求、たとえば、通常業務では一度にせいぜい一－二部程度の複写しか行っていない役所に、ある住宅金融専門会社が不動産譲渡捺印証書すべてのコピーを請求するといった出来事が原因だった。

32 編集処理には、大量の時間と費用がかかる可能性があるうえ、基本的な複写作業以外の全費用は、請求者個人ではなく、政府機関の側が負担しなければならない。

33 ARS § 41-102.（アリゾナ州修正法）。

34 「記録は、ある公務員もしくは政府機関が占有しているというだけでは、必ずしも〔公記録の閲覧を規定する法令〕の対象にはならない」。（76 CJS Records § 99）（アメリカ法大全）。

35 Pam Greenberg, "Electronic Communications: Are They Public Records?," *NCLS LegisBriefs* 12:39 (October 2004), p.1.
公務員の電子メールが公記録かどうかについて明示的な法令のある州は、二〇〇四年の時点で五州のみだが、それ以外にいくつか、この問題に関する判例ないし政策を有する州がある。

36 "Public employees' 'personal' e-mail not public record," *Reporters Committee for Freedom of the Press* (15 August 2006). オンライン版 http://www.rcfp.org/news/2006/0815-foi-public.html（参照二〇〇七年二月二七日）。
「（二〇〇六年）八月四日、三名からなる判事団が、アリゾナ州最高裁判所が先に出したある判決例に依拠して、電子メールのメッセージが公的なものとみなされるためには、政府職員が政府のコンピュータ上で作成したものであるだけでなく、『さらに、その記録を保持する公務員の公務に何らかの関連がなければならない』との判決を下した。

ジョン・ペランダー主席判事は判事団を代表して『われわれには、〔当該職員名〕の純粋に個人的な電子メールと彼の公務との間にかかる関連を何ら見出せない』と記した判決を示し、当該公務員の電子メールのメッセージすべてを公開するよう命じた、予審判事による先の判決を覆した」。

原判決が原告に有利であったこと、控訴裁判所がその原判決を覆したことは、裁判所によっていかにこの点の判断が分かれているかを表している。ちなみに本件は、現在、州最高裁判所に控訴手続き中である。

37 George Owell, *1984*. (Signet Classics, 1977, 復刻版), p.35. ジョージ・オーウェル著、新庄哲夫訳『一九八四年』（ハヤカ

ワＮＶ文庫）四七～四八頁。

38 「あくまでアクセスと公開が法の目的ではあるが、無制限の閲覧権が重大かつ回復不能な私的、公的損害を導きかねない点もまた、法の認めるところである。したがって、機密性、プライバシー、州益という互いに拮抗する利益を適切に援用して閲覧を回避すべき場合には、当該公務員または記録保管者は閲覧を拒否できると当裁判所は判断する」。141 Ariz. 487 (Carlson v. Pima County).（カールソン対ピマ郡判決。アリゾナ州判例集）。

39 「アーキビストは、自らが提供するサービスと自らが管理する記録に対し、法規定および文化的配慮、所属機関の方針に沿った、差別・優遇のない開かれた公平なアクセスを推進する努力を惜しまない。アーキビストは、アーカイブ保管の基本目的である記録の利用を促進する責任を認める。アーキビストは、その記録に含まれる情報のプライバシーまたは機密を保護するためにアクセスに制限をかけることができる」。http://www.archivists.org/governance/handbook/app_ethics.asp（参照二〇〇七年三月一日）。

40 この制限は、連邦議会制定の大統領記録法（Presidential Records Act）（44 USC §§ 2201-2207 合衆国法典）に沿ったもので、同法の定める非公開期間は十二年である。留意すべき点は、一九七八年の同法案作成時に議会と担当行政部門との間の入念な協議で築き上げられたバランスが、二〇〇一年十一月一日のジョージ・W・ブッシュ大統領による大統領令一三二三三発令時に大幅に変更されたことである。

41 たとえば、バーモント州知事ハワード・ディーン氏が自分の記録の一部を開示制限したことは、二〇〇四年に本人が大統領選に出馬した際、政治問題となった。しかし「前バーモント州知事で大統領候補のハワード・ディーン氏が九三箱以上の州知事記録を二〇〇三年の退職以前に封印したことは法的に正当であるとの判決を、州最高裁判所は金曜日に全会一致で下した。

　第一審裁判所の二〇〇四年の判決を覆す形で出された同最高裁の最終判断は次の通りである。ディーン氏が『機密文書』『特権文書』とみなした五五万ページ以上を秘匿したことは、州知事記録に関する当州の公記録法に優位し、『利用を制限する特別条項』で開示制限を認める当州のアーカイブ法によって認められるものである」。

"High court says Howard Dean's sealing of records is legal," *The Reporters Commitee for Freedom of the Press* (8 November 2005). オンライン版 http://www.rcfp.org/news/2005/1108-foi-highco.html（参照二〇〇七年二月二八日）。

42 25 USC § 32 (Native American Graves Protection and Repatriation Act)（合衆国法典。先住アメリカ人墓地の保護ならびに返還法）。この法律は、「博物館その他の保管施設が保持する一定の宗教品および祭儀品の、原所有者である先住アメリカ人への返還を定める」ものである。Pearce-Moses 前掲書。

43　「ヴォーン・インデックスとは、訴訟で争点となっている部分を含む文書について、書類の明細をそれぞれに政府の不開示事由を付して列挙し、索引を付ける一つの方式で、いわば項目ごとの詳細な記載と包括的な秘匿特権の主張との折衷案である。この方式で作成された秘匿書類の明細書自体の名称としても使われる」。（37A Am.Jur.2d. Freedom of Information Acts § 527）（アメリカン・ジュリスプルーデンス第二版）。

第四章　アーカイブ資料の共有化

大学アーカイブの現実―東京大学大学院情報学環を事例に

吉見 俊哉・小川 千代子 対談

◇東京大学大学院情報学環におけるアーカイブ

吉見：東京大学大学院情報学環（以下、情報学環）におけるアーカイブというと、様々なプロジェクトや作業があるのですが、大きく言うと、今まで色々な形で残ってきたもの、公開されるべきものであるにも関わらずできなかったもの、これらがデジタルテクノロジーの発展の中で残し、開けるるようになってきた、オープンな形で残せる可能性が生まれてきた。このような中で、学環という文系の知識と理系の知識が合わさったところで、どういう新しい残し方が可能なのかを試みているのが情報学環のプロジェクトです。

その中の例として、私の研究室でやってきたことは、旧新聞研究所（以下、新聞研）をデジタル化する、新聞研のデジタル遺伝子を残していくということで、新聞研にあった諸々のメディア史に関わる資料をデジタルアーカイブ化しています。情報学環は二〇〇〇年に出来た新しい横断型の大学院で、二〇〇四年にかつての新聞研、その後の社会情報研究所と合併して現在に至るのですが、もう一方の前身である新聞研が出来たのは一九二九年ですから、もう八〇年近く経ってもいます。後者は一九二九年に新聞界の人々が東京帝大の中に新聞学の拠点として作ったものですが、それ以来、幕末のかわら版や、明治初期の新聞錦絵、第一次世界大戦期のプロパガンダポスター、第一次世界大戦からアジア太平洋戦争期の内閣情報部が持っていた様々な宣伝・プロパガンダ資料、さらに日清戦争期からの新聞の号外、そして一九三〇年代の中国、特に満州や上海で発行されていた、恐らくここにしか残っていない新聞のバックナンバーであるとか、つまりメディアの歴史、新聞やポスターなど印刷メディアの歴史を考える上で非常に貴重な資料が残されてきました。そしてこれらをどのように後に残せるのか、という問題意識が私の中にありました。

一九九〇年代に新聞研が社会情報研究所と名前を変えて二〇〇四年に情報学環と合併して、その名前まで消えてしまう。しかし、新聞研が持っていた財産は非常に貴重なものが多く、それは同研究所が日本におけるマスコミ研究・メディア研究の拠点でありましたから、メディアの歴史に関わる資料は世界的なものを持っている。それが図書館の片隅でいつか忘れられ、学環といえば新しいこと「だけ」となってしまうのは悔しいと思います。むしろ情報学環という新しい組織の中で、新しいテクノロジーと結びつく形で新聞研の財産を再生させたいという思いがありました。また、デジタルテクノロジーは、それら古いものを蘇生させていく可能性を持った技術だと思いましたから、かわら版や号外などといった資料のデータベース化・デジタルアーカイブ構築ということを九〇年代の半ばから私の研究室でやってきました。

また、情報学環の中で、かつて史料編纂所にいらした馬場章さんの研究室では、坪井正五郎という学者の一家の文書資料、写真、印刷物から、彼の家の古い材木、坪井正五郎が作ったおもちゃやデスマスクまで、あらゆる形態の違うタイプの遺品を集め一つにまとめた横断的なデジタルアーカイブを作っています。そうすることによって、どうすれば様々な全く違う形態のものが一つのテーマ毎にアーカイブ化されていくことを可能にできるのかという統合型のシステム構築を行っています。

さらにもう一つ情報学環関連のアーカイブは映像の問題です。新聞研の時代はどちらかというと活字メディアや印刷メディアの時代でしたから、映像アーカイブはあまりありませんでした。実は八〇年代の終わり頃から、テレビ番組のアーカイブを作るべきだと新聞研の中で私は言い続けてきたのですが、その当時はビデオですから、ビデオで映像アーカイブを作ろうとすると八時間おきにビデオを入れ替えなければならない。丁度昭和天皇が亡くなられた八九年には、亡くなられる数週間前から全てのテレビ映像を録画しました。当時私は助手でしたから、夜中の二時ごろに毎日現情報学環の建物に忍び込んで、というか入ってビデオを入れ替えるという作業を二週間くらいしていましたが、疲れ果てて嫌になりました。しかし、事務的にもその膨大なビデオフィルムをどこに置くのか、管理する職員もいないので管理できない。そんな諸々の障害があり、映像アーカイブの構築の必要性は八〇年代から分かっていたんですが、出来ませんでした。それが最近になって、デジタル技術の発展の中で、テレビ番組を多チャンネルで二四時間録画していくことが出来るようになってきました。そうすることによって、川口の巨大なＮＨＫアーカイブスや横浜の放送番組センターなどだけではなく、大学レベルでもかなりの量のテレビ映像を集積していける技術的な可能性が開けてきたと思います。日本のテレビ研究や映像文化にとって決定的に欠けているのは開かれたアーカイブが無いということですが、そのことに対して大学がもう少し何か出来るのではないか。特に、今ジャーナリズムや報道と言っても映像が圧倒的に有利ですし、情報学環がジャーナリズムや報道に関心を持ち続けるというのならば、映像アーカイブの構築は必須であると思います。そうした作業が十分ではないけれども、いくつかの形で行われようとしています。ドキュメンタリーなど記録映画のデータベース、米占領軍民間情報局のＣＩＥ映画のデータベースなど、様々な映像アーカイブの可能性があるのではないかと思います。

小川さんはそれらの前提に、研究資料のアーカイブだけではなく、行政資料というか組織が営んできた様々な資料そのものがアーカイブ化される必要があるとお考えだと思いますけど、情報学環の場合は、情報やコミュニケーションなどメディアの大学院ですから、情報コミュニケーション、メディアの研究や教育を進める上で非常に重要な財産をアーカイブ化し公開している。そのことによってメディア研究を世界に開いていく、という作業が必要だと思っています。このような学環のアーカイブと小川さんがやってこられた「残す」アーカイブ、この二つはどういう風に繋がると思いますか。

小川：次節の執筆者、ワイオミング大学のマーク・グリーン（Mark Greene）は、コレクティング・アーカイブ（Collecting Archive）＝収集アーカイブとインスティテューショナル・アーカイブ（Institutional Archive）＝機関アーカイブという仕分けをしてみせてくれました。実は、文書館の世界では公文書と古文書という仕分けがあり、これが私には非常に分かりにくかったのですが、コレクティングとインスティテューショナル、つまり収集と機関という仕分けを聞いて私はよく分かった。何故かと言うと、アーカイブというものの中には、自然発生的に出てくる行政文書などがあり、これがもともとのアーカイブの意味なのですが、アーカイバルな資料の中には集めてくる資料というものがあります。なんとかコレクションというのが沢山ありますが、文書にもなんとかコレクションという文書があります。例えば東京大学史史料室の所蔵資料には「加藤弘之文書」とか「内田祥三文書」などのように呼ぶものがあります。これはある一人の人の生涯にわたり集まった文書で、これは、通常は全体を一括してコレクティング・アーカイブとして引き取ります。先ほど先生がおっしゃられた一九八九年の二週間に渡るビデオというのも、それが意図的に作られたという意味ではコレクティング・アーカイブとして見るべきでしょう。そうすると決定的な違いは発生・集積の方法論であって、保管場所にきた後の取り扱いの方法論は同じように考えていい。整理するときに、どういう意図で作られたのか、作られなかったのか、ということがアーカイブでは決定的に違いますが、技術的にはこれをどういう風に整理するのか、どういう風に人に提供していくのかということについては違いがない。

ただ、大学の場合は特にこのコレクティング・アーカイブというのが多く発生し、その結果インスティテューショナル・アーカイブに目が行きづらいという傾向が多く見られます。インスティテューショナルよりコレクティングのほうが面白い。そして研究資料としてはそちらの方がより重要だと研究者の方はご覧になる。ところが、社会史的に見ていく場合には、インスティテューショナルこそが社会そのものの足跡をきちんと跡付けていくものであり、コレクティングの方はコレクターの意図が非常に如実に反映されます。

例えば坪井家のアーカイブも、坪井家そのものはただの家なのですが、それをアーカイブ化していく動作がある場合には、馬場研という存在なしにはありえない。そこで馬場研によるコレクティングで坪井家アーカイブがデジタル化されていくというプロセスが見えてくる。そうすると、これは馬場研が研究資料を集めていると見るべきである。この大学には、そういったコレクティング・アーカイブというのは研究室などに大量にあると思います。しかし、この大学が大学として運営されていることを跡付けるための資料というのは、事務部において発生するものが基本であって、それを肉付けしていくものの中に、こういったコレクティング・アーカイブが枝葉の形で位置づけられている、とアーカイブ的には見ることが出来ます。

もちろん、研究そのもので言えば、枝葉として位置づけられたアーカイブそのものが物凄く重要な研究資料となって、その研究成果は大学そのものの肉付けとして非常に重要な位置づけを持ってくるのは分かっているのですが、大学運営として見た時には、運営資料というのがきっちりしていないと、位置づけが取れないということになると思います。例えば新聞研がどうやって作られたかを調べるのは、評議会の記録や、それを使って作られた『東京帝国大学五十年史』や『東京大学百年史』などを見るという大変地味な作業なのですが、そういうところから骨格を見るということだと思います。その意味では、インスティテューショナル・アーカイブというのは、その機関の骨格標本であり、そこに乗ってくる肉付けや衣服、家具などのような外側の目で見える楽しいものは全てコレクティング・アーカイブで形成されているのだと思います。

吉見：二つに分けてしまうと、話はすっきりはするのですが、本当にすっきりしていいのか、という疑問があるんですよ。どういうことかと言うと、確かに区や市、国会や省などの行政の場合には、彼らの組織の目的は行政をする、統治をすることですから、それに向けた行政文書が貯まっていくのは、組織の中枢的活動を示す文書です。ところが、大学の目的は教育と研究をすることであり、必ずしも行政をすることではないんですね。その教育をする、研究をするということに向けて色々な大学の組織の原理が動いているので、大学におけるインスティテューショナル・アーカイブは何かというと、その教育と研究の実践する上で発生する諸々の資料がアーカイブ的に保存されるべき基本文書であると思います。そう考えると、大学の運営における一番広い意味での基礎資料はシラバスや先生方が授業で使うレジュメ、学生達が書いたレポート、それに対する評価のシステム、研究であれば研究プロジェクトを立ち上げるときの科研費の申請書類、申請書類を練り直していく基礎データ、また研究成果やそこに至る過程で無数に行われる研究会やミーティングの議事録や記録があります。そういうものが大学という組織が行政とは異なり、特異に持っているアーカイブの根本であり、これはとても集積しきれない膨大な量となりますが、理念としてはそこが中核だと思います。

そう考えると、さっきのコレクティング・アーカイブと連続的になってくるんですね。どういうことかと言うと、コレティングとは結果的にいろいろな資料を集めてアーカイブ化するんですけど、アーカイブ化するには別の目的があって、しかも集めるのは教育の一環かもしれないし、研究の一環かもしれません。先ほどのかわら版に関しては、これは小野秀雄さんという新聞研を作られた方が集めた小野秀雄コレクションというのですけど。このコレクションが出来ていくプロセスというのは、幕末から維新期にかけての情報の流通を調べるという目的がありました。西洋から新聞という新しいメディアが入ってくる前に、新聞「のような」ものが伝統的な日本社会の中で、幕末から維新期にかけてどういう形で営まれていたのかを分析することによって、新聞史というものを書き換えていくというプロジェクトの一環として集められたものでした。

馬場章研究室の坪井家のアーカイブにしても、統合的なアーカイブの仕組みを考える、ということの材料としてやっています。つまり、コレクティング・アーカイブでもコレクティングされたものだけが重要なのではなくて、大学のそれぞれの研究室では研究目的にせよ教育目的にせよ、プロジェクトをやっていきますが、その中である必然性があるのでコレクティングしていくのであり、その時にはその研究目的とある視点というものがあります。しかし、コレクティング・アーカイブだけを取り出してしまうと、どういう視点から何故このコレクションがこの組織になければならなかったのかが見えにくくなってしまいます。そこをもう少し引っ張って、どういう視点でこのコレクションがここにあって、このコレクションがあることによって何が可能となっているのかを考えるためには、この組織がどのような視点から何をやろうとしているのかが見えなければなりません。それが見えてくるためには、もっと広い意味でのインスティテューショナル・アーカイブが必要だと思います。むしろ、大学という組織においては、この両者は連続的なのではないかと思います。

小川：私も御説の通りだと思います。ただ現実的には、前半部分の何故それをするのか、科研費の申請をした、研究会をした、などの記録の処理などについて野放しになっています。人によっては非常にきちんとファイルする人もいれば、やらない人もいます。なので、前半のインスティテューショナルに本来なるべき部分が落ちてしまいがちであり、コレクションとして出来たものは、再利用が可能な場合が多く、華のある資料ですので残りやすいという差異はあります。

吉見：そうですね。

小川：多くの場合は華のある部分だけが切花的に残って、幹であったり根っこだったりするインスティテューショナルな部分は無視されてしまう。大学運営において本当は色々な記録が作られているにも関わらず、それとコレクションとの文脈付けが出来ないままに分かれてしまう。例えば情報学環のアーカイブに収蔵されるものはコレクション収蔵されるのであって、それに付随してこういう理由でこのコレクションは出来ましたという文脈の部分はなかなか収蔵されません。これはアーキビストがいないからという問題ではなく、実際仕事をしていらっしゃる方々の意識の問題として、論文が最終的に出来上がった時に、それとの関連でコレクションがあって、その前半部分は整理が付きにくい部分があるのではないかと思います。

インスティテューショナルを「運営」と言うとすっきりするのですが、いろいろな「運営」があります。大学として一番残しやすい運営記録は事務部の方で押さえている記録だと思いますが、事務部ではない、大学の先生方が「雑用」としてやっている部分こそが、インスティテューショナル・アーカイブの部分だと思います。だから「雑用」と呼ぶのは大変にけしからんことであって、あれこそが本質を語る部分の仕事だと思います。

吉見：少し話はずれますが、そういう中間的な仕事をするセクションが大学にはないんですよ。

小川：そういうことです。

吉見：大学には一方で狭い意味での行政的なことをやる事務部はあります。大学の先生方は自分の研究で忙しいので、自分の研究のプロセスで生じたことまでファイリング・記録化して後の人に継承していくということまで手が回りません。本当は、その中間にアーキビストよりも広いと思いますが、アカデミック・コーディネーターみたいな、広い意味でのセクレタリーみたいなアカデミックなサポートシステムがあって、教授たちでは手が回らないベーシックな部分を恒常的にやっていく、それは狭い意味での研究職とは違う、研究補助職みたいな人たちがいて、その頂点にライブラリアンやアーキビストなどの専門職がいるという、真ん中の体系が本当は必要なんですよ。それが全く無いから、教授たちが雑用までせざるを得ないというのが片方にあり、しかも、今の事務部では基本的にそういうことは出来ないというのがあります。

小川：今の事務部というのは、雑用と言われるジャンルの方は所掌に入ってないからやれっこない訳ですよね。やはりそこら辺を雑用と言わずに事務と位置づけなければと思います。先生方がそれを雑用と見るのはよく分かるのですが、事務的な仕事というのは情報共有のためのシステム、つまり研究とは違い、それに関与するどの範囲の人たちがどの情報をどういう風に共有するのかを決める仕事なんです。そこが先生がおっしゃられたコーディネーターという意味合いとピタッと来るのですが、確かに日本ではそこのところは非常に弱い、というか無いですよね。

吉見：そうすると、学環でも非常に心もとないですが、東京大学全体を見たときにどうでしょうか？一方ではコレクティング・アーカイブになりうる潜在的に貴重な資料というのはこの大学は膨大にあると思います。ただ、多くはコレクティング・アーカイブというところまでいっていないのではないか、そこまでいっている例は少ないのではないかと思います。他方、インスティテューショナル・アーカイブの方も、それぞれの部局の事務で蓄積しているところもあるかも知れませんが、大学として何を組織的に記録し、次世代の大学運営を担う人に伝えていく体制がどこまで出来ているのかというのも心もとないという印象があります。小川さんの目からご覧になって、東京大学全体のアーカイビングの現状をどういう風にご覧になっていますか。

小川：私が体験的に知っているのは、『東京大学百年史』編集にかかわっていた一九七五年から一九八七年までですが、大学をコアとして支えているのは大学事務局かなと思います。そこで中央集権的に評議会などが動いて大きな運営の方法論が見えてくる。しかし、部局に行ってしまうと、そこの事務室に聞くしかないということになります。しかも担当者の異動などでよく分からないということもよく聞きましたし。結果として、東京大学のコアや全体をまんべんなく押さえるのは非常に難しい。とすれば、全体像の一番の骨格、背骨だけでも取っておこうというのが『東京大学百年史』の通史編集に際しての考え方でした。部局史はそれぞれ部局に戻して書いて頂きましょうとのことでした。工学部では、部局史の編纂室を作って、人も雇って、資料収集もした。やはり予算、人手の有無で変わってくるという印象でした。

ではコレクティング・アーカイブとインスティテューショナル・アーカイブがそれぞれの部局でどういうコーディネーションがあったかというと、これもやはり予算と人手という問題がストレートに結ばれていくという状況がありました。

今はもっと資料の発生量が増えているので、整理・保存のためには本当はもっと予算と人手が必要です。他方、東京大学が前に進むことに非常に忙しい現状があるのだとすると、記録を「残す」という観点からみて非常に危険な状態だと思います。要するにインスティテューショナルもコレクティングも含めて、その所在の把握すらも非常に心もとないという状況があるのではないかと思います。

◇アーカイブとは何か

吉見：大学全体で見たときは、そこで発生する文書というのは実に膨大であり止め処も無いですよね。そういう場合に、どういう文書や記録を残して、どういう文書は切り捨てるのか、そういう判断基準はどうしたらいいですか。

小川：取捨選別は、アーキビストにとって永遠の課題です。誰かが「残す」ものを決めます。実は最近地方公共団体のアーカイブ団体に判断基準策定のためののガイドラインを考案しました。このガイドラインでは、自分の組織の特徴キーワードを決め、それに該当するものは取っておくけども、外のものは目をつぶってやめる、というかなり大胆な方法を提案しています。大学の場合にそのまま適用出来るかどうかは分かりませんが、例えば評議会の記録などはコアな記録なので絶対必要なのは分かると思います。しかし、今大学全体にいろんな部局が存在しますが、ある部局の文書は取っておくけれど、この部局のは取っておかない、となると学内的に収まりが付かない可能性がある。そうなると、つまらないですけど、どの部局も満遍なく同じような質のものを取っておくというのも一つの方法です。また、情報学環が今花形の部局であり、三〇年間は情報学環のものを取っておくのが東京大学を代表するものだ、という決め方もあります。それが学内的なコンセンサスとなれば、それも方法の一つです。基準には正解も不正解もなく、そのように判断して取っておいたものだけが次代に伝えられていくというのが、アーカイブの世界の「残す」ということです。だから、残さなければ何も残らない、残す努力をしなければ残らないというのは自明のことです。

もう一つはコンピューターの記録、デジタルアーカイブがどんどん作られているのですが、これを「残す」のが次の問題。今のところ、技術的解決策は不明で、危険な状況にあります。ＩＳＯで三〇年もたせるための標準が出てきているくらいですから、恐らく三〇年はもたないだろうと言われています。三〇年もたせるのは大変だ、ということでもあります。他方、アーカイブの世界、公文書館などの世界では一〇〇年、二〇〇年とっておくのは当たり前のことと考えていますから、電子的に作ったものをどうやってとっておけるのかということは深刻な問題です。もう二〇年近くも同じ事が言われ続けています。技術的には、可能かも知れないのですが、本当にそうしようという努力がされていないということが、電子記録の長期保存の一番の問題です。で、大学としてやるのでしたら、そういう技術開発のところで頑張ってもらう、花形のところをとっておく、何か賞を受けたところをとっておくなどの方法を決めなければならない。そうでないと喧嘩となってしまい、何も残らないようになってしまいます。やはりお金との絡みは根深いと思います。

吉見：百年史を作られたときの資料とか記録というのは、その次のステップに展開できたのですか？

小川：私が理解しているところでは、東京大学史史料室が設置され、資料はそのまま引き継ぐという形になっているようです。

吉見：ああ、あの時に史料室が出来たんですか。

小川：そうです。百年史編集室で集めて、『東京大学百年史』に盛り込めなかった資料も、まとめて史料室が引き受けています。史料室では情報公開法が出来たので、情報公開対象となる記録も本来は受け入れていいはず、と言われていながら、制度は整備されていないので、コレクティング・アーカイブ、しかも百年史時代に集めたものを中心にして、それから後の新しい資料というのはさほど増えてはいないみたいですね。

吉見：他大学、例えば京都大学や大阪大学、あるいは早稲田大学、慶応大学などではどうなんですか。

小川：私学の場合と国公立大学では制度が異なります。国の情報公開制度は国公立大学にしか適用されません。しかし主な国公立大学で現在、大学文書館という組織を置いていないのは東京大学くらいかもしれません。

吉見：そうですか。他の大学の大学文書館というのはどういう組織なんですか。

小川：大きさや陣容で言うと、九州大学では専任の教授が一名、補佐員が数名。京都大学は兼務の教授、専任の助教授が各一名、それに助教が二名です。名古屋大学は、大学文書資料室という名称で、専任の助教が二人います。東北大学資料館は私が百年史にいた頃からの組織です。北海道大学では最近大学文書館が設置されました。大阪大学では現在専任助教授一名をおいて今年一〇月開館をめざし、大学文書館準備室が活動しています。こうしてみると、京都大学が一番整備されています。東京大学は助教が一人と数名の事務補佐員です。

吉見：何故、東京大学でなかなか文書館、大学全体のインスティテューショナル・アーカイブが上手く発達出来ていないのでしょうか。

小川：推測ですが、基本的な問題としては、史料室の関係者の多くがアーカイブ業務についての知識や経験に乏しいということがありそうです。とりわけ、史料室という現場で働く人は若い研究者です。文書館やアーカイブを利用した研究方法については経験も知識も持っていますが、史料室のようなアーカイブ機関が利用者に提供すべきサービス業務についてのトレーニングを受ける機会は少ないでしょう。そのため、文書館、あるいは大学全体のインスティテューショナル・アーカイブが上手く発達出来ていないのだろうと思います。

吉見：東京大学全体のアーカイブとはどういう形になるのがいいと思われますか。

小川：まず大学の骨格を把握できるインスティテューショナル・アーカイブと、そのアーカイブの中で情報として全学に散らばるコレクティング・アーカイブの所在情報を確実に把握できるポータル機能を持つということだと思います。それが出来ると、使える形になっているコレクティング・アーカイブについてはポータルがあればそこで検索ができるようになるでしょう。どこに何があるかというのを見るためには、そういう悉皆的所在調査のアプローチが非常に大切です。

吉見：東京大学の中で言いますと、出版された図書に関しては、比較的にしっかりとした図書館システムを構築してきたし、総合図書館は十分学生にも活用されてきた。もちろん予算権等で総合図書館も苦しいのですが。

また、物に関しては東京大学総合博物館があり、総合博物館の中で展示機能、ミュージアム機能をかなり持つようになっています。

そうすると、次のフェーズのお話になると思いますが、今大きくこの一〇年、二〇年くらいで起こっていることは、文書館、図書館、美術館・博物館などの関係がかつて以上に非常に近くなっている。最大の要因はデジタルテクノロジーだと思うのですが、デジタルが図書館、アーカイブ＝文書館、ミュージアムという三つを結んでいくという大きな構想で考えたときに、東京大学は自らについてのアーカイブ機能が弱いのではないかという観点はありうる。東京大学の中の図書館、博物館に対して見て文書館機能というのはどのようにお考えですか。

小川：おっしゃる通りだと思います。例えば史料編纂所が持っている資料というのは…

吉見：あれは日本国のものですよ。

小川：確かに国のアーカイブですけど、東京大学に組織として所属するので、コレクティング・アーカイブとして東京大学が所蔵しています。

吉見：確かに東京大学には、コレクティング・アーカイブはかなりある。

小川：日本国としてもコレクティング・アーカイブなんですよ。全国各地から貰ってきた資料だとか、借りてきたものだとか、寄せ集めなので、インスティテューショナルではないんです。

で、デジタルが中心になってアーカイブ、ライブラリー、ミュージアムが近づいてきたというのはその通りだと思うのですが、何故そうなったかというと、それは検索機能としてのデジタルの共通化というのが一番大きいと思います。オリジナル資料がオリジナルのまま画面上に全部出てきたと見えるのですが、やっぱり違うということはよく考えておく必要があると思います。デジタル画像で見ると、なんとなく本物が目の前に見えるように思うけれど、一昔前ならば写真集で見ているのと同じこと、それが立体的や動いて見えるという違いがあるだけのこと。そういう意味で言うと、デジタル化されたものは検索手段であって、本物は本物として厳然としてあり続けなければいけないと思います。先生が最初におっしゃられた新聞研時代のコレクションというのは、デジタル化することによって、より容易に情報に近づくことは出来るけども、その新聞や錦絵の現物がどんな媒体で、感触で、近づくと古い新聞は酸性紙の臭いがするということなどは絶対に分からないんですよ。そのことは「アーカイブを学ぶ」を受講した学生の皆さんが非常に大きく捉えたことでした。そこのところは、デジタルが核になって情報検索が上手くいくようになればなるほど、最後に本物に戻れる道筋まできちんと用意しなければいけないと思います。そこで戻ると、アーカイバルな資料が十分に有機的に東京大学の中で検索出来ていない、そこまで到達できるような情報が提供できていない、そこがアーカイブ部分の非常に弱いところだと思います。もちろん外から検索すると、東京大学何とかアーカイブと出てくるのでしょうけど、それがどのような資料の集合なのかは、アーカイブごとに異なると考えられます。この前、前田幸男先生とお話しする機会があり、社研の中に統計データアーカイブのデータベースが整備されていると初めて伺いました。東京大学という大学の特性を勘案すると、このようなものが全学に散在しているということも、想像に難くありません。また、「アーカイブは人文・社会系の資料を扱う」という一般的な思い込みも手伝い、理科系や医学系とか工学系の部局や研究室に残されている資料の全体像が見えないように感じます。つまり、何があるか分からないという状況があると推測されます。これは博物館などで非常に大事な資料もあるでしょうし、それの裏付けとなるデータなどはアーカイブとして取っておくべきだと思いますが、そういうことについてきちんと調べ、冷静に把握して、それを情報提供の材料としての目録として整備していくというところが、東京大学のアーカイブ機能として一番弱いところだと思います。

吉見：いくつかの文系学部や研究所にしても、史料編纂所にしても、情報学環にしても、理系の学部や研究所にしても、デジタルアーカイブ化、データベース化というのが技術的に可能とならなければ、そこにそういう資料があるということ自体、そこの部局にいる一部の専門家の先生方はもちろん前から知っていたでしょうけども、外の人にとっては全然気が付きもしないことであったというケースの方が多かったと思うんですよ。とりあえず今、デジタルアーカイブ化という流れが大きく起こってきて、玉石混交でいろんなタイプのものがあるけれども、とにかく今はいろいろな組織のいろいろな部署で自分達がもっているお宝資料をデジタル化してアーカイブ化して公開していこう流れになっていますから、今まで一部のみが知っているにすぎなかった資料の所在が比較的よく認知されるようになってきた。これは大きな前進なのではないかと私は思っています。だから、確かに、臭いや感触、あるいは大きさすら分からない欠損の多いデータではけれども、そういう形で世界中からその資料にアクセスできる、そこにそういう資料がある、第一のヒントとしてこういう風に資料が世界に分布しているというのが可視化されてきた、そのことはデジタルがもたらした一つの価値だから、その中で新しいアーカイブの形を考えるのが大切だと思います。

小川：紙の世界というか物理的な存在だけでやってきた今までは、日本ではあまり普及しなかったのですが、所在調査と目録作成というのがそれに当たる情報提供だと言われてきました。今デジタルになった時に、そこに画像も一緒に付けることが出来るようになってきた、あるいは写真に匹敵する情報提供が出来るようになってきたというのが新しい考え方と言えば新しい。ただ私は、過去にやっていたことが、デジタル上で同じように出てきたとしか見えなかった。なので、そうおっしゃられればその通りなのですけど、そんなに違うのかしらと思います。

吉見：それはアーカイブの世界の中でずっと仕事をなされてきたからですよね。

小川：多分そうですね。

吉見：今までこんなにカタログ、目録を出してるでしょ、だから知ってるはずでしょって。でも、それだけでは普通の学生たちは知らない。

小川：情報の出し方の問題ですね。

吉見：インターネットにアクセスして、検索してそれが出てくるというレベルと、それがどれだけの人に開かれているかということ、二つありますね。目録を作ってきた組織は非常に立派だと思いますが、多くの場合には図書館や文書館の片隅に置かれ、図書館のライブラリアンや一部の方たちが、これ何とかしないとね、と言いながら細々と作っているケースもあったのではと思います。

小川：デジタル化するということは、単にデジタル写真を撮って広げればいいということではなくて、我々の考え方では結局細々と目録を作っていくという作業を抜きにしては考えられない、そこは自動化出来ないんです。やった後にウェブに載せることで検索は確かに楽になるのですが、目録作業はそんなにどんどん出来るものではありません。それどころか目録作業がいい加減なままデジタル画像だけが出回った場合には、その画像が何かわからなくなります。デジタルの世界だけのものとなってしまって、来歴も所在も不明、結局は根無し草のような情報だけがフワフワして、それもデジタルであるがゆえにフワッと消えてしまい、そこにかけたお金だけが消えてしまうのではかなりもったいない話だと思います。

その意味では、そのことが出来る専門家をきちんと十分な位置づけを持って育てて、仕事をさせるような社会システムが出来ない限り、実際上は上手くいかないという気がしています。

吉見：そうですね。それは大切なことだと思います。比喩が適切か分かりませんが、YouTubeがいいのか、川口のＮＨＫアーカイブスがいいのかというと両方足りないんですよ。どういう事かと言うと、動画画像をグローバルに全部開いちゃったという意味では、ウィキペディア同様に可能にしたものもあると思います。あれはデジタルが持つ力を示したものだと思いますが、あのとにかく全部出しちゃえってことですけど、逆に一つ一つの資料には来歴があって、映像には一つ一つの作った人の来歴、フィルムがどこに置かれていて、他のフィルムとどういう関連性を持っているのか、ドキュメンタリーで取材された対象はどういう状況でなどの、もろもろのコンテキストがあって、それがきちんと専門家によってコンテキスチャライズされて提供されて、みんなが共有していく社会の方が望ましいと思います。ところが、そういう専門家が集まっているはずの、しかも原資料を作った本人のＮＨＫが川口に作ったアーカイブについていうと、かなりお金はかけていますが、ＮＨＫが作った何十万本というＮＨＫが作った作品のうち、数千本というわずかしか公開されていない。とんでもなく率が低い。何故公開できないかというと、著作権、肖像権の問題があり、著作権などもろもろの権利関係の処理が終わらないものは出せないということでしまいこんでプロテクトされている。ＮＨＫ内の人は見られるけれども、一般市民には全く公開されていない。

そうすると、これはもっと大きな問題を含んでいて、テクノロジーが進んでも、全部のプロセスを経たものでないとオープンに出来ないということとなると、お金が付きません、人が足りません、品質を保証できませんとなり、資料に対するアクセシビリティが非常に制限されてしまう。その間にメディアの状況がどんどん悪くなって、映像の作り手がいなくなり、かつて六〇年代、七〇年代に素晴らしいドキュメンタリーを作ったつくり手は沢山いたのだけれども、そんな作り手は日本の社会の中からは消えてしまう。これは両方問題があると思うんです。本当は、そこそこの品質でも組織的にしっかりしたところがアーカイブを作ってオープンにしていく。オープンにして批判されたら、責任を持って改善していく。その程度の組織的な主体が日本の社会に必要だともいます。それが大学かもしれないし、国会図書館、どこかの公文書館、市区町村の文書館かもしれない。しかし、著作権やいろいろな権利関係のやっかいな問題が沢山あり、石橋叩いて渡るような形での構築をこの国でやろうとしても、この国はその可能性を全部ふさぐような社会システムが構築されている国ですから、何も出来ずに時間だけが経っていくという苛立ちがあります。今まさしく危ない橋を渡れる度胸と優れた判断能力、信念がある専門家がこの国にもいっぱい生まれてきて、皆で赤信号を渡っているうちに青信号に変えてしまうというような変化がこの国には必要だと思います。

映像アーカイブに関しては、例えばフランスのＩＮＡとかが既に素晴らしいことをやっていて、自分達が持っている映像を全世界に公開している。これは事実の問題ではなくて、そういうことをやっていく社会、他の資料に関しても、最低限の条件をはっきりさせて、最低限の条件をクリアした段階で、情報や記録、歴史を共有化していく。さらに国内で閉じるのではなく、日本の中だけで共有するのではなく、トランスナショナルに共有していくようなものにアーカイブがならなければならない。そうなるためには、小川さんが先ほど言われたように、専門家の養成と、アーキビストの経済的、社会的身分保障が必要であると考えます。

◇アーカイブの今後の見通し

小川：先生は特に映像アーカイブの部分に関心を持っておられる思いますが、そこには社会的な制度の問題というのがあると思います。つまり、法律や規則といのは作った人を守るように出来ていて、利用する人に便利なように出来ていないというのが現状です。もう一つ、インスティテューショナル・アーカイブの方では個人情報保護法の問題があって、なんでも個人情報で、個人情報が出てくるものは見せない、という簡単なイエスノークイズ的な処理が横行しています。江戸時代の文書でも個人情報が出てきたら見せないという例まであります。

吉見：本当ですか（笑）？

小川：笑い事じゃないんです。大真面目にそういうことが論じられているのがインスティテューショナル・アーカイブの地方公共団体及び国のレベルですよ。自分達がこれが一番いいと決める判断をするような教育もしなくては、としみじみ思います。保身のための教育ではなく、社会のためになにがいいか考えるような教育が必要だと思います。我々もそういう仕事をする場合、そういう観点に立ってやっていく、ということを考えなければならない。国際文書館評議会では、一九九六年にアーキビストの倫理綱領を取りまとめて、以来各国のアーカイブ専門家団体では、それぞれの国情にこれが適合する、しないなどの議論をしています。わが国も、他の人に情報を提供するという専門職の仕事を位置づけて、それがやりやすいような社会になって欲しいです。

吉見：まったく同感です。若干我田引水なのですが、そういう人たちを養成する場として情報学環というのはなかなかいいのではないかと思います（笑）。

小川：私もすごくよいと思います（笑）。

吉見：要するに、小川さんのように文書館の現場で実務をやられてきて経験を蓄積されてきた方も重要ですし、デジタルアーカイブということで、コンピューター技術でアーカイブの構築をどうできるかを分かっている専門家も必要ですし、それから制度の話ですが、いろいろな個人情報、著作権などの権利問題が極めて重要になっていて、情報に関する法律がどう変えられるかなど、法律の仕組みを分かってないと何も出来ない。さらに経済もある。そう考えると、まさに法律、経済や社会学の分野の研究と、アーカイビングの研究、そしてテクノロジーの研究というものを繋ぐような仕組みがそういう若手を育成する最高の仕組みだと思います。学環がまだそこまで上手くいっているか分かりませんが、メンバーがいますし、学環の横のつながりがあります。人文コースの中でアーカイブの授業が大切なのも、現場のアーカイブの知見、学生の中にはコンピューターのことをメインにやってる人や、法律やＮＧＯなど社会的なことをやってる人、メディアのことをやってる人、そのような人たちが一緒に考えていく、新しい制度を作っていく、その新しい制度は技術と制度と現場の実務を繋いでいくものであり、それが利用者や市民社会に開かれるためにどうしたらいいかを考えるアーカイブ史観というものを情報学環の中から育て上げていくことが出来れば、新しい大学の活動になると思います。

小川：まったく同感です。コンピューター技術を基盤にしてどういう活動が他所で行われているのかということを少し紹介したいと思います。ヨーロッパでは一九九六年からＤＬＭフォーラムというフォーラムが数年に一度開催されています。そこではコンピューターの人、アーカイブの人、行政の人たちが集まって、これから記録を巡って自分達はどうしたらいいのかを議論しています。ここではまさに、技術と制度と実務のジャムセッションが行われていて、そのつどに何らかのレゾリューションが出て、今後こっちのほうを強化していこう、というような話が積み重ねられています。アメリカは公表するものを沢山持っており、制度として後からパッチワーク的に色々な法律を作っていますが、ヨーロッパは電子アーカイブのみならず、それ以前の紙の時代のアーカイブも含めてアメリカに比べて一日の長ではなく、かなり上を行っている集団です。見るべきはヨーロッパの方にあると思います。実務制度的、社会制度的にはヨーロッパを見ながら、技術と制度と実務を組み合わせて社会に還元するという方向を考えるべきだと思います。そういうことを情報学環で適確に進めていけるようになったら素晴らしいと思います。

吉見：ありがとうございます。

小川：ありがとうございます。

【付記】

この対談は二〇〇八年二月二六日、東京大学大学院情報学環において行い、その書きおこしは加藤義人氏（東京大学大学院）によった。

米国の大学における機関アーカイブ及び手稿資料コレクションへのアクセス

マーク・A・グリーン

アメリカ・アーキビスト協会によるアーカイブ研究に関する主要な分析である『アーカイブ専門職のための計画』[1]では、「アーカイブ記録の識別と管理の先にある究極の目的は…アーカイブ資料の利用である」と述べられている[2]。アーカイブ記録が利用されるには、知的、物理的、法的、あるいは機関方針の下に、アクセス可能でなければならない。本稿の課題は、大学が保有するアーカイブの領域についてその概略を簡潔に示すとともに、様々な種類の機関に存在するいろいろな種類の資料をめぐるアクセス問題を議論することである。いくつかの個人的な考察も結論で提示したい。

米国では通常、カレッジとユニバーシティをまとめて「大学」として扱うが、両者は実は異なる存在である。カレッジは通常、学士号のみを授与するのに対して、ユニバーシティは大学院の学位も授与する。カレッジは一般的に教員の研究よりも教育に重点を置き、ユニバーシティではしばしば教育よりも研究を重視する。また、カレッジはユニバーシティよりもかなり小規模で、例外なく私立であるのに対し、ユニバーシティは私立でも公立でもあり得る[3]。

米国の公立学校は英国のパブリック・スクールとはかなり異なる。米国では、パブリック（公立）とは政府機関（通常は州）によって管理・出資されていることを意味する。すなわち、州は学校を運営するための予算を割り当て、理事会のメンバーが州知事によって任命、あるいは州民によって選出される。他方、米国で私立という場合、大学は政府機関の支配は受けず、理事会によって運営される独立機関として公認を受けていることを意味している。通例、私立大学は政府の補助金からごく一部分の財政支援を受け取るにすぎず、ほとんどは授業料と民間の寄付によって成り立っている。

公立であれ私立であれ、米国のカレッジおよびユニバーシティには、二種類の記録保管施設（repository）が存在する可能性があり、多くの場合実際に存在する。両者は管理上区別される場合もあるが、大抵は一人の学科長や専攻主任によって管理される。一方は大学の機関アーカイブ（institutional archives）、つまり学校自身の記録であり、他方は学外で作成され寄贈された資料から成る手稿資料コレクション（manuscript collections）やその他「特殊」コレクションと呼ばれるものである。

アクセスに関する諸問題について、私立か公立かという大学の法的位置付けや、機関アーカイブであるか手稿資料の保管施設であるかという種別によって、それぞれの問題の重要性が変わってくる場合もあるが、いずれにも共通するアクセス問題というものもある。すべてに当てはまる問題には、資料の概要面を把握しようとする「知的」（intellectual）アクセスと、実物の閲覧までを指す「物理的」（physical）アクセスがある。知的アクセスとは、保管されている資料に目録があるか、さもなければ研究者が資料を特定し、その基本的な出所と内容を理解することができるように、知的に記述されているかどうかということを意味する。米国では、大学におけるコレクションの大部分が知的に利用可能ではない。何故ならば、収集活動に投じられる予算に比べて、収集物の記述に充当される予算ははるかに少ないからである[4]。

次に物理的アクセスだが、これは三つの側面に分けられる。すなわち、整理・保存状態・距離である。保管施設におけるコレクションや記録資料群の物理的配列による整理は、知的記述つまり目録の整備と同様、収集による資料増加に追いつかないので、多くの保管施設では未整理のコレクションを研究者に利用させない

（このような資料は「在庫（backlog）」にあると言われる）。一九九八年の全米主要大学に対する調査によれば、大学の保管施設にある所蔵資料のうち約三分の一が、未整理という理由で利用不可能となっている[5]。一九九〇年代に実施された調査では、物理的状態が劣悪なため資料が利用できないと回答した利用者が調査対象の二〇パーセントにも上ることが判明した[6]。保存修復問題の大きさに比べ、そのための資金が不足していることを思えば、その後この数字が顕著に変化したとは考えにくい。

さらに、利用者と資料を隔てる距離もアクセスの障害となる。インターネットを介し、ウェブ上の空間で資料を利用可能とするようデジタル化の努力が進んでいるとはいえ、依然としてアーカイブや手稿資料の圧倒的多数はデジタル化されないまま残っており、研究者が物理的に保管施設を訪れなければ利用できないという状況は変わっていない。研究費の中の出張旅費予算が減少する一方で旅行代金が値上がりすれば、この障害はより深刻となる。大学アーキビストの中にはごく少数だが、アクセス障害の打開策としてコレクションの長距離貸出しを積極的に打ち出し、ごく限られた規模ではあるが実践している[7]。

◇機関アーカイブに固有のアクセス問題

アクセスに関わる問題で、資料保管施設や資料の特徴によって意味合いが異なってくるものについては、機関アーカイブと収集保管施設のそれぞれに関して三カテゴリーずつ、計六つのカテゴリーに分類して論じることができる。機関アーカイブは、およそ大学ならどこにでも存在するが、そのプログラムの規模（人員・予算・所蔵資料）は千差万別である（機関アーカイブはあっても保管施設は持たないという大学はよく見られるが、その逆はほとんどない）。より大きな大学では正式な記録管理プログラムもあって、必ずというわけではないにせよ、しばしばそれがアーカイブの管理統制下に置かれる。機関アーカイブは一般的に、大学の公式記録を選別・保存し、最終的にはアクセス可能にするという使命を与えられている。

公式記録は、理事会・学内行政・各種委員会・スポーツ関係のプログラム・研究部門・大学病院・その他付随事業等々に関するもので、紙及び電子的文書などの媒体のものがある。これらの資料は、アーカイブに移管されるのであって寄贈されるのではない。つまり、単に大学のある部署から他の部署へ管理責任が移されるだけである。大学の機関アーカイブは、本当は収集保管施設ではないものの、大学記録以外の資料を「収集」することもある。

学生団体の記録や教員の研究論文の多くはこのような方法で収集される。公立・私立を問わず大学の教員が（行政職を務めている時と異なり）教育・研究業務で作成する各種文書は、ほぼ例外なく、私文書（プライベート・ペーパー）と見なされ、機関記録とはされていない。私文書であるからという理由で、後述のように、教員のコレクション及び学生団体の記録は、寄贈契約にもとづく制約を受けることがある。

◆連邦法の適用を受ける機関記録

機関記録の中には連邦政府の法令が適用されるものがある。公立に限らず私学でも何らかの形で連邦政府の資金提供を受けている場合は、「家族の教育上の権利およびプライバシー法（Family Educational Rights and Privacy Act, FERPA）」が適用されるので、学生の成績書へのアクセスが制限される[8]。これは大学アーカイブに影響する最も重要な連邦法である。同じく大学アーカイブで保存される可能性のある大学病院の患者記録については、「医療保険の保護と相互運用性に関する法律（Health Insurance Protection and Portability Act, HIPPA）」が適用される[9]。プライバシー保護を目的とした多くの法令の中でも、とりわけこの二つの法律は利用者による関連記録の利用を大きく制約する。米国におけるプライバシーの保護は、通常、対象となる個人の死亡とともに終了する。ＦＥＲＰＡはこれに該当し、ＨＩＰＰＡは該当しない。

◆州法の影響

機関が保存する記録へのアクセスについては州法の影響も受ける（各州の法令は州内の大学にのみ適用される）。ただし、通常州法は公立大学のみに適用され、私学は、たとえ州政府から資金援助を受けていたとしても適用されない。これは公立大学の記録が—特に法律で除外されていない限り—各州の公文書関連法で規制されることに起因する。これは公文書関連の州法にはほぼ共通して次の各項目が見られる。すなわち、記録の定義・情報自由法・サンシャイン法・プライバシー保護法である。また、法令に書かれている直接的な規定に加え、州の記録管理規程（それ自体法律によって定められたもの）も、特定の記録群やシリーズに関してアクセス制限の範囲を規定するのに用いられている。

例えば、公立大学では法律と記録管理当局の権限を組み合わせ、理事会の重要会議の記録や学長関連の記録へのアクセスを四半世紀あるいはそれ以上の間制限することによって、特定のオフレコの議論や私的な意見を秘密にしておこうとすることがある。同様のアクセス制限が州知事の記録や他の行政記録に加えられることも多いので、これは決して公立大学だけのことではない。重要なのは、理想的にはそのようなアクセス制限が、法に則った透明性のある検討過程の結果、もたらされたものであるということである。

しかしながら、リチャード・ピアス＝モーゼスが本書第三章で述べているように、多くの州法において、市民に対する州政府や関係機関の記録へのアクセス提供と、個人情報保護に関する市民の側の要望、すなわち政府機関によって収集・維持されているかもしれない自身に関する個人情報を他人や営利企業、あるいは政府内の直接関連のない部署からさえ、のぞき見られることを制約したいという市民の願望との間には、緊張関係が存在する。したがって、情報自由法の下、市民は公立大学が作成した記録のうち、特定の項目に分類されるような私的な情報は除いて、多くのものを見ることができるが、これは大学アーカイブがほとんどの公的記録を大々的にアクセス可能にするという意味ではない。多くはリチャード・ピアス＝モーゼスが「実質的忘却（practical obscurity）」と呼んだものによって保護され、公式の情報公開請求があった場合にのみ開示される。

◆組織の方針

法的には市民のアクセスが可能とされている機関記録を、巧妙に保護するための意思決定は、その機関独自の内規に従って行われる。私立大学は公立大学に比べてかなり自由に内部方針によって機関記録の閲覧制限を定めることが許されており、大学事務局（及び評議員）はしばしば長期間の制限を課す傾向がある。私立大学のアーキビストが自らの機関に対して第一の忠誠心を持つ一方で、大学はまさにその本質において研究と教育を支援する存在であり、それらの活動は記録へのより開かれたアクセスによってこそ支えられている。そこで私立大学のアーキビストは多くの場合、組織運営上の制約と、ある程度開かれたアクセスなしには成り立たない歴史的探究活動との間で、合法性のギリギリの線を模索することとなる。

◇収集保管施設をめぐるアクセス問題

次に、広く大学によって収集された資料に目を向けることにする。大学の保管施設にある収集資料は、しばしば手稿資料部門またはコレクション、時にはより総称的に特別コレクションと称される（後者は普通、私文書コレクションだけでなく貴重書、一過性資料（ephemera）[10]やその他特殊形態の資料を含んだコレクションを指す）。米国では「手稿資料（manuscript）」あるいは「私文書（private papers）」という用語は、私的な個人・家族・企業・組織によって作成または収集された、未発表の資料を包含して用いられる。

ベッキー・H・タウジーが本書第五章で後述するように、米国の企業やその他の組織（たとえば市民団体・政治団体・宗教団体・共済団体・あるいは社会運動団体のような、非営利組織など）の中には、自身の機関アーカイブを保持しているものもあるが、そうした組織の記録の保存は、大部分は大学の保管施設、あるいは州や地域の歴史協会への寄贈を通して行われる（州や地域の歴史協会は本書では取り上げられない領域の保管施設である）。

◆連邦法および州法の影響

収集された資料はそれ自体「公的」という定義から外れるため、アクセスは州法あるいは連邦法に影響を受けないと思われるかもしれない。ただし、若干の例外もある。いくつかの州の公立大学では、公文書（パブリック・レコード）とは公的機関によって作成または収集されたもの、と定義する法令表現のもと、収集資料にも情報自由法が適用されると解釈されてきた。

しかしそのような解釈は、私的コレクションの利用制限に関する寄贈者との覚え書を無効とするため、そのことがある種の資料を収集するうえで障害となりうる。特に収集が難しくなる資料には、企業記録・社会福祉機関記録・国会議員の文書などがある[11]。例えば、ミネソタ州では公立大学の基幹校の場合、学内のいくつかの収集保管施設において、寄贈者が要求する制限について交渉が行えるように公記録法からの特別な除外を申し立てなければならなかった。

その他収集資料のアクセスに関して法令の規定を受ける例として、次のようなものが挙げられる。医療記録（例えば医師あるいは廃業した病院から収集されたもの）に対するＨＩＰＰＡ法の適用[12]、弁護士や法律事務所の記録で「弁護士依頼人間秘匿特権」（州法に明記されている）の対象となるもの[13]、議会記録のうち有権者関係のケース・ファイル内の特定資料（連邦プライバシー保護法の対象となる）、そして、連邦議会議員および外交官の文書の中に時折みられる連邦政府が機密指定した文書などである。

さらに複雑で悩ましいのは、個人のプライバシー保護のため州が定めるプライバシー不法行為（民法）の概念である[14]。プライバシーの権利に対する不法行為は州によって様々に定義され、通例、あまり厳密には定義されない。アーキビストにとっての問題とは、これら法律をアーカイブ資料に適用するか否かである。というのも、法適用の如何は第三者に関するアーカイブ資料の公開可否を決めることになるからである。例えば社会福祉サービスのケース・ファイルなどいくつかの種類の第三者に関わるプライバシーは、アーキビストには広く認識されており、寄贈者が制限をもとめなくとも機関方針によって保護されている。

米国アーキビストの間ではあまり議論されていないが、さらに議論を呼びそうな問題がある。それは、家文書や企業記録の中に含まれる書翰類のように、書いた本人が文書寄贈先の保管施設に対して発言のしようがない場合、プライバシー保護をどう考え、どのように公開の道を開くかということである。そのような環境下において、保管施設がプライバシー侵害で訴えられる危険性はとても小さいが、寄贈者が制限を望まない資料を規制する確固たる倫理的な根拠を持ってはいないと考えているアーキビストや学芸員（curator）もいる[15]。筆者もその一人である。専門家の責任として、全資料に対し機関による制限をかけ生存する第三者の保護を行うべきと強く考えるアーキビストもいる[16]。また、コレクションごとに決めればよいという考えもある[17]。

一方で、収集保管施設で働くすべてのアーキビスト・学芸員は、寄贈者との協議により、寄贈証書（deeds of gift）に記されたコレクション資料公開条件に、一字一句忠実に従うことで一致している。我々は一様に（実行する上で一様に成功している訳ではないが）そのような制限は明瞭で、時限的なもので、また「適正な」期間でなければならないという意見でも一致している。だが寄贈者側が示した制限によって、寄贈者自身が個別利用者の利用申請を許諾することが適切かどうかについては、これといった共通見解がない。寄贈者が閲覧の可否を決めるという状況は結果として不平等な閲覧につながると強く主張する者もいるし、コレクションを封印してしまうよりは、不平等閲覧でも無いよりはマシと考える者もいる。

一般的な制限期間は、おおよそ次の通りである。①寄贈者の生存期間一杯、②寄贈日から二五年あるいは五〇年間、③資料単位で二五年あるいは五〇年経過するまで（同じコレクションの中で毎年公開扱いとなる資料が増えていくという意味）、④社会福祉サービスや法的なケース・ファイルのようなものに関しては、作成から七五年から一〇〇年間。④は資料にかかわる第三者の死亡が確実となるまで制限することが重要なためである[18]。寄贈者が制限を課すことがどの程度頻繁にあるかは、保管施設によって異なる。筆者が関わる収集保管施設では、その割合は二パーセントから一〇パーセントの間を推移しているが、他の保管施設、特に公務員や政党、利益団体の文書の収集に特化している保管施設ではもっと高いかもしれない[19]。

◆組織の方針

いくつかの収集保管施設では、寄贈者が閲覧制限を求めない場合には、機関の方針として閲覧制限を設ける。たとえば、作成者が放棄した社会福祉サービスあるいは法律上のケース・ファイルを第三者が保管施設に寄贈したときの制限の設け方については、収集保管施設のほとんどのアーキビスト・学芸員が賛同するであろう。この場合、寄贈者は制限を課すことには全く関心がなく、制限を設ける根拠も持ち合わせないだろうが、文書に登場する当事者がまだ存命であると当然推定される資料については、保管施設としては十中八九は組織的な閲覧制限を課したいところだ。しかし、コレクションを統計データ（個人的あるいは「氏名に結びつく（name-linked）」[20]ものと対照的に）を得る目的のみに利用するという法的な同意書に署名した利用者に対しては、機関は閲覧を許可する可能性もある。しかしながら前述のように、作成者または寄贈者が求めない場合に、家の文書や企業記録など、他のコレクションに、機関による制限をつけるかどうかは議論の余地がある。

第三章でリチャード・ピアス＝モーゼスが言及したように、アーキビストには、記録へのアクセスを提供する法的・職業的・倫理的な責任がある。ＳＡＡ倫理綱領には以下のように記述されている。

アーキビストは、自らのサービス及び記録に対する開かれた、平等なアクセスを、法的要件、文化的感受性、機関方針に従って、差別的あるいは優先的な特別扱いなく自らの監督下において推進するよう努める。アーキビストは記録の利用をアーカイブ維持の基本目的として推進することを自らの責任と認識する[21]。

この責任が、公立大学の機関アーキビストの範囲にまで及ぶことは議論の余地がない。残る問題は、この責任が私立学校の機関アーキビスト、あらゆる形態の大学の収集保管施設の学芸員にどの程度まで適用されるかである。

このようなアーキビストの中には、開かれたアクセスの促進を強調するよりむしろ、倫理綱領からのさらなる一文を強調する者もいる――「アーキビストは、記録に含まれる情報のプライバシーあるいは秘密保護のために、アクセス制限を設けることができる」とはいえ、法律も寄贈者も要求していない制限を設けるのは危険であると筆者は考える。倫理綱領がさらに続けるように、アーキビストは「個人的信念あるいは見解によって意思決定すべきではない」が、アーキビストが個人文書や企業記録の中で私的あるいは機微に触れる事項を扱う資料を特定する業務を引き受ける時、そのような個人的信念や見解は、まさに頼りにしなければならないものである。

第一章でトルディ・ピーターソンが詳しく議論したように、米国ではプライバシーの概念と実践は混乱を増している。アクセスとプライバシーの責任の均衡を保つことが、あらゆる状況で困難になっているが、法令の指示が明瞭でない状況では時に顕著である。これはまさに多くの同僚や大学アーキビストが、その只中にあると自覚する状況である。筆者はこのような困難で繊細な問題と格闘する必要性は、我々を専門家と定義するものの一部であると考えるようにしている。理論的には我々には、知識と経験があり、保管施設ごとに多少は異なるにせよ、健全な判断を下すことができ、その判断を一貫した方針へと成文化することができる。これは社会が我々に与えた困難な仕事の一部であり、我々はこれを機関の使命（institutional mandate）に則って、関連する倫理的・法的な問題を認識の上、注意深く実行しなければならない。容易な仕事ではないが、だからこそ専門職が求められていることを忘れてはならない。

〔注〕

1 *Planning for the Archival Profession* (Chicago, 1986).

2 同書 p.22.

3 さらに複雑なことに、もう一つ別種のカレッジとして「コミュニティー・カレッジ」が存在する。これは、一般的に二年制の準学士号のみを授与するところで、普通、公立である。これに対し、同じく二年制で職業教育を行う「専門学校（テクニカル・カレッジ）」は普通、私立である。そして、総合大学としてのユニバーシティは通常「カレッジ」で構成されているという事実もある。しかしながら、これは独立した単科大学としてのカレッジとは異なり、教養・法律・経営・教育などのように大括りの研究分野ごとに専門学科が集まった集合体で、学部と呼ばれるものである。

4 Judith M. Panitch, *Special Collections in ARL Libraries: Results of the 1998 Survey* (Association for Research Libraries, 2001).

5 同上。

6 Ann D. Gordon, *Using the Nation's Documentary Heritage: The Report of the Historical Documents Study* (Washington, DC: National Historical Publicattions and Records Commission, NARA , 1992), p.46.

7 Timothy L. Ericson and Josuha P. Ranger, "The Next Great Idea: Loaning Archival Collections," *Archivaria* 47 (1999), pp.85-114.

8 Mark A. Greene and Christine Weideman, "The Buckley Stops Where? The Ambiguity and Archival Implications of the Family Educational Rights and Privacy Act," Menzi L. Behrnd-Klodt and Peter J. Wosh, eds., *Privacy and Confidentiality Perspectives : Archivists and Archivist Records* (SAA, 2005), pp.181-98.

9 Barbara L.Craig, "Confidence in Medical and Health Care Records from an Archive Perspective," Menzi L. Behrnd-Klodt and Peter J. Wosh, eds., *Privacy and Confidentiality Perspectives: Archivists and Archivist Records* (SAA, 2005), pp.246-56.

10 訳注・チラシ、ポスターなど。

11　米国では、ほとんどの大統領文書（および州知事文書の多く）が公文書［public records］と見なされるが、米国議会及び州議会の議員の文書は伝統的に私文書と考えられる。

12　ＨＩＰＰＡは実際に本人の没後までも記録へのアクセスの制限範囲を広げているが、どの程度まで広げられるかは明瞭でない。前掲書中でクレイグは、二〇世紀初頭までの患者記録は研究のために開示しても恐らく危険はないだろうとしている。

13　Menzi L. Behrnd-Klodt, "Archival Access to Lawyers' Papers: The Effect of Legal Privileges," Menzi L. Behrnd-Klodt and Peter J. Wosh, eds., *Privacy and Confidentiality Perspectives: Archivists and Archivist Records* (SAA, 2005), pp.175-80.

14　Menzi L. Behrnd-Klodt, "The Tort Right of Privacy: What it Means for Archivists…and for Third Parties," Menzi L. Behrnd-Klodt and Peter J Wosh, eds., *Privacy and Confidentiality Perspectives: Archivists and Archivist Records* (SAA, 2005), pp.53-60（特に pp.58-60).

15　Mark A. Greene, "Moderation in Everything, Access in Nothing?: Opinions About Access Restrictions on Private Papers," *Archival Issues* 18:1 (1993), pp. 31-41. この議論には、大規模な近現代コレクションの中では、アーキビストは何らかの第三者が私的と考えるすべての資料を特定することは望めず、プライバシーの概念は場所や時代によって異なる社会規範や個人的感受性に依存するため、アーキビストにとってどの資料が私的であるか、確実に知る妥当な方法はないとする現実的な部分がある。部分的には、ベンド＝クロットが示唆したように、より多くのアーキビストが第三者のプライバシーを保護する責任を主張するようになるにつれ、彼らはそのような行為を行うことに対して法的な説明責任をより負うことになるとするこの議論は正当である。しかし、その倫理的側面ははっきりしない。米国アーキビスト協会の最新の倫理綱領は、アーキビストは「…資料の処理に対して発言権がない…個人のプライバシーを尊重する」という前版の制限を取り除いた。

16　Heather MacNeil, "Information Privacy, Liberty, and Democracy," Menzi L. Behrnd-Klodt and Peter J Wosh, eds., *Privacy and Confidentiality Perspectives: Archivists and Archivist Records* (SAA, 2005), pp. 67-81（特に脚注26）及び Marybeth Gaudette, "Playing Fair With the Right to Privacy," *Archival Issues*, 28:1 (2003-2004), pp. 21-34.

17　Sara S. Hodson, "Private Lives: Confidentiality in Manuscripts Collections," *Rare Books & Manuscripts Librarianship* 6 (1991), pp.108-18.

18　法的には弁護士依頼人間秘匿特権は依頼人が生存する間有効であるが、実際には依頼人の死亡が推定され、法的影響がない場合、多くの保管施設でケース・ファイルを公開している（寄贈者である弁護士が専門的な懲戒措置に直面する可能性はあるが、私はこのようなことがかつて起こったことを知らない）。

19　付け加えて言うならば、アクセス制限よりもはるかによく見られるのは利用制限である。著作権を保管所に譲渡する寄贈者は少なくなっている。譲渡がなければ（寄贈者が受け取った第三者の資料であれば、譲渡があったとしても）、研究利用は普通、米国著作権法における公正利用のための適用除外にあたるものに限られる。

20　また、そのような条項は機関記録については一般的ではない。そのような方針は普通、アーカイブが大学の顧問弁護士や機関研究審査委員会 (institutional research review board (IRRB)) と交渉した結果であるが、後者は医学実験から心理検査に及ぶ広い範囲の研究テーマを保護するために存在する。

21　オンライン版 http://www.archivists.org/governance/handbook/app_ethics.asp（参照二〇〇七年三月一日）。

第五章　アーカイブ資料の保存

日本の企業史料―その概観とアクセス

松崎　裕子

◇はじめに

十九世紀以来の産業化の歴史の存在にもかかわらず、また現在はサミット（主要国首脳会議）のメンバー国であるにもかかわらず、日本の企業史料関係者は中国档案学会関係者との定期的な交流を別にすると、諸外国の企業史料関係者との間で日本の企業史料に関する情報を直接的に共有する機会をそれほど多く持たなかった[1]。国際文書館評議会企業労働アーカイブズ部会（ICA/SBL）との結びつきもほとんどなかったために、同部会が編纂する *Business Archives in International Comparison*（企業史料国際比較）[2]にも日本の企業史料に関する情報は皆無である[3]。このような状況なので、このたびアメリカのアーキビストたちに日本の企業史料に関する報告を行う機会を得ることができ、たいへんうれしく思う。

本報告でははじめに日本の企業史料に関する概観を述べ、次に諸外国には類例が乏しい[4]社史編纂と企業史料の関係を説明したい。また近年頻発する企業の買収・合併、倒産事例を取り上げて、日本における企業史料の廃棄・救出・保存問題を紹介する。本報告の最後の部分において、財団法人渋沢栄一記念財団実業史研究情報センターが現在取り組んでいる「企業史料ディレクトリ」編纂のための調査を基にして、日本の企業史料へのアクセス問題を報告したい。

◇日本の企業史料概観

◆定義と法律

日本の法制においては企業史料を定義する法律は存在しない。本報告では、企業史料とは企業など私的な経営事業体において業務上作成された記録や作り出されたモノのうち、非現用となった資料、と定義する。

一九八七年に制定された「公文書館法」の第四条は、公文書館を「歴史資料として重要な公文書等（国が保管していた歴史資料として重要な公文書その他の記録を含む。・・・）を保存し、閲覧に供するとともに、これに関連する調査研究を行うことを目的とする施設とする。」と定めている。同法における「公文書等」とは「公文書その他の記録」であり、一九八九年に内閣官房副長官が発表した同法解釈の要旨によると、「古書、古文書、その他の私文書も含まれる」とされる。企業史料は一種の私文書であるから、公文書館における保存・閲覧対象と考えることもできる。しかしながら、私文書のうちでも企業史料に限定してその管理、保存、公開等を規定した特別な法律は存在しない。

地方公共団体が設立主体である地方公文書館は設立の根拠を条例で定めている。これらの条例では地方公文書館の保存・閲覧の対象は私文書を含む歴史的な資料とされる。ここでも企業史料は私文書に含まれると考えられるが、企業史料に限定した条例の規定といったものは存在しない。

二〇〇一年に制定された「独立行政法人等の保有する情報の公開に関する法律」は独立行政法人が保有する情報公開に関する規定を定めたものである。日本銀行などいくつかの事業体はこの法律の適用対象である。

企業内アーカイブズを対象とするような法律ならびに条例は制定されていない。

米国における国立歴史出版物記録委員会（National Historical Publications and Records Commission, NHPRC）に相当する機関、あるいは同委員会が主管するグラント供与プログラム、また英国におけるかつての王立歴史資料委員会（Royal Commission on Historical Manuscripts; 別称 Historical Manuscripts Commission, HMC）ならびに同委員会が提供したような公的な登録プログラムに相当する機関やプログラムは存在しない[5]。

◆企業史料関係機関

①公的保存機関

企業史料を収集・保存している機関にはつぎのようなものがある。

＊神戸大学経済経営研究所　http://www.rieb.kobe-u.ac.jp/index-j.html

＊東京経済大学図書館　http://www.tku.ac.jp/~library/

＊東京大学経済学部図書館　http://www.lib.e.u-tokyo.ac.jp/

＊一橋大学附属図書館　http://www.lib.hit-u.ac.jp/service/index_Ja.html

②私的保存機関

企業史料を収集・保存する私的な機関としてつぎのようなものがある。

＊住友史料館

＊三井文庫　http://www.mitsui-bunko.or.jp/
＊三菱経済研究所付属三菱史料館　http://www.meri.or.jp/

これらは旧財閥系アーカイブズということができる。財閥は十九世紀から二〇世紀前半の日本経済において大きな役割を果たした。第二次世界大戦終結後、財閥は解体されたが、旧財閥の家史料ならびに関係会社史料は今日に伝えられている。住友史料館の創設は一八八七年の住友家史編纂開始にさかのぼり、三井文庫は一九〇三年の家史編纂室設立にその起源をもつ。三菱史料館は比較的新しく一九三二年以来の伝統をもつ財団法人三菱経済研究所の付属施設として三菱創業一二五年を記念して一九九六年にオープンした。

③企業アーカイブズ

企業アーカイブズがどれくらい日本に存在するかを把握することは容易ではない。後述するように、日本では企業史料の保存・活用は社史編纂に依存するかたちで発展してきたため、非現用記録管理部署としてのアーカイブズというよりは、社史編纂室・資料室（図書室）といった部署がアーカイブズの機能の一部を受け持つことが少なくない。企業内でアーカイブズを担当する部署はほかに広報、総務、コーポレート・コミュニケーションといったセクションに置かれることもある。

しかしながら近年は社史編纂目的だけではなく、恒常的に非現用記録を保管・管理する部署としてアーカイブズを整備しようという試みも生まれてきている。そのような部署を「アーカイブズ（Archives）」と命名する事例も増加している。次にあげる名称は、Archives を英文名称に用いている事例である。Archives（日本銀行）、Kao Museum & Corporate Archives Office（花王）、Toyota Archives（トヨタ自動車）、Toraya Archives（虎屋）、Corporate History Archives Office（キヤノン）、Archives and Documents Section（清水建設）、Archives Group（竹中工務店）などである[6]。「歴史（History）」を名称の一部とするアーカイブズ担当部署には、Corporate History Group（ダイキン工業）、Office of Corporate History（松下電器産業、森永製菓）

といったものがある。

日本の企業アーカイブズにおける記録管理システムとアーカイブズは別々に存在しているのが一般的である。これまでの調査では、レコード・スケジュールに基づいて記録を管理している事例は日本銀行以外にはみあたらない。

◆企業史料関係団体

＊企業史料協議会　http://www.baa.gr.jp/

一九八一年に専門図書館協議会関東地区協議会の社史グループのメンバー、学界関係者、財界人の協力によって結成された企業史料協議会は日本における唯一の企業史料専門の協会である。企業史料協議会の会員は、会の目的に賛同する企業史料の収集・保存・管理、企業史の編纂に関係する企業の諸部局および産業史資料や企業史料を所蔵する研究機関・図書館・博物館といった機関会員と、特別会員と称する個人会員からなる。

企業史料協議会ではニューズレターの発行、研究誌『企業と史料』の発行、社史・企業博物館・アーカイブズに関するセミナー開催、研究会・見学会の開催、国内外の産業遺産・博物館の見学、さらに中国档案学会との交流、そしてビジネス・アーキビスト養成講座の運営といった事業を通じて、会員同士の交流とアーカイブズを扱う上でのスキル・知識の向上を図っている。

紙媒体によるニューズレターの発行に加え、二〇〇一年五月にはウェブサイトを開設した。一方、一九八六年三月に創刊された研究誌『企業と史料』は一九九八年四月に第六集を発行したのを最後に休刊状態である。

＊日本アーカイブズ学会　http://www.jsas.info/

＊記録管理学会　http://wwwsoc.nii.ac.jp/rmsj/

企業史料を扱うアーキビストや学芸員、司書は日本アーカイブズ学会や記録管理学会に個人として所属する場合もある。しかしながらこれらの学会内において企業史料に特化した分科会といったものは存在しない状況である。

◆ビジネス・アーキビストの養成

日本には専門職としてのアーキビスト資格認定制度はまだ誕生していない。企業内でアーカイブズ関連部署に配属された職員は、以下のようなプログラムを利用してアーカイブズの理論と実践に関する教育を受けることができる。

第一に、企業史料協議会が運営するビジネス・アーキビスト養成講座をあげることができる。これは一九九二年に第一回が開催され、途中中断があったが基本的には毎年原則的に開講され今日に至っている。

第二に、企業アーカイブズ担当者向けに限定されたプログラムではないが、国文学研究資料館アーカイブズ研究系が毎年開催しているアーカイブズ・カレッジは、大学院生・公文書館現職アーキビストのほか企業におけるアーカイブズ担当者に対しても開かれている。

◆ガイド

企業史料に関するガイドとして次のようなものをあげることができる。

①紙

＊『日本古文書学講座』第一〇巻　近代編Ⅱ　雄山閣出版株式会社　一九八〇年

＊『新訂　企業博物館事典』日外アソシエーツ　二〇〇三年

②電子

＊神戸大学経済経営研究所附属政策研究リエゾンセンター

http://www.rieb.kobe-u.ac.jp/liaison/
＊東京大学日本経済国際共同研究センター資料室（経済学部図書館資料室）
http://www.lib.e.u-tokyo.ac.jp/shiryo/shiryo.html
＊一橋大学附属図書館所蔵文庫・コレクション・特殊資料紹介
http://www.lib.hit-u.ac.jp/service/bunko/bunko.html
＊財団法人渋沢栄一記念財団実業史研究情報センター実業史資料リンク
http://www.shibusawa.or.jp/english/center/shashi/shashi05.html

◆企業史料関係雑誌・書籍

①逐次刊行物
＊企業史料協議会編・発行『企業と史料』第一号（一九八六年）～第六号（一九九八年）
＊企業史料協議会編・発行『ニューズレター』
次の学会誌に企業史料に関する論考を見出すことができる。
＊記録管理学会編・発行『レコード・マネジメント』一九九六年～
＊日本アーカイブズ学会編・発行『アーカイブズ学研究』二〇〇四年～

②書籍
＊企業史料協議会編・発行『企業史料協議会二〇年史』二〇〇四年
以下の文献は社史目録であるが、社史の典拠となった企業史料の所在を示唆する手がかりを与えるものとしてあげておく。
＊日本経営史研究所編・発行『増補・改訂版　会社史総合目録』一九九六年

◇社史編纂と企業史料

日本では毎年一〇〇点以上の社史が刊行されており、明治期以来の発行点数は少なくとも一万三〇〇〇点を上回る[7]。社史のエキスパートである村橋勝子氏は社史を「企業が自社の歴史を、社内資料に基づいて、会社自身の責任において刊行したもの」と定義する[8]。社史は通常の市場には出回らない灰色文献である。社史は社員教育に用いられるほか、会社内でのレファレンス・ツールとして用いられることもある。ある大手メーカーでは自社の社史をデータ化し、社内ＬＡＮを用いて各人の端末から全文検索できるようにしている。さらに最近は書籍のほかにＤＶＤなど電子媒体による社史出版も増加している。企業や知的情報資源としての活用といった観点から、インターネット上での社史の全文検索サービスに自社の社史を提供する事例も見られる[9]。

社史編纂は企業経営におけるルーティンや核となる事業とはいえない。恒常的に取り組む事業ではなく、五年、一〇年、場合によっては二五年といった周期で巡ってくるものである。企業アーカイブズを設立して、非現用文書で歴史的な価値があるものを保存し活用するような恒常的プログラムを持つ企業は多くはない。たいていの場合は、五〇周年とか一〇〇周年といった記念すべき時期の何年か前に時限的に担当部署を立ち上げて、資料を収集し、あるいはオーラル・ヒストリーを行ったりして社史編纂にとりかかるのである。それゆえ、社史編纂のためのさまざまなセミナー、ワークショップやフォーラムといったものに対する需要がある。

企業史料協議会はこのような需要に対して、「会社史セミナー」を毎年二回提供している（二〇〇七年度は非開催）。また一三〇〇社以上の企業がメンバーである日本経団連も年に二回ほど「社史フォーラム」を開催して、会員企業の社史制作を支援している。企業のアーカイブズ担当者、あるいは社史編纂担当者はこれらの場において、情報交換の機会を得、さらに企業史料を基にして社史を編纂するのに必要なノウハウを獲得することができる。

また社史の編纂・刊行を支援するビジネスも存在する。印刷会社や出版社など、社史制作を受託する業者によるセミナーも定期的に開催されている。これも企業史料協議会や日本経団連によるセミナーやフォーラムと同様な役割を果たしている。

◇買収・合併、倒産と企業史料

企業の合併・統合、あるいは倒産時おける企業史料の処分問題は日本における企業史料のあり方の特質をあらわしている。

＊横浜正金銀行資料の事例

第二次世界大戦以前外国為替専門業務を行っていた横浜正金銀行は戦後東京銀行に業務を引き継ぎ、一九九六年に三菱銀行と合併した。東京銀行がそれまで所蔵していた横浜正金銀行資料（一二〇〇箱以上）は廃棄処分される予定であったが、経済史研究者・大学関係者の仲介により、最終的には二〇〇〇年に東京大学経済学部に移管・寄贈された[10]。

＊山一證券資料の事例

約一〇〇年の歴史を持つ山一證券は一九九七年に自主廃業した。旧山一證券資料の一部は東京大学経済学部図書館に寄贈され、子会社の山一経済研究所関係資料は有償で管理専門要員一名とともに大阪学院大学図書館に移管された[11]。

企業が合併や倒産に直面した場合、企業史料の救出・移管は多くの場合、ビジネス・アーキビストのネットワークによるよりは、経済史・経営史の研究者主導によることが多い。上の二つの事例はたまたまいずれも東京大学経済学部図書館が関係したものであるが、他大学の図書館においても同様の事例が報告されている。

◇アクセスについて

企業史料へのアクセスを考える場合、出発点は企業史料と企業アーカイブズの所在情報を得ることであろう。日本では、アメリカ・アーキビスト協会（ＳＡＡ）ビジネス・アーカイブズ部会が編纂する ***Directory of Corporate Archives in the United States and Canada*** やイギリスのビジネス・アーカイブズ・カウンシル（ＢＡＣ）による ***Directory of Corporate Archives*** のような企業アーカイブズのディレクトリはこれまで作成されたことはなかった。アーキビストの専門職能団体も存在しないため、企業史料の所在情報は大学の歴史研究者がもっぱら独占的に保有しがちであり、一般の人々が容易に知ることができるものではなかった。現在もこの状況が基本的には継続している。また研究者にしても、目録等の手引きから資料情報を得るのではなく、個人的な努力とツテによってそのような情報にたどり着くというのが普通である。

このような状況を改善するために、報告者が所属する財団法人渋沢栄一記念財団実業史研究情報センターでは、米英の企業アーカイブズのディレクトリを参考にしつつ、日本における企業史料所蔵機関のディレクトリと企業史料の所在と概要に関するデータベースの開発に現在取り組んでいる。

現在三〇ほどの組織内アーカイブズと史料保存機関からアンケートに対する回答を得たところであり、これらをウェブ上で公開している[12]。この調査を基にして日本における企業史料へのアクセス、とくに利用条件について紹介しよう。

私達のアンケートへの回答をみてみると、大学図書館のような公的な保存機関の場合、利用は一般にオープンである[13]。しかし企業内アーカイブズの場合、利用は原則会社内部に限られるか、もしくは学術調査に限って許可するという場合がほとんどである。外部の利用を許可する場合は事前の申請や審査が必要とされることがほとんどである。ケース・バイ・ケースで対応という回答も複数あった。ＩＣＡ／ＳＢＬによる ***Business***

Archives in International Comparison は、「企業史料を扱うにあたって、情報にアクセスする権利と私的財産を所有しかつ管理する権利という二つの民主主義的権利の間で板ばさみになる」（In dealing with business archives, we are caught between two fundamental democratic rights: The right to have access to information, and The right to have and control private property.）という書き出しで始まる。これは日本にも当てはまるものである。組織内アーカイブズとしては例外的、に日本銀行と日本工業倶楽部が特に制限を設けず一般公開をしている。

アンケートでは資料の保存・保管に関わる規定の有無も問うたところ、規定「有」は十二団体、「無」は八団体（うち一団体が「現在作成中」）というものであった。保存・保管規定を持つ場合、保存・保管年限に関する規定を問うたところ、「社内、社規集にて規定」「文書取扱規定（にて規定）」「一年〜永久保存」「管轄部署を定めているだけで、担当部署の活動に関わる規定はない」「経営史料、集計資料（経理）、業務関連資料で細かく保有年限が決められている」「社内文書規定により、情報に関する保管（セキュリティ）の年限は原課にて設定する。史料の長期保存に関する規定は特に規定されていない。」「保存史料の取捨選択基準のみ規定」といった回答を得た。日本の企業内アーカイブズは、活動の記録や資料を保存する規定や仕組みが整備されているとはいいがたい状況にある。本報告の「◇日本の企業史料概観」でも述べたことであるが、現在あるいは近過去の事業に関するアカウンタビリティを担保する記録管理と、資料保存すなわちアーカイブズが連携・連動されていない。

アクセス問題において現在差し迫った課題と考えられるのは、企業内アーカイブズにおける資料の管理・利用等に関する規定を整備し、アクセス・ポリシーをはじめとする諸規定を文書化するとともに、記録管理からアーカイブズまでをつなぐ仕組みを作っていくことであろう。これに加えて、史料所蔵機関ならびに企業内アーカイブズに関する機関情報、資料情報を集約化・公開し、利用者に提供することも重要な課題である。

◇おわりに

社史の刊行状況からは、多くの企業史料が今日に伝えられていると推測される。しかしこれらにアクセスしようとする場合、さまざまな障害が横たわっている。すなわち、企業史料ディレクトリのようなツールの欠如、目録等の未整備、専門職としてのビジネス・アーキビストの不足と研究者による資料情報の独占、そしてなによりもまして、企業内アーカイブズにおけるアクセス・ポリシーや記録資料の保存・保管に関する規定の未整備をあげなければならない。

このような現状をみると、企業史料ディレクトリ編纂推進をはじめとする様々な企業史料関連の情報資源開発が求められているのは明らかである。それらの取り組みにおいて、高度な情報コミュニケーション技術は大きな助けになるだろう。国際レベルにおける最優良事例やガイドラインを迅速に日本の企業史料関係者に紹介すること、また国内外の利用者に日本の企業史料情報を提供していくといったことも求められていよう。

加えて、経済のグローバリゼーションは否応なく企業活動をトランスナショナルな方向へと向かわせている。企業史料もグローバル化せざるをえない。そしてグローバル化した企業はいっそう広範な利害関係者に向かって透明性を確保することが求められている。この点において、日本の関係者は今後アメリカをはじめとする諸外国の企業史料関係者との交流をさらに活発化させ、情報共有を進めることを切に希望している。

＊本文中のＵＲＬの最終アクセス日時は二〇〇八年七月四日。

〔注〕

1 日本の企業史料に関する国際的な情報発信における事例として次のようなものがある。
Hideyuki Aoyama, "The Business Archives and Records Management Profession in Japan," *Business Archives, Principles and Practice*, No 67, May 1994, pp.73-82.

Yuko Matsuzaki, "The Shibusawa Shashi Project and Sharing Information on Business Archives in Japan," *Business Archives Principles and Practice*, No.91, May 2006, pp.28-43.

2 Section on Business and Labour Archives (SBL), *Business Archives in International Comparison: Report to the International Council on Archives (ICA) Congress 2004 Vienna, Austria 25 August 2004*, p.3. http://www.ica.org/sites/default/files/SBL25082004.pdf（参照二〇〇八年七月四日）。

3 その後ＩＣＡ／ＳＢＬのBusiness Archives in International Comparisonは改訂され、二〇〇八年七月のＩＣＡ総会に向けてウェブサイトの更新作業が進められている。二〇〇八年の版には、本報告を基にした日本の状況に関するページも付け加えられた。ＵＲＬは二〇〇八年七月四日時点では未定。

4 会社・企業の歴史を叙述して刊行するという慣行はアメリカやヨーロッパにも存在する。日本の社史の場合、会社自体が編纂・発行主体となる点で、欧米の会社史とは異なったものである。日本独自の慣行という見方も存在するが、報告者の知る限り韓国における会社史・団体史はきわめて日本の社史に近い存在である。

5 国立歴史出版物記録委員会は、アメリカ合衆国国立公文書館記録管理局（National Archives and Records Administration: NARA）組織の一部である。王立歴史資料委員会は、二〇〇三年にかつての英国国立公文書館（Public Record Office: PRO）が改組されThe National Archives: TNAと名称が変更された際、その役割・機能がＴＮＡの一部となった。王立歴史資料委員会に関しては次の文献を参照。松崎裕子「イギリスにおけるアーカイブズへのコミュニティ・アクセス・プロジェクト（ＣＡＡＰ）―その歴史的背景と概要について」『コミュニティ政策研究』一〇号、二〇〇八年三月、七六～七七頁。

民間所在史料の所在調査や保存活動は、一九四五年以降歴史資料保存運動として展開した。白井哲哉「民間史料から文書館・公文書館をとらえ直す」（地方史研究協議会編『地方史研究』三一四号、二〇〇五）参照。一九八〇年代半ば以降、日本学術振興会や文部省（現在は文部科学省）の科学研究費補助金を用いて大学に所属する歴史学者・アーカイブズ学研究者が史料や史料保存機関の所在・概要を調査するケースも増えている。ただしこれは政府のアーカイブズ政策とは関連を持たないもので、学術研究という位置づけである。企業史料に限定した調査はない。

6 このことは「アーカイブズ」を名乗る部署が社史編纂担当でない、ことを意味するわけではない。

7 村橋勝子『社史の研究』（ダイヤモンド社、二〇〇二）、ⅰ頁。日本経営史研究所編・発行『増補・改訂版　会社史総合目録』一九九六　八～七頁。

8 村橋前掲書、二一～二三頁。

9 「社史年史デジタル図書館　社史の杜」http://shashinomori.dualchives.jp/（参照二〇〇八年七月四日）。

10　横浜正金銀行資料に関しては次の文献に詳しい。武田晴人「横浜正金銀行資料　解題」『資料の整理とその結果―学術創生「日本における資本市場の形成と構造－歴史分析と国際比較」による研究成果』に関するウェブページ http://www.e.u-tokyo.ac.jp/ takeda/shihonshijoh/shokin_kaidai01.htm（参照二〇〇八年七月四日）。

11　山一證券資料に関しては以下の諸文献を参照。東京大学経済学部資料室編『山一證券資料と企業資料の保存―東京大学経済学部図書館所蔵企業資料展』（東京大学経済学部図書館、二〇〇七）（これは二〇〇七年一一月七日から九日に開催された第九回図書館総合展展示図録である）。矢野正隆「東京大学経済学部図書館所蔵『山一證券資料』のマイクロ化と公開について」『月刊ＩＭ』通巻四四五号、二〇〇八年二月号、一二～一六頁。伊藤正直「日本資本市場研究の国際化を目指して―山一證券社内資料七〇〇箱」『ＵＰ』第三七巻第六号、二〇〇八年六月。二六～三一頁。

12　以下の各企業・団体・機関にご協力いただいた。味の素、伊勢丹、花王、キヤノン、共同印刷、清水建設、ダイキン工業、大日本印刷、竹中工務店、帝国データバンク、東京海上日動火災保険、トヨタ自動車、虎屋、ナカバヤシ、日本銀行、日本工業倶楽部、日本郵船、富士写真フイルム、松下電器産業、三井住友海上火災保険、森永製菓、山口銀行、ライオン、立正佼成会、和光堂、神戸大学経済経営研究所、渋沢栄一記念財団渋沢史料館、住友史料館、東京経済大学図書館、東京大学経済学部図書館、一橋大学附属図書館、三井文庫、三菱経済研究所付属三菱史料館。http://www.shibusawa.or.jp/center/dir/index.html（二〇〇八年七月公開）。

13　ただし大学図書館の利用条件を満たしている必要がある。

【会議を終えて】

今回の会議にあたり、日本の企業史料へのアクセスについて発表するよう主催者から依頼されたのは、筆者が財団法人渋沢栄一記念財団実業史研究情報センターにおいて「企業史料ディレクトリ」と名付けられた企業史料保存機関のディレクトリ（名鑑）編纂プロジェクトに従事しているためだと思われる。報告準備にあたっては主としてこのプロジェクトの準備・遂行過程で収集した情報をまとめた。日本の企業史料の概要を述べたものであり、アクセスには直接関わらない記述も多い。その理由は報告でもふれているとおり、国際文書館評議会企業労働アーカイブズ部会による「企業史料国際比較」にも日本の企業史料情報は掲載されておらず、米国側参加者が把握する日本の企業史料に関する基礎的情報はほとんど皆無ではないか、と予想されたからである。

さて、企業史料へのアクセスを考えた場合、組織内アーカイブズ（in-house archives または institutional archives）と、収集アーカイブズ（collecting archives あるいは archival repository）ではアクセスに関する考え方は異なるものとなる[1]。この点に関して、報告を準備する段階でははっきりと分けて考察を深めることができなかった。「企業史料ディレクトリ」プロジェクト開始当初は、企業史料のユーザーとしてプロジェクト担当者が想定していたのは、企業史料を研究資料として利用する企業外部の研究者や一般市民であった。したがって、アクセスの問題は、企業史料の所在を探索し、それをリスト化あるいはデータベース化する、また目録情報の共有化を図ることによって、解決もしくは促進される、と考えていた。しかし、ディレクトリ編纂作業を進めていくにつれて、この方針はどちらかというと収集アーカイブズに所蔵される企業史料に関するアクセスに対応するものであり、企業内アーカイブズに所蔵される企業史料は異なった性格を持っており、それへのアクセスは収集アーカイブズ所蔵資料へのアクセスとは同一には語れないとぼんやりとではあるが感じられた。

ちょうどその頃、企業史料協議会関係者の方から、イギリスのビジネス・アーカイブズ関係ウェブページの存在を教えていただいた。それは今回の米国側発表論文の共同執筆者であるエリザベス・アドキンスさんが所属するフォード・モーター・カンパニー・アーカイブズのアクセス・ポリシー[2]と、同アーカイブズを利用する際に外部の研究者が提出を求められるアーカイブズ資料利用申請書[3]であり、両者ともウェブを通じてアクセス可能なものである。やや長くなるが、ここでこれらの文献を紹介したい。

フォード・モーター・カンパニー・アーカイブズ（以下「フォード・アーカイブズ」と略す）のアクセス・ポリシーによると、フォード・アーカイブズはフォード・モーター・カンパニー（以下「フォード」と表記）

内に設置されたアーカイブズ部署である。フォードの企業史料は、このフォード・アーカイブズと、フォード博物館やベンソン・フォード・リサーチ・センターを運営する非営利組織ザ・ヘンリー・フォード（The Henry Ford）[4]で保存管理されている。ザ・ヘンリー・フォードで所蔵する企業史料の大部分は、公開記録（Open Records）または制限記録（Restricted Records）であり、前者の場合は従業員と外部の研究者に等しく公開されるものである。後者の制限記録のほうは、ケース・バイ・ケースで外部の研究者に公開されるものである。いっぽう、フォード・アーカイブズに所蔵される記録のほとんどは外部の研究者には提供されない非公開記録（Closed Records）かまたはザ・ヘンリー・フォードに移管するための評価作業中のものである。もし外部の研究者がザ・ヘンリー・フォード所蔵の制限記録やフォード・アーカイブズの非公開記録にアクセスしたい場合は、ケース・バイ・ケースでアクセスの可否が判断されることになる。フォード・アーカイブズの部長はこれらのアクセスの許諾に関して責任を負っている。

フォード・アーカイブズからザ・ヘンリー・フォードへの移管の手順は、まずアーカイブズにおいてアクセスの観点から評価を行った後、公開記録と大部分の制限記録はザ・ヘンリー・フォードに移管される。すべての公開記録と制限記録がザ・ヘンリー・フォードに移管されるわけではなく、法律上の捜査や訴訟における証拠開示手続きに応じるための記録は、差し止め命令が解除されるまではフォード・アーカイブズに留め置かれる。

公開することを前提に作成された記録以外は、アーカイブズに移管された時点から制限記録となり、作成から二〇年間はそのままである。このルールに拘束されない例外規定も詳細に定められている。全ては挙げないが、例えばフォード自動車またはその子会社の取締役会議事録は五〇年間非公開である。あるいは、公開することによって個人のプライバシーや顧客に関する秘密事項を侵害する性格を有する記録は一〇〇年間非公開とされている。

フォード・アーカイブズのアクセス・ポリシーとは、このように自社の企業史料へのアクセスに関する詳細なルールを文書化したものである。

ここで日本の企業内アーカイブズ所蔵の企業史料へのアクセスをめぐる現状を考えると、次のような問題点を指摘できる。そもそも企業史料を、経営を支える知的資源と位置づけていないことから、資料が廃棄されたり散逸してしまい、結果として企業内部においても外部からもアクセスできなくなってしまうことがあまりにも多いこと。アクセスに関するルールが明確にされていない。ルールの必要性が企業内外に認識されていない。ルールが不明確なために、また企業史料の経営資源としての価値が経営層に理解されないことによって、外部の研究者からのアクセス要求に応じうる人的資源（アーキビスト）がアーカイブズ部門に配置されない。企業アーカイブズの側から見ると、適切な人員配置が行われていない場合、外部の研究者や一般市民のアクセス要求は過度の負担をアーキビストとアーカイブズ部門にもたらす等の問題である。

企業内アーカイブズ所蔵資料はもちろん社会的文化的な価値をもつものであると筆者は考えている。しかし、それらは企業の経営を支えるために、また企業活動の結果として、企業組織の中で生み出された記録、第一義的には企業組織の記録である。つまり第一次的な利用者は企業内部の経営者であり従業員であるということができる。それゆえ組織内アーカイブズ所蔵資料は、例えば公共図書館にある図書といった誰でもアクセスできる資料とは異なっているのであり、利用にあたっては資料の性格と利用者の属性（社内利用なのか企業外部の研究者・一般市民なのか）、利用の目的等に応じて何種類かのアクセス上のカテゴリーを設定することが想定される。

筆者の力不足から、フォード・アーカイブズのアクセス・ポリシーに接していたにもかかわらず、報告作成段階では収集アーカイブズと企業内アーカイブズにおけるアクセスへのアプローチの相違を明確に議論できなかった。読者におかれては、以上述べてきた点に留意され、またベッキー・タウジーさんとエリザベス・アドキンスさん執筆による米国側発表も併読されて、ビジネス・アーカイブズ、企業史料への理解を深めていただければ幸いである。

〔注〕

1 筆者の報告本文では、「組織内アーカイブズ」は「企業アーカイブズ」、「収集アーカイブズ」は単に「（公的または私的）保存機関」としている。財閥系アーカイブズの場合、本文では「私的保存機関」とみなして、収集アーカイブズとして把握している。いっぽう「企業史料ディレクトリ」では「収集アーカイブズ」は「史料保存・学術研究機関」という名称で分類しており、財閥系アーカイブズもここに含めた。ただし、旧財閥系企業グループをひとつのゆるやかな組織としてみることも可能で、その場合は組織内アーカイブズともいいうる。

2 Access Policy Ford Motor Company Archives, originator: Ford, date issued: May 1999. *Business Archives Discussion List.* http://www.gla.ac.uk/external/BusArch/att-0545/01-Access_Policy__Revised_June_2001_.doc（参照二〇〇七年三月六日）。

3 Ford Motor Company Archives Application for Use of Archival Records by Outside Researcher. *Business Archives Discussion List.* http://www.gla.ac.uk/external/BusArch/att-0545/02-Access_Application_Form__Revised_June_2001_.doc（参照二〇〇八年七月四日）。

4 URLは http://www.hfmgv.org/（参照二〇〇八年七月四日）。注2と注3の文献はイギリスのグラスゴー大学のサーバーを利用したビジネス・アーキビストのリストサーブ *Business Archives Discussion List* のページに掲載されているものである。このリストサーブにはイギリスに加え、北米、オーストラリアのアーキビストからもビジネス・アーカイブズに関する情報が提供されている。

なおこれに関連して、フォードのアーカイブズの歴史では設立当初から文書化されたアクセス・ポリシーの重要性が認識されていたことを次の文献によって知ることができる。Elizabeth W. Adkins, "A History of the Ford Motor Company Archives, with Reflections on Archival Documentation of Ford of Europe's History," Hubert Bonin, Yannick Lung and Steven Tolliday, eds., *Ford, 1903-2003 : The European History* (P.L.A.G.E., Paris, 2003), p.34. http://beagle.u-bordeaux4.fr/ifrede/Ford/Pdf/Adkins1.pdf（参照二〇〇八年七月四日）。

ビジネス・アーカイブへのアクセス―米国の場合

ベッキー・ハグランド・タウジー
エリザベス・W・アドキンス

米国で活躍する企業アーキビストのほとんどは、自らが携わるコレクションは「非公開」であると言うだろう。そしてこの事実は、米国の歴史と文化の重要な宝庫に関心を持つ研究者を落胆させるかもしれない。しかし内実をみると、状況はそれほど暗いものではない。企業史料へのアクセスが制限されている事情を理解するためには、そもそもなぜ企業がアーカイブを設置するのか、その動機を理解する必要がある。

米国では企業に記録史料や歴史的記録の保存を義務付ける法律はない。しかし、三〇〇〇を超える企業や事業団体がアメリカ・アーキビスト協会（Society of American Archivists）編纂の *Directory of Corporate Archives in the United States and Canada*（「アメリカおよびカナダの企業アーカイブ要覧」）[1] に名前を連ねている。その多くはフォーチュン誌による米国大企業の一覧「フォーチュン五〇〇」にその名が見られる大企業であり、世界で最も賞賛されている企業でもある。

企業が史料の保存に取り組みアーキビストを採用する背景には、自社の伝統やブランドの歴史を活用することにより、または、長期的な事業価値を有する記録へのアクセスを保存・維持することにより得られる競争優位性への評価がある。多くの企業はパテントその他の知的財産に関連する訴訟問題や商標権の保護、メディア対応、ブランド・マーケティング、内部広報、スピーチ原稿の作成、その他内外に向けたプレゼンテーションなど様々な分野において、明白な事業上のメリットを見出している。アーカイブはこれらの事業活動のほか、様々な活動の価値を高めることに役立つ。また、アーカイブは企業の名声を高めるほか、企業風土の伝達や涵養に活用できる。経営者は自社の歴史に学者やジャーナリスト、地域社会が関心を持つことを承知しているかもしれないが、そうした社会の関心自体はアーカイブ・プログラム[2]の立ち上げやその後の維持の動機とはならない。アーカイブ・プログラムはあくまでも企業の事業目的達成を支援するために設置されるのである。

米国では企業アーカイブの評価選別、編成、記述、保存について政府による、あるいは助成金による支援はない。企業アーカイブにとって唯一の支援元は他でもない自社企業である。したがって、アーカイブ・プログラムが、企業内の他部署と同じように、当該企業を取り巻く経済状況の影響を受けるのは当然である。企業が発展し成長する中ではアーカイブ・プログラムもその恩恵にあずかる。逆に企業が経済の苦境につまずいたり、廃業したり、他社による買収の憂き目にあったりする時には、アーカイブ・プログラムはしばしば縮小または併合され、場合によっては閉鎖されてしまう。政府や学界のアーカイブ・プログラムも同様の危機にさらされはするが、企業の場合にはその本質が収益獲得にあることから、アーカイブが影響を受ける度合いは大きいのである。

したがって、企業アーキビストにとって企業に対し自らの価値を明確に伝え、継続して示すことは必要不可欠である。自らの使命や活動内容、方針（特にアクセスに関する方針）を、企業の事業目的達成に直接結び付けなくてはならない。この事業上の優先事項との必然的な調整は外部からのアクセス制限にしばしばつながるが、アクセス制限はあるにせよ企業アーカイブが存在すれば、その存在自体が記録の閲覧を望む外部の人々に対し、いくらかの希望を与えることができる。なぜならば、そもそも企業アーカイブが存在しなければ、企業の歴史的な記録が残され適切に保存される可能性はほとんどないからだ。そして企業史料自体が存在しなければ、当然アクセスすることはできない。

アーカイブは、常に、コレクションおよびスタッフに寄せられる多岐に渡る要望に対して、限られた資源を適切に配分しなければならない。そして寄贈者の希望や個人情報保護、組織としての必要性などの観点から多少の制限を設ける必要があることも周知の事実である。大抵の非営利アーカイブと公的に支援されたアーカイブは、請求者や請求理由を問わず一般の人々の研究および情報ニーズに応える義務を有している。こうしたアーカイブの「自由で平等なアクセス」ポリシーは明解である。このアクセス倫理こそが公的な文書館と企業アーカイブの違いを表している。

企業アーカイブのすべてに文書化されたアクセス・ポリシーが用意されているわけではない。しかし、ポリシーが成文化されているか非公式であるかにかかわらず、ほとんどすべての企業アーカイブでは内部からの依頼を「外部の研究者」や「一般人」から受け取る依頼に優先して取り扱う。先述のとおり、大抵の企業アーカイブは単純明快な使命を帯びている。すなわち、企業の事業目的達成を支援することである。したがって、企業アーカイブの活動および資源は、外部研究者ではなく内部利用者のニーズの充足に集中させる必要があるのだ。

特に研究用および学術的なアーカイブに代表される非営利団体の多くでは、スタッフは外部者が研究対象として使用する記録を管理する役割を果たしている。企業アーカイブのアーキビストの場合、記録の管理者であると同時に当該記録の主たる利用者でもある。企業アーキビストは内部利用者の代わりに、あるいは彼らに対する役務提供の一環としてレファレンス・サービスを行う。特に複雑な質問への対応や戦略的に調査を行う場合、通常一般従業員は、自ら調査を行って記録を分析するために必要な技術を持たず、また、アーカイブを訪れたり、記録に直接アクセスしたりする時間を有しない。そこで必要に応じてアーキビストに連絡をとり、リサーチの遂行や情報源の評価をしてもらい、重要な情報を早く正確にそして適切な情況判断の上で提供してもらう方が望ましい。これが企業アーキビストの典型的な役割である。

企業情報の検索手段や目録は、社内イントラネット上に用意されていることが多く、従業員またはアーカイブに保存された記録との橋渡しをするアーカイブ・スタッフだけにアクセス権限が与えられている。また、ほとんどの企業は沿革に関する何らかの情報をインターネット上で公開している。しかし、企業アーカイブでは、非営利アーカイブが使用する一般公開のオンライン・カタログは、通常使用しない。さらに、非営利アーカイブで見受けられるような自由に出入りできる「閲覧室」やリサーチ・スペースを、企業アーカイブは多くの場合物理的に持たず、またスタッフの確保もしていない。クラフト・フーズ（Kraft Foods）社では企業アーカイブは本社ビルにではなく、そこから七マイル離れた場所に改築した別の建物に置かれている。世界中に従業員が散らばっているため、離れた場所からニーズに応えるのに慣れているのだ。したがって従業員から寄せられるほとんどすべての依頼に対して、従業員がわざわざアーカイブを訪れることなく対応することができる。

しかし、企業アーカイブが外部の研究者を締め出していると言っているわけではない。多くのアーカイブで外部の研究者を受け入れているのも事実である。過去にエリザベス・アドキンスが行った調査によれば、対象となったアーカイブの実に三分の二が外部の研究者を受け入れ、物理的に記録を見せたということである。さらに調査対象となったアーカイブのほとんどが企業秘密に抵触しない限り情報をメールや電話、ファックスを通じて外部の研究者に提供しているとのことである[3]。

我々が「外部の」または社外の研究者と呼んでいる人々は一体誰なのか？私[4]自身の過去十六年間に及ぶ企業アーキビストとしての経験に基づくと、社外から受ける依頼のうち、学術関係者からの割合は非常に小さい。私たちに連絡を寄こしてくる人々のほとんどは素朴な質問に対する素朴な回答を求めている。そして彼らは回答を得るためにアーカイブを物理的に訪れることを望みもしなければ、そもそも訪れる必要もない。クラフト・フーズは食品会社であるため、外部から受け取る質問のほとんどは何らかの形で商品や創業者、広告宣伝活動や販売促進運動に関連する。例えば、古くからあるパッケージ、あるいはフリーマーケットやeBay[5]で売られていた販売促進グッズがどれだけ古いものなのか知りたい。または、母親が持っていたレシピ本を紛失したため、その代替品を探している。もしくは、かつてクラフト・フーズの製造施設のどこかで工場長あるいは作業員として勤務していた祖父に関する情報を求めている。あるいは、クラフト・フーズがかつてシカゴで本社ビルとして使用していたアールデコ調の歴史的建造物について、高校生が歴史フェアに向けて調べている。そういった類の質問である。

アーカイブのスタッフは質問者に代わりリサーチを行うことによって、これらの質問に対する回答または情報をより効率的かつ効果的に提供することができる。そしてこれらの質問者のほとんどがクラフト・フーズ製品の消費者である以上、アーカイブのスタッフが親切で快い対応をすることは会社にとってもメリットがある。この種の人的なつながりは、個別の消費者の満足感を確固たるものとし、さらに高める良い機会となりうるからである。私自身の逸話的経験に基づくと、求めている情報を提供することができれば、大抵は人々の期待以上に応えることができるものである。

しかし、学術的な研究者は異なる目的、異なるニーズ、そしてはるかに広い領域を視野に入れている。これは紙媒体およびテレビのメディアにも当てはまる。両者に共通するのは、大まかな質問をしつつ、求めているものはより詳細な情報である点だ。彼らが閲覧を申し込むのは、企業秘密や部外秘情報が含まれる記録、政府や第三者との極秘取引に関する情報、役員の私生活に関連した個人情報を含む資料、個人情報窃盗につながりかねないため政府が規制するデータ（個人を特定しうる情報を含む）などである。ほとんどの企業アーカイブでは、膨大な記録をレビューし、社外の人間に提供してはいけない情報が含まれていないことを確認するのに必要な人的資源を持ち合わせていないのが現状である。

したがって、企業アーキビストはアクセス・ルールを一律に適用するわけではないことを率直に認めている。我々には、会社を窮地に追い込んだり、社内の個人のプライバシーを侵害したりするリスクを犯すつもりはない。さらに言うならば、日々積み上げられている事業価値の記録を守る門番としての役割を果たしている。一方では歴史学者や学術的研究者のニーズを理解するものの、自らの組織とその評判に不利益を及ぼすような行動はしない。研究者に対して特定の記録へのアクセスを認めるかどうかの判断には、その研究者の意図を必ず勘案する必要がある。それゆえに社外からのリサーチの申し込みはケース・バイ・ケースで対処せざるを得ないのである。

これらの問題にもかかわらず、クラフト・フーズを含め多くの企業が折に触れて社外の研究者に社内資料を公開している。例を挙げると、ＪＰモルガン・チェース（JPMorgan Chase）とフォード・モーター・カンパニー（Ford Motor Company）は、両社の主要幹部が地域、国、そして世界の歴史に与えてきた両社の影響を評価していることもあり、従来から他社に比べてより「オープン」である。いずれの場合も、研究者は重要な社会問題に関するトピックに関心があり、両社の幹部は透明性の確保が一般市民だけでなく会社にも有益であると適切に判断した。しかし、このように入念ではあるが寛大な態度を示している両社でさえ、研究者を受け入れる姿勢は学者の希望に比べればはるかに慎重なのである[6]。

だが、時には外部研究者にアーカイブを公開することが企業にメリットをもたらすこともある。例えば、ある企業に関する学術的な研究は当該企業の評判を向上させたり、あるいは企業自身に独自の歴史、文化、ブランド価値、世間のイメージなどに対する理解を深めさせたりする。また、学術的な研究プロジェクトは、善き企業市民を目指す企業姿勢という後押しを通じて、地域社会のニーズを満たす可能性もある。さらに、企業にとっても評判と信用を維持するためには情報公開や透明性の確保が必要な時もある。ドイツ子会社がナチス時代の残虐行為に関わっていた可能性をめぐり、以前から兆候はあったが一九九〇年代後半を皮切りにフォード・モーター・カンパニーやＪＰモルガン・チェース、ＩＢＭ、そしてゼネラルモーターズ（General Motors）などが、裁判やメディア報道で槍玉に挙げられた。これらの企業はそれぞれ若干異なる対応を選択したが、外部研究者に対して記録を開示した度合いの差は、社会的責任を果たしている企業としての評判に大きな差をもたらした[7]。より最近のケースでは、過去に奴隷貿易に直接的あるいは奴隷制度を支援する役務の提供を通じて関わりを持った恐れのある企業が、公序良俗の視点から米国内で問題視されている。そのようなつながりを指摘されている企業は、奴隷問題という歴史の一幕への継続的な解明作業の一環として保有する記録を開示すべきだという圧力に直面している。

クラフト・フーズでは学術研究者から依頼を受けることはほとんどないが、依頼を受ければ多くの場合、研究者の来訪に代えて、記録や包装パッケージ、広告などのコピーを提供したり、質問事項に対してメールを通じて返信したりできる。このやり方は必ずしも研究者にとって望ましいリサーチの方法ではないかもしれない。しかし、この方法をとることにより、我々の内部的な活動を過度に阻害することなく必要な情報の一部あるいはほとんどを提供することができる。

また、クラフト・フーズでは過去に何度か著述家や歴史学者にアーカイブでの調査を許可したことがあり、今後もありうる。その場合、調査対象と閲覧を希望する記録の種類の概要を書面で提出してもらう。受け付けた調査希望は上層部の幹部により吟味される。許可が下りる場合には開示可能な記録が何かを研究者に伝える。機密情報や社外秘の情報へのアクセスを認めることはない。

米国では企業史料は全て作成した企業によって保管されているとは限らない点を認識しておくことは重要だ。企業によっては公的な研究機関にアーカイブ記録を寄贈しているものもある。幸いにも米国では、企業史料や実業界トップの私的な文書などを積極的に受け入れ、アクセスを提供する公共の文書館がある。これらはミネソタ歴史協会（Minnesota Historical Society）やシンシナティ歴史協会（the Cincinnati Historical Society）のような歴史協会であったり、あるいはデューク大学（Duke University）やシカゴ大学（the University of Chicago）といった大学であったりする。たとえば、デューク大学は「販売・広告宣伝・マーケティングの歴史のためのハートマン・センター（the Hartman Center for Sales, Advertising & Marketing History）」を擁する。

そして最近ではシカゴに拠点を置く出版社のR・R・ドネリー（R.R. Donnelley）がシカゴ大学に自社のアーカイブを寄贈した。これら企業その他の記録は公開されており、研究者なら誰でも閲覧可能である[7]。

これまで述べてきたとおり、企業史料へのアクセスについて語る場合、答えは明快な「はい、アクセスできます」や「いいえ、アクセスできません」ではない。ことはそう単純ではないのである。企業史料へのアクセスには様々なレベル、様々な方法がある。アーカイブに必ずしも足を運ばなくとも、必要な情報にうまく効率的にアクセスすることは可能である。企業アーキビストもアーカイブを統括する経営陣も、クライアントや顧客のニーズを満たす必要性について十分承知している。結局は顧客満足こそが収益企業の生命線なのだ。ゆえに、企業アーカイブにアクセスしようとする個人が、顧客として、かつ、関心を有する一般市民として尊重されることは間違いない。したがってアーカイブ内の情報はアクセスを求めてきた人には**可能な限り**提供される。たとえアーカイブへの訪問自体は認められなくても、時間と資源の許す限り、そして機密性と事業上考慮すべき事項が障害とならない限り、ほとんどのアーキビストは情報提供の努力をするだろう。

それこそが重要な鍵である。企業アーカイブの存在意義は二つある。最も重要なのは事業の繁栄のため、そしてもう一つは歴史的記録を通じた公共の利益のためだ。閲覧依頼はこれらを念頭に置き、かつ、この順序に沿って判断する必要がある。企業アーキビストは所蔵する記録の社会的、文化的、そして歴史的な重要性を理解している。そして我々は、必要としている人々の手に情報が届くよう、できる限りの努力をしている。しかし、企業内部の利用者や親組織に不利益を及ぼすようなことをしてまで外部に情報を提供してはいけない。我々は常に事業と事業に携わる人々のニーズを満たすよう務めなくてはならない。そして自らの組織とそこで働く人々に専門家として誠実に対応できてこそ、初めて公共の利益にも役立つことができるだろう。

〔注〕

1 ディレクトリはウェブサイトに掲載されている。 http://www.archivist.org/saagroups/bas/directory/corporat.asp （参照二〇〇八年七月二日）。

2 ［訳注］アーカイブ・プログラムとは歴史的価値や証拠的価値を持つ非現用の長期保存資料の管理を担当する部署やチームを指す。またそのような部署やチームが担当する業務や役割も意味する。業務の内容には資料の収集、受け入れ、整理、保存、提供、活用等がある。

3 Elizabeth W. Adkins, "Philosophies of Access: A Corporate Archivist's Perspective," presented at the Midwest Archives Conference, May 3, 1996.

4 ［訳注］共著者のひとりで会議での発表者タウジー氏を指す。

5 ［訳注］ウェブ上のオークションサイト。

6 深刻な人員資源不足のため、現状ではフォード・モーター・カンパニーは外部からのアクセス依頼を全く受け付けていない。

7 二〇〇一年に終了したフォード・モーター・カンパニーの第二次世界大戦に関する調査に関連する情報は以下のウェブサイトで閲覧できる。 http://media.ford.com/events/fw_research.cfm （参照二〇〇八年七月二日）。

8 フォード・モーター・カンパニーは企業アーカイブズ・プログラムを維持すると同時にアーカイブズ史料を外部文書館であるベンソン・フォード・リサーチ・センター（ザ・ヘンリー・フォード内に所在、the Benson Ford Research Center at The Henry Ford）に寄贈している点で企業アーカイブズの中でも特異な存在だ。この変則的な処遇は同社をとりまく様々な状況の結果生まれたものであり、歴史と社会における同社に対する高い評価および同社のアーカイブズ・プログラムに対する、同社のサポートの浮き沈みを反映した結果でもある。フォード・モーター・カンパニーのアーカイブズについての追加情報は以下を参照のこと。Elizabeth W. Adkins, "A History of the Ford Motor Company Archives, with Reflections on Archival Documentation of Ford of Europe's History," Hubert Bonin, Yannick Lung and Steven Tolliday, eds., *Ford, 1903-2003: The European History* (P.L.A.G.E., Paris, 2003), pp. 27-67.

第六章　アーカイブのアクセス――利用者の経験

日本のアーカイブへのアクセス――日本近現代史研究者の視点から

シェルドン・ガロン

私は日本の戦前・戦中・戦後史の研究者である。過去三〇年に渡って、政府・民間両方の様々な日本のアーカイブを利用してきた。当然ながら、限られた数の主題しか研究してきておらず、またそれらアーカイブのごくわずかの部分しか利用していない。したがって、日本のアーカイブへのアクセスについて一般論を述べるのはためらわれる。

しかしながら、我々の議論に二つの面から貢献できればと考えている。第一に、政治史学者であるにもかかわらず、私は日本の学者が普通は政治史の分野に含まれるとは考えない、幅広い主題を研究してきた。労働・福祉史や女性と政治、新興宗教、生活改善運動、公娼などが含まれる。現在は、一八〇〇年以降、日本やその他の国がどのように人々の貯蓄を奨励してきたのかに関する本を執筆している[1]。

第二に、この本は本質的に国境を越えた、世界的な歴史であるため、私はいくつかの国の文書館で研究を行った。最良の資料のいくつかは英国や、米国、シンガポールの国立文書館（National Archives、イギリスは旧公共記録保管局（Public Record Office））で見つかった。また、ベルギー、フランス、マレーシアの中央銀行や銀行組織のアーカイブでも資料を読んだ。研究の範囲を文字資料にとどめることはせず、数多くの貯蓄キャンペーンのポスター、写真、その他の画像の複製も集めた。国境を越えた研究経験から、私は日本のアーカイブへのアクセスの問題に独特な、比較展望的視点を引き出すことができる。そこで、以下のような点について述べたい。

私の知る限り、日本のアーカイブは性別によって利用者を差別することはまれであるが、あからさまな差別の経験が一度ある。一九九〇年代半ばに、有名な主婦雑誌『主婦の友』の戦前・戦中の刊行号を読むため、特別許可を得なければならなかった。他の図書館ではそのバックナンバーを探すのが困難だったのである。財団法人石川文化事業財団お茶の水図書館内でそのことに関して説明したところ、主婦の友社のアーキビストは、男性は通常の閲覧室でそれを閲覧することは許可されないと強く主張した（恐らくは、若い女性を危険にさらすかもしれないということからだろう）。交渉の末、本館から切り離された特別な部屋で閲覧することを許可された。いかなる文書館であっても、何故そのような理由で男性―あるいは女性―を差別するのか、私は理由を見出せない（実際、日本女子大学と婦選会館では、自由にコレクションを利用することができた）。主婦の友社がこの考え方を変えるよう望むところである。

他にも、日本において、政府文書へのアクセスは、それぞれのアーカイブの状況、訪問者の身分、また訪れる時期によって大きく異なるということがわかった。牟田昌平氏、加藤陽子教授が発表で指摘したように、最近まで、日本の国立公文書館は、多くの歴史研究者に限られた範囲で利用されているだけであった。私自身、戦前における閣僚レベルの委員会の議事録を閲覧するため、国立公文書館を利用したことがある。それでも多くの場合、個々の省庁の図書館や文書室にも足を運ばなければならない。コレクションをとりまくこのような慣行は、様々な政府機関の文書を中央の保管場所一箇所に集めるという、イギリスやアメリカの国立文書館のそれと対照を成す。とはいえ、そのうちいくつかのアーカイブ、とりわけ外務省及び防衛省のものはかなりアクセスしやすく、広く学者に利用されている。

その他の政府のアーカイブへのアクセスは、個々の取り計らいによる。この点においても、日本政府のアーカイブは、誰でも文書を利用できるイギリスやアメリカの国立文書館と対照的である。影響力のある退職者が親切にも私を紹介してくれたこと、また一流大学の大学教授であるという社会的地位によって、私自身は素晴らしい待遇で利用できた。一方で同じ文書を利用することができなかったという研究者たちがいることを知っている。場合によっては、外国人の学者（特にアメリカ人学者）であるという身分から、普通の日本人学者にも非公開だったかもしれないコレクションを利用する許可を与えられたと思う。

この一〇年間で、主に日本政府の三機関のアーカイブ・図書館で研究してきたが、その私の経験を話したいと思う。大蔵省（現在は財務省）は図書館・文書室を両方持っている。私はその図書館を素晴らしい待遇で利用でき、他の学者らもこの図書館を簡単に利用できたと思われる。一方で、一般人はこの図書館を容易に利用できるようではなかった。大蔵省のアーカイブ（大蔵省文庫）は、「昭和財政史資料」を含む戦前・戦中・戦後文書の類のないコレクションを所有していた。これら未出版の資料を読むことで、私は省の貯蓄奨励政策をかなり詳細に再構成することができた。見たところ、外国人・日本人の他の学者は、これらの文書を利用する許可を得るのに私よりも苦労しているようだった。退職した元財務担当閣僚を紹介してもらう良い機会を得た私は、幸運であった。また、当時私は大蔵省財政金融研究所（現在は財務総合政策研究所）に所属していた。

日本銀行のコレクションは、二〇〇一年の情報公開法が思わぬ影響を与えた興味深い例として挙げられる。

日本銀行図書館は、高度な専門技術を持つ職員を配置している。一般人に対し完全に公開されているかは定かではないが、比較的容易にアクセスできるようである。情報公開法は局の質・アクセス共に向上させるのに重要な要因になっていると教えられた。しかし、日本銀行図書館は私が必要とした戦前・戦後初期のパンフレットを所蔵しているが、情報公開法の制定によって、私自身のその未出版資料へのアクセスは悪化した。一九九六・一九九七年に貯蓄奨励の研究を開始した当初、私は日本銀行内に設置された貯蓄広報中央委員会の「まさに機能しているアーカイブ（working archives）」への特別なアクセスに恵まれた。しかしながら、情報公開法が施行された後、ほとんどすべての貯蓄奨励資料が保管設備へ送られた。おそらくこれは一時的措置であったのだろう。しかし、二〇〇三年に訪れた際、職員は、私が以前調べたどの資料も見つけることができなかった。

逓信総合博物館は戦前の逓信省及び旧郵政省（現在は総務省の一部）のコレクションを保管している。ここで述べた三つのアーカイブの中で、一般人が簡単に利用できる唯一のコレクションである。文書に加え、郵便局及び郵便貯金キャンペーンのポスターも多く保存している。実際、ポスター・コレクションは日本政府のアーカイブの中でも類のないものであるかもしれない。なぜこの文書館だけが、異例なことに、一般人が利用しやすいのだろうか。その答えは、私が思うに、逓信総合博物館は他国の郵便博物館をモデルにしているからであり、そういった郵便博物館には、一般人、とりわけ切手収集家や、元郵便局長、その他郵便局員にサービスを提供する長い伝統がある。

これら三つのアーカイブにおけるアクセスを概観してきたが、日本政府のアーカイブにおける一般的問題の私的考察を述べたいと思う。まず第一に、国立公文書館やその他のコレクションは、保有する戦前・戦中資料を増加させることにおいて素晴らしい発展をしてきたが、研究者たちは戦後資料へのアクセスを困難と感じている。イギリスあるいはアメリカのように三〇年原則（あるいは同程度の期間）を採用するよりは、日本の文書館は利用できるものと利用できないものについて、一九四五年を境として設定しているようである。なぜ「戦後」期が六七年にも及ぶ現在において、一九四五年が大きな意味を持つ年として残っているのだろうか。

第二に、警察のアーカイブは都道府県庁内の他の機関の資料とは異なる扱いを受けているのではないだろうか。私の経験はもう何年も前のことで、現在とは異なるかもしれないが、一九八〇年代後半、埼玉県立文書館で戦前の警察文書を見つけようとした時、警察のアーカイブは一般的に非公開のままになっていると言われた。これはまだその通りなのだろうか。他の都道府県の文書館においてもそれが慣行なのだろうか。

最後に、保存されるべき「重要な」文書としての資格を与えるものは何であろうか。国立公文書館や省庁の文書館は現在、外交政策や、日米関係、他のアジア人に対する戦時中の日本の行為に関連した文書に注意を向けているだろうか。歴史上の、国と日常生活とのつながりに関する、一見上はより世俗的な問題についての文書はどうだろうか[2]。例えば、アーカイブは地方の婦人会あるいは隣組に関する多くの文書を含んでいるだろうか。また、アーキビストは政府が発行した家計簿や、チラシ、ポスターのようなもっと毛色の異なる、しかし重要な資料を集めようと努めているだろうか。

私の意図するところは、日本政府のアーカイブの現状について批判することではない。歴史家は過去を再構築することにおいて、常に臨機応変でなければならない。そして、我々は必ずしも為政者による機密文書を調べる必要はない。我々は多くの場合、古い新聞や官庁の機関誌を読むことから、あるいは聞き取り調査をすることから学ぶことができる。とはいえ、利用者としての私の見解からすれば、イギリスやアメリカで長く実践されているように、日本の国立公文書館が政府記録をアーカイブとして一括して処理するようになる時を心待ちにしている。

二〇〇七年九月二五日

〔注〕

1 Sheldon Garon, *"Keep on Saving": How Other Nations Forged Cultures of Thrift When America Didn't* (Princeton: Princeton University Press, forthcoming).

2 これらの問題に関する議論については以下を参照。Sheldon Garon, *Molding Japanese Minds: The State in Everyday Life* (Princeton: Princeton University Press, 1997).

利用者から見た日本の文書館資料へのアクセス

フィリップ・ブラウン

◇日本の「文書館（archives）」の利用経験

私は近世、特に徳川時代（一六〇〇年から一八六八年頃）の地域・地方行政、また農村生活を研究するために日本の文書史料を約三〇年間使用している。はじめに最も関心を寄せたのは、大名の領地である藩の政策と組織、またその村との関係であった。最近では、日本語ではよく割地（わりち）と表現される、耕作地の村による管理の構造に注目している。これら二つの研究課題のため、過去一〇〇年間における数多くの都道府県史・市町村史の中で公開された文書史料を活用する。それに加え、北陸地方、特に現在の石川県・富山県・新潟県の全域にわたって、地方文書館や図書館、そして地方史編纂室や博物館にある原史料（manuscript）も利用してきた。このような概要からもわかるように、私はたびたび公的に文書館として組織された場所以外でも史料（document）、特に原史料を見つけてきたのである。

◇「私文書」としての「公文書」

最も頻繁に拠り所としたのは、伝統的な村長と十村組（あるいは組）の肝煎（きもいり）の史料であった。本来極めて公共性の高いものであるにも関わらず、明治（一八六八－一九一二年）以前に役人であった家によって所有されたこれらの史料は、日本の法律と慣習によって、私文書として扱われている。これらの資料には、ほとんどのアメリカ人にとっては純粋に公共のものと考えられるような、例えば藩の法律・村掟・判例の写本や、村の資源（例えばその土地で捕られた魚、敷物や雨具を作るためのイグサの採取場所、木炭製造のための樹木など）の目録、村民に対する土地やその他の税の割り当て、宗教に関する記録、またそれに類する記録が含まれている。多くの場合、家の文書は私文書であるというこの考え方は藩政文書にも適用される。広く報道された最近の事例では、対馬藩主の子孫である宋家が、徳川時代に朝鮮半島と日本の関係に重要な役割を果たした対馬の行政に関わるコレクションを市場に売りに出した。前世紀に多くの藩政文書が一般に公開された一方で、かなりの数の地域史料コレクションが民間コレクションともいうべき形で残っているのである。これらは通常、一般市民にも、またプロフェッショナルな歴史研究者にさえも公開されていない。

◇日本における民間コレクションの位置づけ

そのような民間コレクションの数について正確な統計はわからない―東京大学や国文学研究資料館による、そのような記録を集める広範な取り組みもあるが、完全とはいかないようである―が、明治維新後、間もなく数年にわたって行われた地方改革の町村合併の概要は示唆的である。明治維新の年、一八六八年当時、日本には五〇〇〇〇を上回る程度の村があった。各村々は、ほとんどの地域で村長によってまとめられていた。これは当時、控えめに言っても、それぞれの村長に関する資料から成る民間コレクションが約五〇〇〇〇以上も存在したということを意味する。さらに、十二から一二〇の村から成る、おそらく一〇〇〇以上の十村組（組）の長がおり、彼らはその行政責任に関連する自身の資料コレクションを保持していたのである。

どれだけの資料がこの種のコレクションの中に存在するのか、体系的な評価を下すのは難しいことである。平均をとると、コレクションは、それぞれ一〇〇〇〇から五〇〇〇〇点ほどを含んでいる。あるアメリカ人の年輩の研究者仲間が何年か前、日本の地方を巡り、大きな古い家の戸をたたいて、ひょっとして何か古い文書を持っていないかと尋ねるのを常としていた。ある時、そこの家長は少し考えて、「はい、うちには貴方が興味を持たれるような資料がいくつかあるかと思いますよ。」と言って、その研究者を高さ約二メートル、幅と奥行きが五・六メートルほどの小屋へ案内してくれた。その小屋は、資料がすし詰め状態だったのである。実際、ぎっしりと積み重ねられていたため、言ってみれば、その資料が壊れそうな壁と小屋の屋根を支えていた。雨水による腐食や虫食いのために、その古文書の山は、すべての側面が数十センチも取り除かれており利用不可能ながら、利用できるものは、点数では五〇〇〇〇点ほどが残っていた！このような例も珍しくはない。

その私有という性質にも関わらず、これらの民間コレクションは日本において盛んな地方史産業に、非常に豊富な基盤を築いている。公式及び非公式の地方史や個人史（たとえば、刊行されていない家族の歴史や産業史）の編纂は、徳川時代の村がより広範な村や町に急速に整理統合されたり、既存の町や市に合併されるにつれて、十九世紀の終わりに急ピッチで進んだ。戦後はそのような記念地方史、多くの場合一冊が一〇〇〇ページほどの厚さで一〇から二〇冊にもなるものが盛んに作られた。それぞれがかなりのページ—多くの場合、地方史全体の三分の四かそれ以上—を割いて、歴史資料の翻刻や文書史料の目録を掲載している。このように、たとえ私的に所有され続けたとしても、これらのコレクションはある程度、半公共・半「公開」のものとなるのである。

そのような（地方史）出版への取り組みが、資料の保存にもつながると考える人もいるかもしれず、ある程度までそれは事実である。地方史のために集められたいくつかの資料は、公共機関に寄贈された。その他の例では、公共機関が後の利用のために、マイクイロフィルムあるいは複写を作成・所有し、原本を持ち主に返却することもあった。地方の教育委員会事務局などのような、公共の保存場所によるこのようなパターンのコレクションは、今日ますます増えている。しかしながら、この分野の専門家によれば、「価値がありそうな」資料だけを複写した後、系統的な評価や選別なしに廃棄されてしまったコレクションの例もあるらしく、私自身も刊行された資料の原本を探し求めても見つけられなかったことがある。

たとえ資料原本あるいは写しが公共機関によって保有されているところでも、利用には制限がつく場合がある。いくつかの制限の中心にあるのは、プライバシーの問題である。アメリカ人学者・ロナルド・トビー（Ronald Toby）は、データを所有していた村や家族を特定しないという条件の下、古文書の閲覧を許可された一九八〇年代にも、世間体に関わるデリケートな問題として残っていたのである。他にも、歴史上、農村社会における職業身分に分類されない人々（穢多・皮多、あるいは近代の専門用語では部落民）の存在も、閲覧許可に躊躇する理由のひとつにあげられる。部落解放運動によって、差別問題に対する反応が過敏となり、またそれが、アクセスの制限にもつながる。これらの少数派の人々は、身体的には他の日本人から区別することができないため、普通、居住の近隣性がその集団の特定に使われる。そのため、旧来の素姓は広く知られていなくとも、資料の公開が、地域社会を分断する可能性のある問題を呼びおこす心配がある。

結果として、研究や地方史の編纂は、多くの資料コレクションに脚光を当てる一方で、その資料を本当の意味で公共のものとできないことが多くある。一般的に近代的な文書館アクセス（modern archival access）には関連しないためアメリカ人がもはや無関係と考える問題も、日本では懸念として残り続けるのかもしれない。何が利用可能であるべきという判断について、日本とアメリカでは異なる価値観が根底にあるのは明らかである。

◇検索手段《ファインディング・エイド》

そのような史料コレクションで検索手段が利用できる可能性は、必然的にさまざまである。地方史編纂室は、自らが利用するために古文書の索引（index）を作成し、大抵の場合、その索引のコピーは、資料を返却する際にコレクションの所有者に渡される。しかしながら、そういったものは一般的には公開されない。また、このような索引はその内容もそれぞれ大きく異なる。これらは通常、同じ地域で他の地方史のために資料の索引を作成する中で用いられた先例にならっている。

結果として、これらのコレクションへたどり着く私の最善策は、人脈である。主として、特定の市町村あるいは地方史について研究している、または研究したことのある研究者仲間が、地方史編纂室の連絡先を提供してくれる。索引と合わせて、研究者仲間あるいは紹介された人物のコレクションに関する個人的な知識が、興味を持った資料への最も一貫して役立つ手引きとなってきたのである。

◇二つの極端な対応例が示すアクセスの問題点

概して私は、地域文書館・コレクションへ、とても温かく、親切に迎えられてきた。地方史編纂室の場合は特にその通りで、そこで働く人々はとりわけ寛大で、よく助けられる。時折、私的に所有されたコレクションへのアクセスを援助してもらえる場合もある。

一方、私が文書史料にふれた経験の中で、アクセスに関して重要な問題を示唆する例が、二つある。ともに、私が日本でごく早い段階に経験したことである。これから紹介する出来事については、すべての関係者がずっと以前に引退している。よって、この二つの話をすることによって、誰かに迷惑をかけることはない、と言えると思われる。

まず最初の例であるが、私の経験はまさに思いも寄らぬ大胆でワクワクするものであった。私はいくつもの古文書の写真を撮りに、ある地方の大学図書館へ出かけた。そこで、私の機材が壊れてしまったのである。壊れた時、コレクションの管理者（一緒にその保存場所の書棚へ同伴した人物）が、私の所属する日本の大学にその古文書をマイクロフィルム化する設備はあるかとだけ聞いてきた。私は、はいと答えた。すると、「ほら、貴方は大きな鞄を持っているじゃないですか。必要な古文書をその鞄に詰めて、貴方の大学でマイクロフィルムにしたらいかがですか。終わったら、またこちらにお持ちください。」かなりの不安にかられながら、私はその通りにした。十七世紀・十八世紀、そして十九世紀初頭の資料たちにしっかりとしがみつき、何かが、列車事故や似たような災難が起こらないことを念じていた。貸出し許可書もなし、警備もなし。そこにあるのはただ人間への信頼だけであった。

日本での同じ研究旅行中、かなり異なる経験もした。私は金沢市立図書館にあった十七世紀中期における、加賀藩内のすべての村の納税記録（＝村御印）を複写したいと思っていた。それらを自由に閲覧できたが、複写はしないようにと言われたのである。これは私が資料を損傷するかもしれないという懸念からではない—私はマイクロフィルムのコピーから印刷ができたのである。原本を扱う必要性はなかった。懸念されたのは、私がそのコピーをアメリカへ持ち帰って販売し、その結果、日本の所有権に関する法律を違反して大金を稼ぐということであった。もちろん、そのような心配は事実無用のものであった。少し交渉した結果、私は七枚に一枚はコピーをとってもよいということになり、実際にそうしたのである。

数年後、また別の研究旅行で再び日本を訪れた私は、持参した三五ミリカメラを使って、もっと多くの資料を複写しようと考え、途中で同じ文書館に立ち寄った。三脚を設置して、作業を始めた後、新任のコレクションの主任が、私の作業について尋ねてきた。何を撮っているのか説明したが、その時点で彼はこう言ったのである。「この資料が複製されたマイクロフィルムのリールを専門家に送って、リールからリールへマイクロフィルムを丸ごと全部複製してもらいませんか！？」

総合すれば、地方文書館の保存とアクセスの基準には幅広いバリエーションがあることが、この二つの出来事からわかる。一方の事例では、アクセスは過度に制限され、他方では、アクセスは明らかに規律がなさ過ぎ、自由すぎる。また、両方の事例は、一貫した適切なアクセスの基準の設定という問題を提起している。資料の適切な保護・保存が、何によって成り立つのかという疑問を、ともに投げかけているのである。

私が使用する資料は、国家安全保障、あるいは大部分では、プライバシーの問題さえ提起するものではない。しかし、これらは現代の歴史研究者が特に重要だと考える資料である。何故なら、その資料によって我々は過去の庶民の暮らしや、日々機能する社会を理解することができるからだ。今日の歴史研究者は上流の人々やその活動だけに関心を払っているのではなく、むしろそういった階層の歴史に重点を置くことさえしない。我々は普通の人々と彼らが生きた社会について知りたいのである。

◇今後の方向性？

ますます多くの地域文書館（市立・県立ほか）が存在し、また建設されている一方で、どのようなアクセス・管理の原則がこれらのコレクションに適用されるかということが、まだ問題としてある。アクセスはある程度限られた予算との相互関係があり、それは主に人手不足という課題で表れる。なぜなら、一般的に職員を配置するよりも、設備を提供するために資金が回されるためである。それにもかかわらず、コレクション索引を作成する標準であれ、選別基準であれ、複写規定であれ、アクセス原則であれ、アクセスは他の組織的な要因に影響を受けており、一貫した「ベスト・プラクティス」を推進する必要がある。地方の専門家を、東京での研修に参加させるプログラムがあるが、他のアプローチが考慮されてもよいのではないか―たとえば専門家を地域・地方のセミナーに派遣する、ウェブベースのセミナーを実施するなどの選択肢もある。

近年、日本とアメリカ両国で、資料をネットワーク上に置くことに対して、かなりの注目が集められているが、そのような試みは図形的要素を強くもつ資料、その視覚的側面がその資料の意味を伝えるのに必要不可欠なもの、例えば、本書第五章でガロン教授（Sheldon Garon）が紹介している戦時中の貯蓄を促すポスターなどのような例に制限されるべきだという強い希望を、私は持っている。学者が最も助けられるのは、何がそのコレクションの中にあるのか、それが文書館へ足を運ぶ価値のあるものなのかを判断するのに役立つ目録などの検索補助手段が、オンラインで提供されていることである。場合によっては、テキスト文書へのオンライン・アクセスも役立つが、私が今オンラインに載せられているのを見るほとんどの種類の資料については、普通、複製が出版されており入手可能である。これらの取り組みは往々にして過去の出版物の重複となる。その一方で、検索補助手段をインターネット上で提供することによって、コレクションへのアクセスが容易になるのである。

本書第四章で松崎裕子氏が指摘したように、研修や教育を提供し、ベスト・プラクティスを普及させる必要がある。やるべき課題は大きなものである。多くの原史料や他の文書館資料は、検索手段が準備されず、事実上、利用者がアクセスできないまま、ただその保存場所に眠っているだけなのである。訓練を重ねた専門家を雇用する費用は計り知れないものだろう。そのような場所では、訓練を受けた専門家の代わりに、中核となるアマチュアを養成することが可能であるはずだと私は考える。訓練を受けたアーカイブの専門家はチームを率いたり、また専門家としての指導を与える場合もあるだろうが、もし文書館資料を整理し、それらへのアクセスを高めようとするならば、彼らだけに任せるには、そのニーズは単純に言って大きすぎる（日本は既に、建設計画中に発掘された出土品の目録の作成において、同様の慣例に従っている。それらの慣例は、安価で適度に効果のある方法で文書館資料を管理するためのモデルを提供するかもしれない）。完璧な解決策ではないが、それでも、これは今日の地方の資料保存場所における状況に改良を加えるだろう。

そのようなプログラムと関連して、アーカイブの専門家団体が、個々に、あるいは一致協力して、高等教育での学位プログラムとは別に、専門家としての業績や研修を認定する独自のプログラムを展開することも可能かもしれない。地図作製をコンピュータ化するための地理情報システム（ＧＩＳ）の世界では、専門家が専門的知識を認定するための、柔軟性のある一連の基準、すなわち公式の学位プログラムにおける訓練（技術系の学校や大学学部プログラム、大学院プログラム）と同様に、実践的経験とワークショップでの訓練の価値を認める基準の必要性が認識されている。日本でも、同様の専門家たちが日本のＧＩＳを実践している人のための基準を整備している。これらのプログラムは、アーキビストが自らの努力で日本のアーカイブ資源を管理するための効果的でより統一的な標準化を促進する上で、検討し基礎とすべきモデルとなるのかもしれない。

◇結論

日本における三〇年間の研究経験で、私は日本のアーカイブ資源の整備と管理において、大幅な変化と改善を見てきた。これまで、それらから恩恵を受けてきたし、今日も受け続けている。このような会議は、歴史的な日本資料の保存を改善し、それらへのアクセスを促進するための継続的な努力の一部であると、私は見ている。その会議に参加できたことを、とてもうれしく思っている。

アメリカの公的文書館史料を利用する立場から

大津留（北川）智恵子

◇はじめに

民主主義が積極的な意味で機能するために最も重要な要素の一つは、その社会を構成する人びとが等しく情報を共有した上で、公共政策に対して合理的な判断を行うことである。その意味で情報へのアクセスが広く一般の人びとに対しても確保されているだけでなく、必要とされる情報そのものが公的な責任において収集され続けていることは、民主社会の根幹を成している。

アメリカの民主政治は、国立公文書館をはじめとして、公的な資金を投入しながら史料の収集・保存がおこなわれる仕組みの上に成り立っている。このように情報へのアクセスが保証されるアメリカ政治を研究対象とすることは、研究環境としてはこの上なく恵まれていると言えよう。

本シンポジウムでは、史料の入手、選別、保存という流れに沿って、アーキヴィストの立場から問題点や課題が指摘された。以下では、この流れを逆に追いながら、保存されている文書を利用する者の立場からの制約や希望を指摘していきたい。

◇国立公文書館の利便性

利用者が一番に手にするのは、膨大な史料を実際に手にするための検索ツールである。近年の情報技術の進展に伴って、現在ではインターネット上でカタログ検索が行えるようになっているため、日本にいながらにして入手できる史料の概要を知ることができる。しかも、それぞれの大統領図書館に備えられている史料を含め横断的に検索することができるため、調査計画を非常に効率的に立てることができる。筆者が初めて国立公文書館を利用した一九八一年には、紙ベースの検索カタログを繰っていたと記憶しているので、想像もつかないほどの変化である。

文書館の研究利用とは異なる次元であるが、現在では写真だけでなく文書そのものが画像ファイルとしてインターネット経由で入手できる場合が多い。このように史料が文書館まで足を伸ばすことなく手に入ることで、講義の参考資料として当時の生の史料を学生に提供できる機会も増している。

しかし、文書館の史料の持つ意味には、デジタル化された利便性では覆い尽くせないところがある。検索カタログをアナログ的に繰るという作業は、一見非効率的に見えるかもしれないが、キーワード検索ではすり抜けてしまっていた史料に思いがけなく行き着く場合もある。また、文書の作成主体や政策分野などの分類方法によって綴じられた検索ツールは、それ自体が読んでいておもしろいデータとなっている。

最新の情報技術を活用しながらも、アーキヴィストが専門的な立場から分類した検索ツールの利点も取り入れ、複眼的に史料を検索することが研究者に必要となっている。

◇情報開示の政治性

文書館に保存されている史料であっても、利用者にはアクセスが制限されているものがある。アクセス制限の範疇の主たるものとして、プライバシー保護と国家安全保障上の理由が挙げられる。筆者のように政策決定が研究対象である場合には、プライバシー保護の問題に直面することはほとんどない。が、シンポジウムの報告では電子手帳のフィルタリングの例を挙げながら、公人の私的なデータの取り扱いに触れていた。たとえば手帳に記された一日の予定の中で、全く私的な範疇の面談であるか、公的な意味合いを秘めた面談であるかの線引きは、容易に行うことはできない場合がある。個人に焦点をあてて政策決定を研究する場合などは、公人のプライバシーが研究者にとって大きな壁となりうる範疇であろう。

筆者がより多く直面する制限は、国家安全保障上の理由で、冷戦期の史料はその典型であろう。国家安全保障上の理由でアクセスを制限するかどうかの判断は、その政策の担当部局がおこなうとのことであるから、その意味で研究者もアーキヴィストも同じ側に置かれているといえよう。

しかし、そもそも公的文書館が存在する第一義的な意味は、研究者の必要を満たす以前に、上述したように民主政治の機能を担保することにある。したがって、政府が国家安全保障上の理由という総括的な範疇で情報を秘密にしておくことは、民主的な監視機能を損なうことになり、民主政治そのものが成り立たなくなる危険性をも秘めている。一九七〇年代に議会が秘密工作をめぐり公聴会をおこない、結果的に情報委員会を設立して秘密工作の決定過程や予算内容に監視機能を盛り込もうとしたことは、国家安全保障上の利害と民主政治の利害を可能な限り両立させようとする試みであった。

そうした中から、ある情報へのアクセスを制限することに疑義が持たれる場合、それを開示させる仕組みを人びとに与えようとしたのが、一九六七年成立の情報自由法（ＦＯＩＡ）であった。しかし、アメリカ国内に短期しか滞在しない外国人研究者にとって、結果が出るまで時間のかかる情報公開法を利用して必要な情報を得ることは容易なことではない。その点、非営利団体として組織的に情報開示に取り組むNational Security Archiveのような試みは、アメリカの民主政治を守る目的ではあるものの、研究者にとっても貴重な貢献をしている。

それでも、開示が積極的におこなわれたかというと、そうではない。たとえば、筆者が入手したレーガン政権によるニカラグアへの機雷敷設をめぐるメモは、National Security Archive による情報公開請求に基づいて開示されたものであるが、何ページにもわたって黒塗りの部分が続き、ほとんど開示の意味をなしていなかった。また、二〇年も前におこなわれた開示請求が、未だに応じられていない例も指摘されている。

冷戦終結後の外交を担ったクリントン政権下では、国家安全保障の前提が大きく変容したため、従来アクセスを制限していた国家安全保障関係の史料も含め、予見しうる危害がない限り開示するという、開かれた政府に向けた政策転換をおこなった。ところが、九・一一が生じ、アメリカにとっての安全保障が新たに定義される中で、ブッシュ政権は既に開示されていた史料へのアクセスを再び制限しただけでなく、過剰反応とも言えるほどに機密主義的な政策を採った。たとえば、インターネット上で公開されていた政府の建物の見取り図は、テロ対策として削除されていった。また、冷戦期の遺物と思われていた原子力政策をめぐる情報も、テロリストに利するという理由で機密化されていった。

このように、情報の開示が政治的な状況に大きく左右されて運用されている現実は、アメリカ政治の民主性を保つための機能そのものが、政治的な恣意性のもとに操作されてしまっていることを示している。筆者が二〇〇七年夏に開いた一九五〇年代の対ラオス政策のファイルにおいても、国家安全保障上の理由で何枚ものメモが抜き取られていた。誰のどのような利害を守るために、こうした操作がなされているのかが明らかにされていないことは、研究への支障という以上に、アメリカ政治の根幹に関わる問題だと言えよう。

◇史料の価値の多様性

検索によってたどり着くことができる史料は、文書館に保存されたものが母集団となる。逆に言えば、文書館で保存されていない史料は、実際に存在していた史料であっても、検索で入手することはできない。シンポジウムでは、アーキヴィストの専門的な判断によって、収集された史料の価値が定められ、保存される文書と廃棄される文書に選り分けられる過程が論じられた。文書の種類によってその重要性がほぼ判定できるというのが、職業的な訓練を受けたアーキヴィストの判断根拠となっている。

しかし、研究者の個別の研究課題は、時としてそうした一般化された判断基準には合わないこともある。歴史研究の場合は、既に文書館にある資料が史料的限界を自ずと形成しているが、同時代的なテーマを扱っている場合には、リアルタイムに調査をおこなった時点で存在を知っている書類が、現役を外れて文書館へ送られて史料として選別される中で、保存に値するものではないと判断されて廃棄されることも起こりうる。

もちろん、無制限に史料を保存することが物理的にも財政的にも不可能であるという状況のもとで、最大限の必要性に対応できる一般的な原則によって史料の取捨選択がなされることは、非常に合理的なことである。そして、個々の研究者の関心とアーキヴィストの判断がずれることがあっても、それによってアーキヴィストの判断に疑義を唱えることではない。むしろ、研究者の側が、文書館にある史料が決して自分の調査の外枠を規定するものではないという認識のもとで、入手可能な史料を最大限に利用する心構えが必要であろう。

◇おわりに―史料保護という文化

シンポジウムでは、民間機関において史料を保存するということの価値が十分に浸透していない点が指摘されていたが、公的機関においても必ずしも十分な理解が共有されているわけではない。特に、一つの部署が継続的に史料の保存を担当していない場合には問題が生じることがある。その端的な例が、政権交代の際に生じる情報の紛失である。中には、政治的な対立から意図的に情報が抹消される場合もあり、研究者の立場からのみでなく、アメリカの民主政治という点からも大きな問題を投げかけている。

こうした情報の紛失の問題は、情報が電子的に作られ、保存されるという近年の傾向によって拍車をかけられている。紙ベースのメモではなく、電子メイルで意見交換がおこなわれたり、手書きの修正に基づいてタイプで打ちなおされる文書ではなく、コンピュータの画面上で上書きされていく文書ファイルが用いられるなど、政策決定の一つ一つの過程を綿密に記録として残していくことが、ますます困難になっている状況がある。

犯罪行為としての意図的な改ざんに至らないまでも、政策決定という公的な意味をもつ作業に関わるものの最低限のモラルとして、その過程が史料によって検証される重要性を理解し、民主政治の存続のためにも、史料保護の文化が共有される必要がある。

史料保存が進んでいるアメリカですらこれだけの課題があるということは、後発の日本においては、さらに積極的に史料を保護するという文化を広めていく必要性があることを意味しているだろう。

参考文献・サイト

宇賀克也『情報公開法―アメリカの制度と運用』（日本評論社、二〇〇四）。
National Security Archive　http://www.gwu.edu/~nsarchiv/（参照二〇〇八年五月二日）。

アメリカのアーカイブスへのアクセス―教会の資料の場合

小檜山　ルイ

大学院の博士課程の頃から、アメリカの文書館を使いはじめ、アーキビストとライブラリアンには本当にお世話になった。あるアーキビストは、日本から訪ねて来た私には、文書館に通う交通手段が十分ないということで、自宅に泊めてくださった。これは特別なことだったが、総じて、アメリカ合衆国のアーキビストとライブラリアンは素晴らしいという感嘆と感謝の気持ちを持っている。資料の検索、使用許可等に確固としたプロ意識を持っており、どこに、どのような資料が存在するかという情報は、アーキビストとライブラリアンに帰属する「知」である。研究者は、その協力なしには、研究遂行は、不可能である。

日本において、アーカイブスを利用した経験が多少あるが、それはアメリカでの経験とは随分異なっていた。私が利用した資料館にはプロのアーキビストはおらず、研究員が研究の合間に資料の貸し出し業務を行っていた。アメリカと同じ調子で、初対面の人に、一研究者として資料について教えてもらおうとして、適わなかったことがある。日本では資料の性質や所在についての「知」が研究者の研究業績の一部に組み込まれていることが多いようだ。情報の公開には、特別なコネクションや労力が必要らしい。

アーキビストの必要は、今、日本に居て、身近に感じていることでもある。私の勤務先は比較的古い女子大学で、私のように女性史を専攻する者にとっては、貴重なコレクションを多く持っている。しかし、それらは、必ずしも十分公開されていないし、私が内部の者としてアクセスするのさえ、かなり難しいこともある。別の例を思いつくままにあげると、マーガレット・サンガー[1]と親交のあった加藤シヅエが亡くなったとき、その資料を、サンガーのコレクションで有名なアメリカのスミス・カレッジが取得を望んだが、結局、お茶の水女子大学が獲得したと聞いている。日本に資料が残ったことは素晴らしいが、整理が済んで、公開されるまでには相当な時間がかかりそうである。

右のような例の場合、アーキビストという職業がもっと日本で一般化されていれば、予算の付け方の工夫のあり様が変わってくるだろうし、何よりも、公開の基準が明確にされるのに、それほど時間がかからないだろう。基準さえ、プロとしてのアーキビストの判断に委ねられれば、整理が済んだところからの公開も早まるだろう。

私のこういった、アーカイブスをめぐる問題意識は、私の研究分野―社会史を専攻し、特に女性史に関心を抱いている―にも関わっていると思う。歴史的に、女性の公的権力は限定的であったため、女性に関する資料は残りにくい。資料が残るためには、オフィスがあり、セクレタリーが居て、資料を整理し、死んだ後もそれを保存しておいてくれる、そういうシステムがなければならない。資料保存と権力には、深い関わりがある。女性のほとんどはそういうものを持っていなかった。アメリカ史の場合、女性は、各時代において、社会的に非常にインパクトのある運動を展開し、決して政治的に無力ではなかったのだが、そうした運動は、多くの場合、ボランティア・ベースで行われており、オフィスはなく、集まるときには個人の家庭で、という形態を取った。彼女たちは、多くのドキュメントを作ったのだが、それらのほとんどは個人の家庭にあった。従って、時がたつと、家の掃除の一環として、捨てられてしまったようだ。

そこには、自己認識の問題もあった。女性たちは、自分たちのやっていることが大事なことだ、将来の歴史家にとって非常に意味のあることなのだという認識を持ってない場合が多かった。ドキュメントを丁寧に取っておき、ファイリングするというプロセスに着手しなかった。いったん事が終わってしまえば、保存より、家をきれいにすることの方が大事だったのであろう。

加えて、社会的認識の問題もあった。女性の参政権運動で非常に重要な役目を果たし、女性で初めてアメリカのコインの肖像に採用されたスーザン・B・アンソニー[2]の場合、手紙をはじめとする貴重な個人のドキュメントがある時点まで保存されていたのだが、後年、親族がそれを寄贈しようとしたところ、どこも受け取り手がなく、最終的に、庭先で焼かれてしまったという。重要性についての自己認識があったとしても、それに社会的な認識が伴わなければ、資料は残りにくい。

要するに、私の扱ってきた資料群は、政府の経営する、十分な数のアーキビストがいて、公開基準が明確に定まっている立派な文書館に保管されていることは少ない。それだけに、かえって、資料保存や資料公開について大きな関心を抱くようになったわけである。

私の研究について、もう少し説明しながら、どのようなアーカイブスを利用してきたか紹介しよう。大学院生時代、私は、十九世紀にアメリカから日本に送られた女性の宣教師の研究をしていた。彼女たちは日本で多くの女学校を作ったので、各学校史などで比較的よく知られた人が多い。しかし、その経歴などはよく分からないような場合も多い。アメリカでは全く無名の女性たちなので、調べてもなかなか情報が出てこない。

今は主に、アメリカで海外伝道をプロモートした女性たちの研究をしている。こういった女性たちは、*Notable American Women*[3]という一九七〇年代に出た伝記事典に収録されており、ある程度は有名なのだが、アーカイブスに残る個人の資料は実に少ない。

特に、私はある一人の女性に注目し、これまでに、彼女の手紙の一部や雑誌記事、さらには、貯金通帳の写しまで集めてきた。しかし、それらが、ひとつの場所にまとまっているということはなく、さまざまな場所に、別の記録の一部として保存されていた。そのために私は様々なタイプのアーカイブスをアメリカで経験することになった。

その主なものをカテゴリーに分けると、次のようになる。まず、個人の家という資料保存場所。この最もプライベートなタイプのアーカイブスにアクセスしようとしたことが何回かある。

次に、女性たちが通った小学校、中学校、教会といったタイプの資料所在場所がある。多くの場合生徒の名簿などを持っている。学校の宣伝のためのパンフレットなどをとってある場合もある。

第三に、ローカルなヒストリカル・ソサエティがある。多くは町が単位となっており、町の歴史に関係する資料を保存している。

第四に、ここからが本当のアーカイブスだが、教会の持っている、例えばプレスビテリアン・ヒストリカル・ソサエティのような、教派の資料館がある。主流教派は必ず持っている。プレスビテリアン・ヒストリカル・ソサエティはフィラデルフィア、メソディストはドリュー大学、北部バプティストは、ヴァレー・フォージとロチェスターにある。

第五に、大学に付属するアーカイブスがある。イエール大学の神学部のアーカイブス、ハーバード大学のホートン図書館やシュレシンガー図書館のスペシャル・コレクション、スワスモア・カレッジのピース・コレクションなどがこのカテゴリーに入る。

第六に、財団のアーカイブスとして、ニューヨーク州のスリーピー・ハローにあるロックフェラー財団のアーカイブスがある。

その他にいくつかの公立図書館のアーカイブスに行ったことがある。それらは、基本的に公金でまかなわれているという意味では同じだが、大小様々である。

それぞれのタイプのアーカイブスにアクセスしてみると、それぞれ特徴的な案内者がいる。その案内者に導かれて、実際に資料を手にすることになる。まず個人の家の場合は、研究対象の人物の子孫であることが多い。この場合、その人が自分の祖先に関心を持っているときには、大きな力になる。宣教師の子孫に車で、宣教師が幼い頃住んでいた村などを案内していただいたこともある。しかし、子孫が先祖についての関心が無い場合は、何の手がかりも得られないことがほとんどである。

学校や教会では、郷土史家の存在が重要な導き手になることがある。アメリカの高校教師は、レッスンは行うけれども研究はしないという話もあるが、私の経験ではそうでもない。地元の歴史や、墓石の研究など、その地域の高校の先生がやっており、学校の未整理の資料を示していただいたことがある。

ローカルなヒストリカル・ソサエティに行くと、大きな町だとプロフェッショナルなアーキビストがいることもあるが、地域のボランティアが支えていることが多い。そのような歴史協会の一つを訪問したとき、偶然、地域の高校の歴史の教員をかつてしていた方に会い、私の調べていたある女性の、一〇〇歳になるかつての車の運転手に引き合わせてくださったことがあった。

教派と大学のアーカイブスには、もちろんプロフェッショナルなアーキビストが居て、さまざまな相談にのってくれる。こうしたアーカイブスで、最も大変だと感じるのは、ファンディングの問題である。特に教会のアーカイブスに行くと、十年前より今の方が明らかに資金調達が苦しくなっているのがわかる。スタッフの一部がボランティアに置き換わっていたり、資料を出すスピードも人員が少ないために遅くなっていたりする。イエール大学の神学部図書館のように、おそらく、コピーをとる人材を確保するのも大変なのだろう、研究者に直接コピーを取らせてくれるところもある。研究者にとって、非常にありがたい決断である。むろん、一方で、この場合、カタログにはあるが、紛失してしまっている資料もある。しかし、そうしたコストをふまえた上で、研究者が資料を積極的に利用できる環境を提供するという選択をするイエール大学のアーキビストの英断は素晴らしいと思う。

ロックフェラー財団のアーカイブスは、今まで行ったアーカイブスの中で一番研究環境もサービスも整っていた。研究者のさまざまなリクエストに快く応じてくれた。そのように感想を述べたところ、アーキビスト自身が、それは財政が恵まれているからだと指摘していた。

これらの経験から私がまず提言したいのは、特に日本において、アーカイブスを充実させるためには、一般向けの教育・広報活動が必要だということだ。つまり資料をとっておき、それをデポジットしておく場所に届けることが、後世のためになるという意識を、一般の人々の間に高めるということが重要だと考える。政府の文書であれば、それなりに保存されていくが、普通の人のライフこそが歴史として重要なんだという意識を高め、一般人の日記、家計簿、手紙といった資料がある程度残るシステムを作っていく必要がある。難しさはあるが、個人の家に収蔵されている貴重な資料をとっておいて寄贈するという行為を奨励し、また寄贈する場所をつくることが重要だと、社会史をやっている者としては痛切に感じている。それにはおそらく幅の広い教育活動が必要であろう。

このことと関連して不可欠なのは資金源である。それを具体的にどこに求めるか、今、提案は用意していないが、やはり資料保存と公開に対する社会的な認知度を高め、アーカイブスというものに対してお金が出るという何らかの機運を作っていかなければならないだろう。

最後に、研究者として指摘したいのは、その場で見せてくれるだけでは、研究がしにくいということだ。研究者には、コピーをして持ち帰りたい、という大きな欲望がある。コピーは不許可と言われたときの失望の大きさを、研究者の多くは知っているだろう。アーキビストが資料についてどのような判断を下すか、祈るような気持ちで待っていたことが何度かある。是非、アーカイブスの運営に際しては、研究のしやすさに配慮してほしい。

〔注〕

1 Margaret Higgins Sanger (1879-1966).

2 Susan Brownell Anthony (1820-1906).

3 Edward T. James, et al, eds., *Notable American Women, 1607-1950 : A Biographical Dictionary* (Cambridge, Mass.: Belknap Press of Harvard University Press, 1971).

第七章　日米をつなぐアーカイブ

日米のアクセスを比較して

古賀　崇

◇はじめに

今回の「日米アーカイブセミナー」での筆者の役割は、「日米専門家会議」（参加者限定）と「公開フォーラム」の双方について、第三者の立場から評価を行うことであった。本稿ではこの評価の一環として、(1)「日米専門家会議」「公開フォーラム」での議論から推察される、日米のアーカイブの共通点（特にアクセスに関する論点）と相違点、(2) 日米双方のアーカイブで共有すべき今後の課題、という二点について論じることとしたい。

◇日米のアーカイブの比較

まず、以下の通り日米のアーカイブの共通点と相違点を論じたいが、一番目から三番目の項目は共通点、ないし日米のアーカイブで共有できる論点として挙げている。一方、四番目の項目は日米のアーカイブの大きな相違点として、今回筆者が実感した点である。

◆記録へのアクセスとプライバシーをめぐる論点

今回のセミナーにおいて、プライバシーは米国のアーカイブにとって、その種類（国、地方政府、大学、企業のアーカイブ）を問わず大きく直面している課題であることが強調された。さらに、米国においては、プライバシーの保護と、公益のための記録へのアクセスを両立させることが重要である、という点も、アーカイブの種類を問わず強調されたところである。その中で、大学アーカイブを論じたマーク・グリーン氏は、米国のアーカイブにおいてさえプライバシーには過剰に反応し、記録へのアクセスに過度の制約をかけがちである、と述べた（本書第四章参照）。

一方、日本においては二〇〇五年四月に個人情報保護法が施行され、それが記録や情報の取り扱いに際して過剰反応を引き起こしたことは周知の通りである。記録に関して例を挙げると、直近（二〇〇五年）の国勢調査の調査票の未回収率は全国で四・四パーセントとなり、前回の二〇〇〇年の調査での未回収率（一・七パーセント）から二倍以上に増加したことが明らかとなった。特に東京都内での未回収率は十一パーセントにも上るという。こうした状況の一因には、「プライバシー意識の高まり」や「個人情報保護法への誤解」がある、というのが総務省での「有識者懇談会」の見解である[1]。アーカイブにとって、一般の人々や社会に関する基礎的なデータとしての国勢調査（センサス）の重要性は世界で共通していると言える。しかし、日本におけるこうした国勢調査の未回収率の増加は、当時の日本国内の様々な状況を今後遡及的に検討するにあたって、影響を及ぼすことになるだろう。また、日本国内の公文書館においても、個人情報保護法を理由として記録（歴史的資料）へのアクセスを過度に拒む例が見られる[2]。

「日米専門家会議」の中では、政治家や政府高官といった「公的人物」のプライバシーをめぐる議論があった。アーカイブの利用者からすれば、「公的人物」に関する個人情報を含んだアーカイブ記録へのアクセスを認めて欲しいだろうし、この種のアクセスは社会的見地からも積極的に認められるように思われる。一方、歴史学や社会学などの研究者の側からは「普通の」「一般の」人々に関するアーカイブ記録へのアクセスを欲する動きがあるが[3]、記録された当事者、ないしその子孫としてはプライバシーの懸念からアクセスを拒む可能性が出てくるだろう。よって研究者としては「公的人物」のアーカイブ記録に比べると、「普通の」「一般の」人々に関するアーカイブ記録へのアクセスに際しては、どうしてアクセスが必要なのかをより説得的に示す必要性がある、と言えよう。この点について、アメリカの状況―研究者の側がどの程度「アーカイブ記録へのアクセスに関する説明責任」を果たしているか、またそれが学会のガイドライン等でどう保障されているか―をもっと知りたいところである。

◆政府の統治体制が記録へのアクセスに及ぼす影響

一方、個人レベルでの「プライバシー」「個人情報保護」を超えて、社会全体にとって記録へのアクセスが問題となりうる事例が、日米双方にとってありうることが、今回のセミナーで確認できた。ここでは、政府の「統治体制」ないし「ガバナンス」のありかたが、記録の取り扱い・記録へのアクセスに影響しうる、ということである。カナダのアーカイブズ学者であるテリー・クック（Terry Cook）氏のことばを借りれば、「ガバナンス」とは「政府やビジネスの構造の内部作用」と並び、「市民や集団の国家との対話・交流への認識、国家の社会への影響、社会それ自体の機能や活動をも含」むものと言える[4]。

この点については「日米専門家会議」の中で、リチャード・ピアス＝モーゼス氏が「文化的財産権（cultural property rights）」として取り上げている。これは、「『社会、とくに先住民族の社会には、その伝統遺産の使用を管理する権限がある』という考え方から近年誕生した知的所有権の一つ」ということである。具体的には、こうした権利はオーストラリアにおけるアボリジニ、ニュージーランドにおけるマオリや、ネイティブ・アメリカンのものであり、先住民以外の人々がもつ偏見に対して、自らの尊厳を守るための権利である、と理解されている[5]。記録やアーカイブに関連づけて言えば、先住民にとって「神聖」な舞踊や事物を記した記録は、その利用者が先住民に対して偏見を引き起こす可能性があるという懸念がある。よって、先住民としてはこうした記録のアクセスや取り扱いについては自らの尊厳を傷つけない方法で行って欲しい、という要望をもつ、ということになる。以上の点については、詳しくは本書第三章に収録のピアス＝モーゼス氏の論考を参照して頂きたい。

こうした話を聴いた上で、今回のセミナーでは議題に挙がらなかったものの、日本においては「壬申（じんしん）戸籍」をめぐる問題がこの「文化的財産権」の問題とつながってくるのではないか、と筆者は考えている。念のため説明すると、「壬申戸籍」とは明治新政府の確立にあたりその「臣民」の状況を確認するために、一八七二年（十二支でいう「壬申」の年）に作成された初期の戸籍である。壬申戸籍は現在では各地方自治体あるいは地方法務局に保管されているが、身分や部落による差別状況が記録されているため、その公開は社会に甚大な影響を与えかねないとして、秘匿されたままの状況が続いている[6]。近年では壬申戸籍について情報公開法に基づく公開請求が出されたものの、「行政機関の職員が組織的に用いるものとして、行政機関が保有しているもの」という同法上の公開対象たる「文書」の定義に当てはまらないことを理由に、公開請求は却下されている[7]。

こうした「文化的財産権」や壬申戸籍の問題というのは、過去のガバナンスの構造を反映した記録が現在の人々に影響を与えている、という点で共通しているように思われる。また、法の上ではプライバシーや個人情報の保護は「死者」には及ばない、と日米双方において理解されているものの、「死者」の子孫にとってはそれでは済まないのである。つまり、「文化的財産権」にかかわる記録や壬申戸籍などの公開方法いかんによっては、子孫の尊厳を傷つけることになりかねない。したがって、こうした「過去のガバナンスの構造を反映した記録」をどう取り扱うか、という問題は、現行法上のプライバシー・個人情報保護とは別の枠組みで考える必要があるのではないだろうか。

◆為政者とアーカイブ・アーキビストとの対峙

日米のアーカイブの共通点としてもうひとつ挙げられるのが、為政者がアーカイブや記録、そしてアーキビストに対してとる姿勢をめぐる論点である。

「日米専門家会議」においては、加藤陽子教授が一八七五年の「江華島事件」をめぐり、政府の官吏が文書を書き換えた事例を紹介した（本書第一章参照）。また、牟田昌平氏は日本の政府文書の管理に関し、以下の点を明らかにした。すなわち、戦前の公文書は、当初の予想に反して系統的に整理され国の諸機関に残っている。そこから、戦前の公文書の保存・管理は、欧米諸国のものとひけをとらないほどに、厳密に行われていたと言えるが、「官吏は天皇（お上）に対して責任をとる」体制だったゆえ、こうした公文書は広く公開することはなかった、ということである（本書第二章参照）。一方、米国では国立公文書館（ＮＡＲＡ）において公開されていた文書が、「国家の安全」を理由に非公開となる「機密再指定」が、ここ数年は大きな問題としてのし掛かっている[8]。また、ブッシュ現大統領が自らの業務を記した「大統領文書」のＮＡＲＡへの移管を拒んでおり、従来はＮＡＲＡやそこが管轄する「大統領図書館」において確立してきた「大統領文書」へのアクセスにも危機が生じている、とも報じられている[9]。

こうした状況に現れているのは、アーカイブやアーキビストは基本的に記録の公開を志向しており（もっとも「プライバシー保護」などを理由に記録を非公開とする場合もある）、それに対して政府の官吏、政治家など為政者としては抵抗を示す場合がある、という緊張関係である。こうした状況は日米両国に限らず世界各国に当てはまると言えるが、これに対しては、アーキビストとして「アーカイブへのアクセス保障の意義」「アーキビストの役割」を広く社会に向けて、また為政者に向けて、説得的に示していく必要があるのではないか、と筆者は考える。この点については後述したい。

◆「機関アーカイブ」と「収集アーカイブ」

ここまでの三点は日米のアーカイブの共通点として取り上げたが、以下では日米の大きな相違点として筆者が実感したことを論じたい。それは「アーカイブの形成のされ方」にかかわってくるものであり、英語圏での用語を使えば「機関アーカイブ（institutional archives）」と「収集アーカイブ（collecting archives）」の問題としてまとめられるものである[10]。

この二つの用語について、セミナー講演者であるピアス＝モーゼス氏が編集されたアメリカ・アーキビスト協会の用語集に基づいて説明したい[11]。ここでは、「機関アーカイブ（institutional archives）」（in-house archivesとも）は「親機関によって作成ないし受理された記録を保管する場」と定義づけられ、一方「収集アーカイブ（collecting archives）」は「親機関ではなく個人、家族、組織から資料を収集して保管する場」と説明されている。

今回のセミナーで確認できた限りでは、米国においては「機関アーカイブ」と「収集アーカイブ」を明確に区別しているように思われる。例えば、国ないし地方の政府のアーカイブは、その政府の「機関アーカイブ」として明確に位置づけられている。すなわち、「親機関」である政府から記録がアーカイブへと体系的に移管され、アーカイブはそれを評価選別し、重要なもののみを「アーカイブ資料」として整理・保存する、というしくみが成り立っているのである。この点は大学アーカイブ、企業アーカイブといった米国内のほかの種類のアーカイブにも「機関アーカイブ」として共通している、と言えるだろう。もっとも、こうした米国内のアーカイブが「機関アーカイブ」と「収集アーカイブ」としての役割を兼ね備えている、という場合もあり得る。例えば、大学アーカイブの中には、親機関たる大学から移管された記録を受け入れると同時に、創設者、理事会メンバー、教職員、学生などの大学関係者のもつ記録、手稿、資料を「収集」するところもある。とは言え、こうしたところでも「機関アーカイブ」としての役割と「収集アーカイブ」としての役割は明確に区別されているのである。

一方、日本においてはアーカイブの利用者も、記録を作成する人々も、ひいてはアーカイブで働く人々さえも、「機関アーカイブ」と「収集アーカイブ」との区別はきちんとついていないのではないか、と思われてならない。一例を挙げると、沖縄県公文書館の富永一也氏はこのセミナーにおいて（「日米専門家会議」と「公開フォーラム」の双方で）日本の地方政府のアーカイブについて説明したが、これらのアーカイブのほとんどにおいて記録が「親機関」たる地方政府から体系的に移管されるわけではなく、むしろ「職場の大掃除」などの期間にアーカイブの担当者が職場から「排出」される文書類を辛うじて「収集」する、という事例が多いとのことである。富永氏はこうした担当者のひとりによる「自分の仕事は『ゴミ拾い』のようなもの」という嘆きの声も、セミナーの中で紹介していた（本書第三章参照）。むしろ、このような政府のアーカイブを「機関アーカイブ」と位置づけ、政府の各部局から文書が体系的にアーカイブへ移管されるしくみを確立することが必要ではないか、と筆者は考える。そのほかにも、日本の大学アーカイブは上述したような大学関係者からの資料を、寄贈や寄託によって「収集」するところと見られがちである。こうした「収集」活動も当然重要ではあるが、日本の大学アーカイブは、「親機関」たる大学組織の業務を反映した記録を受け入れる「機関アーカイブ」としての機能も前面に押し出すべきではないだろうか。

◇日米のアーカイブにとっての課題

続いて、以下では今回のセミナーでの議論を踏まえ、日米双方のアーカイブで共有すべき今後の課題をいくつか挙げておきたい。

◆「アドボカシー」と「ロビーイング」

まず、日米のアーカイブにとって、いや世界各国の、また国際レベルでのアーカイブにとって求められる大きな課題は「アドボカシー（advocacy）」と「ロビーイング（lobbying）」である、と主張しておきたい。このいずれも、アーカイブの重要性やその役割、またアーカイブを発展させていくための技能等を「対外的」に啓発しアピールするための活動であるが、どちらかと言えば「アドボカシー」は一般の人々やマスコミ関係者に向けての活動と見なせるのに対し、「ロビーイング」は政治家・議員や官吏といった政策形成者に向けての活動と言える。

具体的に言えば、セミナー終了後にトルディ・ピーターソン氏に確認したところによると、アメリカ・アーキビスト協会は、連邦議会に上程されたアーカイブ・記録関連の法案に対して賛成ないし反対の意思表示を行い、また議会で開かれる公聴会には同協会の代表者が公述人として参加する、といった活動を行っているそうである。もっとも、ワシントンD．C．に特別な拠点を置きロビーイングを密に行っているアメリカ図書館協会などと比べると[12]、アメリカ・アーキビスト協会は体系的なロビーイング活動を行っているわけではない、とピーターソン氏は述べている。

一方、日本においてはアーカイブ関係者によるアドボカシーやロビーイングというより、政府やそれに近い組織からの「トップダウン」によるアーカイブ振興策が進められているのが現状ではないだろうか。具体的には、二〇〇三年四月に内閣府に設置された「歴史資料として重要な公文書等の適切な保存・利用等のための研究会」「公文書等の適切な管理、保存及び利用に関する懇談会」の活動がまず挙げられるが[13]、そもそもの発端である前者の研究会の結成には、当時の官房長官であった福田康夫氏（自民党衆議院議員、のち総理大臣）の意向が強く働いていたと言われている。また、政府系のシンクタンクである「総合研究開発機構（ＮＩＲＡ）」も、二〇〇五年～二〇〇六年に社団法人「商事法務研究会」へ委託して「公文書管理法研究会」を組織し、公文書管理の適正化に向けた法律要綱案の作成に向けた作業を行った[14]。これらの「トップダウン」の状況は、政府による支持が明示されている点では望ましいと言える反面、政府の状況がひとたび変わると政策への後押しが後退してしまう、といった危険性もはらむ。日本においては、アーキビスト、アーカイブ利用者、アーカイブズ学研究者など、アーカイブに携わる人々が、政治的状況に左右されないかたちで自らの主張を説得的に構築し、対外的に発信していく体制を整備することが必要ではないだろうか。また、こうしたアドボカシーやロビーイングは、政府の政策形成や一般の人々の啓発を目指すもので、専門職の社会的役割として重要である、という点を、あわせて強調しておきたい。

◆電子記録への対処

電子的形態で作成された記録の取り扱いは、ウェブサイトのように「公開」された電子情報の取り扱いと同様に、日米に限らず世界各国で大きな課題として認識されている。電子記録をめぐる問題のひとつには「保存」が挙げられる。紙媒体の図書や記録については、長期間にわたり「放置」されたとしてもたまたま発見される、ということがあり得る。その一方、電子媒体に代表される機械可読記録媒体のものについてはそうしたことは当てはまらない、すなわちこのような記録については、物理的な破損ならびにハードウェア・ソフトウェアの「陳腐化」の影響を受けるので「偶然」に残ることは考えにくい、という点はしばしば指摘されている[15]。また、特定の記録が政府機関によって作成・管理されたものであり、それを「偽装」した組織によるものではない、という点をどうやって保証するか、という「真正性」の問題も、電子記録については強く意識される。

電子メールが記録に含まれうる、というのはアメリカでも日本でも認識されているように思われるが、ピーターソン氏が公開フォーラムでの基調講演で触れた通り、ブログ、ソーシャル・ネットワーキング、インスタント・メッセージング、YouTube（動画投稿サイト）といった新たな電子情報の形態にも、アーキビストや記録管理の関係者は対処する必要がある（本書第一章参照）[16]。

こうした問題に加え、セミナーにおいて富永氏が提起した図書館・文書館・博物館の「三分法」の論点（本書第三章参照）も電子記録と関連づけて論じる必要がある、と述べておきたい。つまり、電子記録、電子書籍、電子ジャーナル上の論文、デジタル化した博物館資料などは、「ひとつの単位として取り扱うことができ、また個々の資料の集積も可能である、デジタル化された資料」という共通の性質をもっており、図書館、文書館、博物館で用いられる情報組織のための技法を共有できる可能性が高い。さらには、こうした三つの「館」の融合すら引き起こす可能性も見通すことができる[17]。こうした電子的環境下の可能性に鑑みれば、アーキビストは図書館員、博物館の学芸員、情報技術（ＩＴ）に携わる人々、その他のアーカイブ領域の外の人々と協働することが求められている、と言えるだろう[18]。

◆現用記録と非現用記録（アーカイブ記録）との統一的な管理の必要性

前述の「「機関アーカイブ」と「収集アーカイブ」」の項目において、筆者はこの両者を区別する必要性と、日本においてはこの両者の区別があいまいになっていることを論じた。日本における状況の一因は、日本の多くの人々が、現用文書の管理と、アーカイブ記録たる非現用文書の管理を切り離して捉えていることにある、と筆者は考える。言い換えれば、非現用文書は「歴史研究の素材」としてのみあり、現在の組織活動、社会活動にはまったく関係がないものとして捉えられている、という感覚があるのではないだろうか[19]。日本においては、弁護士、市民団体、法学者、政治家、ジャーナリストらが政府機関の情報公開、「アカウンタビリティ」保障に熱心である一方、彼らがアーカイブに目を向けることは少ない、というのも、上記のような状況を裏打ちするものと言えるだろう。しかしながら､実際にはアーカイブのほうにこそ､遡及的な意味で「情報公開」「アカウンタビリティ」が大きくかかわってくるはずである。

こうした状況においては、現用記録と非現用記録（アーカイブ記録）との統一的な管理を確立させる可能性について討議すべきではないだろうか。この点については、統一的な管理を志向する法律の制定が最も効果的な手法と言えるが[20]、やはりそこにたどり着くまでの時間と労力は莫大なものになると見込まれる。法律制定への道を模索すると同時に､記録とアーカイブの管理にかかわりをもつと見なされうる「組織文化」に目を向け、そこにメスを入れる―「組織文化」を強引に変えることを避けつつも、よりよき記録・アーカイブ管理に向けて漸進的な「文化」の変化を志向する―ことも、必要となるかもしれない。

◇おわりに

今回の「日米アーカイブセミナー」では､「日米専門家会議」においても､また「公開フォーラム」においても、日本とアメリカの双方の立場からアーカイブをめぐる様々な問題が提起された。おそらくは、この点がこのセミナーの一番の意義だったのではないか、と筆者は考える。私たちはこのセミナーにおいて、「アメリカ、日本は日本」ということで互いの違いに開き直るのではなく、互いの共通点と相違点を見出し、共通する課題を確認し、解決の道を探ろうとした。まさにこうした点が、日米のアーカイブについて相互理解を進める上での第一歩と言えるだろう。その上で、日米双方でのアーカイブの発展に向けて、このセミナーの成果を踏まえ、議論を継続していくことが求められる、と最後に提言しておきたい。

〔注〕

1　国勢調査の実施に関する有識者懇談会　報告　同会　二〇〇六年七月　http://www.stat.go.jp/info/kenkyu/kokusei/pdf/report.pdf（参照二〇〇七年九月二七日）。なお、同報告には、「国勢調査などの統計調査により集められた個人情報（調査票）」については個人情報保護法が適用されない旨の説明がある（八頁）。以下もあわせて参照。国勢調査、揺らぐ信頼性：都内十一パーセントが未回収　読売新聞　二〇〇六年五月四日（朝刊）一頁。

2　松岡資明　近現代史研究に暗雲：個人情報保護で資料閲覧に壁　日本経済新聞　二〇〇六年二月四日（朝刊）四〇頁。

3　日本の状況については、例として以下を参照。教育研究における個人情報保護問題：史資料の問題を中心に（個人情報の保護と利用に関する委員会　中間報告書）日本教育学会個人情報の保護と利用に関する委員会　二〇〇六　http://wwwsoc.nii.ac.jp/jsse4/hogo-report.htm（参照二〇〇七年九月二七日）。

4　テリー・クック「スクリーンの向こう側：レコード・コンティニュアムとアーカイブズにおける文化遺産」古賀崇訳、記録管理学会・日本アーカイブズ学会共編『入門・アーカイブズの世界：記憶と記録を未来に』（日外アソシエーツ、二〇〇六）二三八頁。

5　日本においてもこうした「文化的財産権」への関心は徐々に高まりつつある。以下を参照。名和小太郎『情報の私有・共有・公有：ユーザーからみた著作権』（ＮＴＴ出版、二〇〇六）特に第十二章「公有の私有化」二〇九～二一九頁、第十三章「伝統的知識の保護と保全」二二一～二三九頁。

6　この点を論じた例として、以下を参照。「特集：「壬申戸籍問題」をめぐって」『部落』三八巻二号（一九八六）六～三三頁。

7　情報公開審査会答申　明治五年式戸籍の不開示決定（行政文書非該当）に関する件（平成十三年諮問第十二号）http://www8.cao.go.jp/jyouhou/tousin/001-h13/008.pdf（参照二〇〇七年九月二七日）。以下もあわせて参照。藤原静雄「歴史公文書の公開と個人情報について」『アーカイブズ』一六号（二〇〇四）二一～四七頁。

8　例として以下を参照。小谷允志「政府秘密情報の公開をめぐって：米国国立公文書館の活動」『行政&ＡＤＰ』（二〇〇六）vol. 42, no.10, p.76-77. Richard J. Cox, "The National Archives reclassification scandal." *Records & Information Management Report* 22:9 (2006), pp.1-13.

9　米国で「大統領図書館」は大統領退任後にその文書や記念物を収めるしくみとして確立しており、「図書館」という名称ながら博物館・文書館の性格が強い。ＮＡＲＡ傘下の「大統領文書館」は現時点でフーバーからクリントンまで十二館ある。うち、大統領退任の経緯により別扱いとなっていたニクソンの文書は、二〇〇七年七月にＮＡＲＡ傘下に新設された「ニクソン大統領図書館」に移管された。各大統領図書館の概要については、藤野幸雄編著『世界の図書館百科』（日外アソシエーツ、二〇〇六）に収録されている各項目を参照されたい。もっとも、大統領図書館は大統領を記念する性格が強く、公平な文書館サービスをどれだけ提供しているかについては批判の声もある。以下を参照。Benjamin Hufbauer, *Presidential Temples: How Memorials and Libraries Shape Public Memory* (University Press of Kansas, Lawrence, 2006).

10　ここで筆者自身の経験を補足しておきたい。筆者がこの言葉に初めて出逢ったのは、前述（注4）の『入門・アーカイブズの世界』の翻訳作業を通じてであったが、当時（二〇〇六年前半）はこれらのことばの意味が正確には理解できなかった。今回のセミナーでの議論に接することによって、ようやく「機関アーカイブ」「収集アーカイブ」の違いを明確に理解できた、というのが筆者の実感である。

11　Richard Pearce-Moses, ed, *A Glossary of Archival and Records Terminology* (Society of American Archivists, Chicago, 2005). なお、この用語集は下記ウェブサイトでも閲覧できる。http://www.archivists.org/glossary/index.asp（参照二〇〇六年九月二七日）。

12　アメリカ図書館協会はシカゴ本部とは別に、連邦政府・議会からの情報収集とロビーイングの拠点としてワシントンD．C．に事務組織（Washington Office）を置いており、具体的な活動はそのウェブサイトにて確認できる。American Library Association Washington Office. http://www.ala.org/ala/washoff/washingtonoffice.cfm（参照二〇〇六年九月二七日）。

13　これらの研究会・懇談会の資料は、内閣府の「公文書館制度」のページ（http://www8.cao.go.jp/chosei/koubun/（参照二〇〇六年九月二七日）にまとめられている。あわせて以下も参照。高山正也編『公文書ルネッサンス：新たな公文書館像を求めて』（国立印刷局、二〇〇五）。

14　「公文書管理法研究会」の報告書として以下のものがある。総合研究開発機構・高橋滋共編『政策提言　公文書管理の法整備に向けて』（商事法務、二〇〇七）。なお、ここでは法律の要綱案として、国立公文書館の公文書管理への関与の度合いなどにより、二つの案が併記されていることを特記しておきたい。

15　例として以下のビデオでの議論を参照。『Into the future：デジタル情報社会に潜むデータ保存の危機（日本語版）』（紀伊國屋書店、一九九八）。

16　このうち、「ブログのアーカイブ」をめぐる論点については以下が有益である。Catherine O'Sullivan, "Diaries, Online Diaries and the Future Loss to Archives; or, Blogs and the Blogging Bloggers Who Blog Them," *American Archivist* 68:1(2005), pp.53-73. 以下の拙稿も参照。古賀崇「レコードキーピング：その射程と機能」『明日の図書館情報学を拓く：

アーカイブズと図書館経営』（高山正也先生退職記念論集刊行委員会編　樹村房、二〇〇七）六〇～七一頁。
17　「デジタル環境下における図書館・文書館・博物館の協働・融合」に関しては海外では多くの論考を見いだすことができるが、例として以下を参照。NISO Framework Advisory Group, *A Framework of Guidance for Building Good Digital Collections*. 2nd edition (National Information Standards Organization, Bethesda, 2004). http://www.niso.org/framework/framework2.html（参照二〇〇六年九月二七日）。Mary W. Elings and Gunter Waibel, "Metadata for All: Descriptive Standards and Metadata Sharing across Libraries, Archives and Museums," *First Monday* 12:3(2007). http://firstmonday.org/issues/issue12_3/elings/index.html（参照二〇〇六年九月二七日）。また、日本の文脈の中での議論はさしあたり、以下を参照。八重樫純樹「〝知識情報資源基盤と横断的アーカイブズ論研究会〟明日の図書館情報学を拓く」前掲注16　七二～八九頁。
18　「アーキビストと他の人々との協働」という論点は、以下でも強調されている。カレン・アンダーソン「専門職のパートナーシップでアーカイブズ学教育の未来を確かなものに」安藤正人訳『アーカイブズ学研究』第六号（二〇〇七）四二～五一頁。
19　これは、日本の人々が「歴史」をどのように見なしているか、という問題にもかかわってくるかもしれない。「日本における現用・非現用記録の扱いと「歴史」への見方」については、以下の論考が示唆的である。福嶋紀子「行政の文書管理と文書館：歴史的な説明責任の有無と記録」『レコード・マネジメント』第四九号（二〇〇五）三～一九頁。
20　本稿執筆時点での法制定に向けての動きとしては、『公文書管理の法整備に向けて』（前掲注14）を参照。

※本稿は、日米アーカイブセミナー　公開フォーラムにおける発表内容に加筆修正したものである。

アメリカのアーカイブ―日本からの質問

まとめ　小出　いずみ

二〇〇七年五月十一日に行われた日米アーカイブセミナー公開フォーラムでは、参加者からたくさんの質問が提出された。当日は時間の関係ですべてに回答することが叶わなかったが、質問内容には、本章に収録された論文では触れられなかったアメリカのアーカイブの状況について、論文内容についてさらに詳しい説明を求めるものなどがあり、たとえばデジタル資料の問題など、日米共通の問題も多かった。ここでは、後日アメリカの参加者たちに執筆してもらった回答を紹介する。

質問には、特定の回答者に向けられたものと全員に向けられたものがあったので、回答の前に回答者名を記しておく。質問者名は省略した。なお、回答者の所属等は本書巻末の執筆者一覧を参照されたい。

◇アーカイブとアーキビスト全体について

▼日本は各機関が独自のアーカイブ事業をして、国として横のつながりがないと思う。アメリカはどうか。

【ピーターソン】　アメリカにはいくつかの公式ネットワークがあるが、実質的なネットワークは専門職の協会の周囲で形成される。アメリカ・アーキビスト協会（ＳＡＡ）はネットワークの一つである。ＳＡＡには、何らかの課題や保管施設の種類に特化した数多くの「ラウンドテーブル」があり、これがもっと専門化されたネットワークになっている。他にも、たとえば動画アーカイブ協会（Association for Moving Images

Archives)、州政府アーキビスト評議会（Council of State Archivists)、行政アーカイブ記録管理者の全国的な協会（National Association of Government Archives and Records Administrators, NAGARA）のような全国レベルの組織がある。さらに地方や地域のアーキビスト組織があり、これが会議や教育研修の会合を開催し、地理的に限定された地域の中でネットワークとして機能している。

【メンゲル】国立公文書館（ＮＡＲＡ）においては、各種のアーカイブ機関と連携している。ＮＡＲＡのアウトリーチ担当の職員は、より小規模な、個別のアーカイブや学校・教育者と連携して数多くの教育プログラムを開発している。たとえばModern Archives Instituteは、アーカイブの原則およびそれを各種の公私のアーカイブにどのように応用するかに関する、一般的な教育研修プログラムである。政府の内にあってわれわれは、永久的な価値のある政府記録のすべてがＮＡＲＡに確実に移管されるよう、政府機関の記録管理官や歴史局、アーカイブズと非常に密接に連携を取っている。

これらの努力に加え、ＮＡＲＡは、ＳＡＡ、ＭＡＲＡＣ（Mid-Atlantic Regional Archives Conference)、ＮＡＧＡＲＡなどの多様な専門職団体にも参画し、活発に活動を続けている。こうした団体の会員になることとプレゼンテーションを行うことにより、われわれの仕事から生まれた発展や政策を広めて学びあう。われわれのところには、電子記録、アクセス問題、特殊なメディア問題などについて、先端を担う職員がいる。情報を共有し教育しあうことにより、アーカイブの世界を改良し、この職業全体を二十一世紀に見合うものとすることができるのである。

【ピアス＝モーゼス】ＳＡＡは職業団体で、米国に於けるアーキビストやアーカイブの多様なニーズに応えるものである。ＳＡＡは約四五〇〇人の会員を擁し、出版やさまざまなプログラムを通じ、会員やこの領域にいる人々に、ネットワークと情報共有の機会を提供している。加えて、米国にはアーカイブ関係の数多くの地域組織があり、地域レベルで同じような機会を提供している。

特定の領域や固有の主題に照準をあてているアーキビストやアーカイブは、公式・非公式のネットワークを形成し、協力や調整を推進しようとすることも多い。

【グリーン】米国の主要なネットワークは、地域・州・地方・全国レベルの組織で、全国組織の中には、施設の種別（たとえば大学アーカイブや手稿本保管施設）による特別関心グループがある。

【タウジー】企業アーカイブが組織レベルでつくるネットワークはないが、企業アーキビストの間のネットワークはある。ＳＡＡにはビジネス・アーカイブ分科会があり、企業アーキビストはほとんどその会員である。ビジネス・アーカイブズ・フォーラムという、もっと小規模な非公式なネットワークもある。これは十人ほどの企業アーキビストのグループで、毎年集まっている。また、ビジネス・アーカイブの電子メールのリストサーブ（日本風には「メーリングリスト」）がある。これは世界中の企業アーキビストとビジネス・アーカイブに関心を持つ人々のディスカッション・リストである。リストに参加するには、メールの件名欄を空白にし、メッセージ本体に subscribe busarch と記入したメッセージを majordomo@gla.ac.uk 宛に送信する。このディスカッション・リストのアーカイブはウェブ上にあり、ＵＲＬは、http://www.gla.ac.uk/External/BusArch である。busarch@gla.ac.uk 宛にメッセージを送信すると、このリストにメッセージが配信される。

▼アクセスの数の増加は当然にアーキビストの作業量の増加につながる。アメリカではアーカイブに勤務するアーキビストは増加しているのか。言い換えれば予算措置がとられているのか。予算が増えているとすれば、それについての市民の意見は如何。また予算を増やすために特段のＰＲ活動をしているのか。

【ピーターソン】米国内のアーカイブ機関が非常に多様なので、この質問には答えるのは難しい。国立公文書館のような大きな機関では、閲覧提供に先立つ審査専任のスタッフが何人かいる。もっと小規模な機関や私立の機関では、職員は公開審査の他に館内業務も担当していることが多い。

公開審査を行う職員の配置（つまりそのために予算を充当すること）に関する意見も、多様である。政府のアーカイブでは、歴史家やその他の利用者が、研究目的の利用を可能にするために記録の審査を強く求めている。連邦政府や州政府における情報自由法の通過は、政府が少なくとも原則としては閲覧のための審査を支援している、ということを示している。しかしながら政府では公的予算から閲覧のために予算措置をすることがますます困難になってきている。一方では、大学や私的な研究グループや企業アーカイブの理事たちは、そもそもなぜ公開審査が行われなければならないのか、疑問を抱いている。彼らには記録を利用可能にしなければならない必要性はなく、利用可能にすると決定するためには、上層部の組織内コミットメントを必要とする。最後に、もしここで問題とされているのが、機関に寄贈された個人の文書や記録であるとすると、あるアーカイブは、閲覧提供の前の審査が必要であるという制限と共にこれらの資料を引き受けようとし、他のアーカイブでは、大多数の資料は寄贈されたときに公開されること、さらに非公開の資料は公開できる日にちが設定されていることを、要件として引き受けている。

広報活動も同様に、どのような機関について論じているかによって異なる。政府アーカイブにとっては、追加的な資源を求めるロビー活動は通常禁じられている。このような機関のアーキビストは、関心の高い利用者を通じて、予算獲得のため法的措置を働きかける。私立の機関では、機関内および外部の利用者にどのくらいアーカイブが利用されているかを、アーキビストは管理者に示すことができる。またアーカイブに関する報道を働きかけることもできる。講演会などの活動によって、一般の人たちがアーカイブに興味をもっていることを示すこともできる。

▼記録管理とアーカイブ活動が日本では分断されているが、これを一貫した活動にまとめ上げるための留意点は何か。

【メンゲル】残念ながらこの方面についての私の知識と経験は限定されている。

NARAでは記録評価を担当する職員は、記録管理者と非常に緊密に協力して、永久的な価値のある記録が保護されNARAの管理下に移管されることを確実にしようと働いている。我々のライフサイクル管理課は個々の記録管理者と緊密に協力して働いており、記録管理の世界において活発に活動している。彼らは毎年行われる記録管理会議（Records Administration Conference, RACO）のスポンサーであるが、この会議ではさまざまな記録管理の問題が取り上げられ、また連邦記録管理研修を成功裡に修了した記録管理者のための認定プログラムも提供している。

▼連邦政府、州政府のアーカイブについてうかがった。地方自治体レベルの公文書保存、提供はどうなっているか。アーカイブ制度が整備されていない場合、公立図書館はどのような役割を果たすのか。

【ピアス＝モーゼス】アメリカでは、「地方政府」（local government）という言葉は郡および市、町、特別区を含んでいる。多くの州では、地方政府の記録へのアクセスは、州法で定められていることと思う。例えば、州記録へのアクセスについての私のコメントは、地方政府にそのままあてはまる。地方政府が記録について手当てできない場合には、州が地方政府の記録資料の管理を引き受けるところもあり、アリゾナ州はそのような例であるが、一般的には地方政府は自分自身の記録のためのアーカイブを設置する責任がある。すべての地方政府がアーカイブを設置しているわけではない。多くは歴史記録のコレクションを有するが、ほんとうのアーカイブで行われていると期待されるような職業的アーキビストによる管理はされていないことが多い。

図書館が、地域社会から寄せられた個人文書、写真、その他記念になるようなものから構成され、その地方の歴史コレクションを有していることはよくある。とくに図書館が地方政府の一部である場合には、図書館は政府の公式な記録のアーカイブを維持する役割を持たされる例がいくつかみられる。

▼アメリカのアーキビストの地位、資格。専門職として高い年俸で処遇されているか。日本は特別な資格が与えられていない。

【ピアス＝モーゼス】アメリカには法律で定められたアーキビストの資格制度は存在しない。たとえば、誰でもアーキビストであると主張でき、誰がアーキビストと自称するのを許可できるのかに関して、この職業の人たちの間には大きな議論がある。

私の意見は、歴史記録の保護・管理に責任を持ち、アーカイブ科学の基本原則に基づいて保護管理を行う人は誰でもアーキビストであると考えるべきだ、というものである。しかし、すべてのアーキビストが平等に資質を備えているとは限らない。Academy of Certified Archivists（ACA 公認アーキビスト・アカデミー）は職業的知識を修得したアーキビストにCA（公認アーキビスト）の称号を与え、そうでない人と区別するのを助けている。これは個人についてはペーパーテストの受験により、その成績で基礎的な職業的知識を修得していることを、示すことができる。多くの雇用者は採用に際し、CAに認定された人を募集している。

CAの認定が待遇の向上に結びついているかどうかについては、ごく僅かの実例を知るのみである。しかし同時に、アーキビストに対する需要は増加しており、需要が供給を上回っているので、給料はいくらか増加しているとみられる。

【タウジー】ピアス＝モーゼス氏のいうとおりで、企業という環境でアーキビストは専門職として処遇されている。専門化された特別な教育と専門的な知識ゆえに雇用され、企業の価値を増す存在と見られている。会社の中では、重要な企業活動と機能を支援する仕事を担うので、類似の専門職と同様な待遇である。

▼記録へのアクセスの実現というアーカイブ活動を担うのはアーキビストであるが、公文書館、大学アーカイブズ、ビジネスアーカイブズの各アーキビストを養成する上での同一性と相違点は何か。

【メンゲル】私はＮＡＲＡにおけるアーキビスト教育についてのみお話しすることができる。スタッフの中でアーキビストの職種の人は歴史学か図書館学の学位を持っていることが多いが、その他の教育的背景をもつアーキビストもいる。教育的な背景がどんなものであるかにかかわらず、アーキビストは少なくとも大学の学部卒の学位（学士）と、アメリカ史のクラスを取っていることが必要とされる。我々のところの多数のアーキビストは、アーカイブ関係の特別な研修を提供するようなプログラムに就職する。仕事を学ぶことに加え、新しいアーキビストたちはアーカイブの多様な機能を学ぶために、研修としてＮＡＲＡのさまざまな部署をまわらなければならない。

▼タウジー氏は、コロラド州アーカイブなどでアーキビストとして勤務された後、アーカイブ・スペシャリストとしてクラフト・フーズ社に入社されたが、アメリカでは企業アーキビストというは、そのようにスペシャリストとしての経験をつんでから入社するというのが一般的なのか。アメリカでは大学でアーキビストとしての資格を取得して、すぐに入社して、その企業のアーカイブで経験をつんでいくというようなパターンはあまりないのか。クラフト・フーズ社でアーキビストとして勤務されている方の人数と、その経歴の内訳はどうか。

【タウジー】米国では非営利で公共的なアーカイブ・プログラムの数が多いのに比べ、企業アーカイブ・プログラムの割合は小さい。したがってアーキビストは、政府や大学その他の公益的なアーカイブで働き始めることが多い。そこで企業アーキビストには、企業に就職する前に公益的な機関のアーカイブで経験をつんだ人が多い。一つの種類以上の機関で働いた経験があるということは、専門職としての成長にとってよいことだと思う。クラフト・フーズ社のアーカイブ部門には、現在米国とドイツに合計五人のアーキビストがいる。五人全員が大学の修士課程の教育を受けている。五人のうち自分自身を含めて三人は、クラフト社に来る前に公益的な組織でアーキビストとして働いた経験がある。残りの二人は最近大学院レベルのアーキビスト教育を修了した人たちで、クラフト社は専門職として最初の職場である。

▼日米のアーカイブに対する意識の差の背景に、アクセスの問題以前に文書・記録を残すという考え方そのものに、大きな違いがあるように感じた。冒頭の趣旨説明では「アクセスはアーカイブの価値の発揮」と言われたが、発揮の前にアーカイブを残すことの価値についての認識が、特に専門家以外では、使う立場・残す立場両方において日米で異なるのではないか。

【ピーターソン】私は、コメントする程日本におけるアーカイブに対する認識をよく知らない。*Dictionary of Archival Terminology* 第二版[1]によれば、アクセスは二つの要素をもつと定義されている。「法的に認められ、さらに検索手段の存在によって記録が閲覧可能になっていること」。検索手段の作成―アーカイブに存在する記録の目録をとること―は、意味あるアクセスを提供するためには非常に重要な最初の段階である。記録資料記述の国際標準（ＩＳＡＤ（Ｇ）[2]およびＩＳＡＡＲ（ＣＰＦ）[3]）は、世界中で検索手段の特徴の標準化を支援している。より多くのアーカイブが検索手段をオンライン化するようになったので、アクセスに対する要求に変化が見られる。今や多くの人がオンラインの検索手段によって、写真であろうとオーラルヒストリーや特別な報告書であろうと、アーカイブ所蔵の特定の資料の所在を確認しようと検索している。かつてないほど多くの人々が、原資料のファイルを利用しようとアーカイブにやってきている。これらの人々は、検索手段が単に検索の手段であり、スキャンされた原資料にリンクされていないことに失望する。人々がオンラインの資料に興奮するあまり、アーカイブのほとんどの記録はスキャンされたデータではなくしかも何年経ってもそうはならないだろう、ということが忘れられていることを、危惧するものである。

米国のアーカイブ認識の主要な要素としては、あらゆる種類の系譜探しが非常な人気を呼んでいることがある。一番よくあるのは家族への興味である。おそらく米国が移民国家で祖先について余り知らないからであろう。しかし、われわれが建築物や機関の系譜と呼ぶものも、大きな関心を呼んでいる。誰がいつあの灯台を建てたのか、いつ鉄道が私の町に来たのか、私の市の最初の郵便局長は誰か、など。これらの調査者は事実を探索している。歴史家やその他学術的な研究者が系統だった情報を展開させようとするのとは異なっている。

最後に、このような系譜への興味は、必ずしもすべてのアーカイブやすべての種類の記録に対する支援へと移っていくものではない。ただし、これは力強い支援の基盤であり、米国のアーキビストはこのような基盤があることを非常に喜んでいる。

【ピアス＝モーゼス】アーカイブと公的記録へのアクセスは、米国では政府の基礎をなす原理である。公的記録へのアクセスは、行政を市民に対して透明にし、選挙され、また任命された役人の行為について、説明責任の遂行を可能にしている。このような公開性は役人に対し、職務で遂行しているすべてが見られているように行動するよう、常に自覚させる。というのは、実際、見えているのである！

【グリーン】私は日本の状況に詳しくないので、この質問に見識ある回答をすることができない。少なくとも日本の国立公文書館のレベルでは、政府およびあらゆる年齢の利用者に対してアーカイブの価値を推進しようと強く意識しているように見えた。さらに、もし日本人のアーキビストがアクセス問題に関心があるのであれば、それはつまり、利用者にとってのアーカイブの価値を推進しようということである。アクセスはつまるところ、利用者にとってのみの問題だからである。しかしながら、日本の同僚達と交わしたいくつかの会話から、日本では、広範なアーカイブが、アーカイブ一般でも個別のアーカイブにしてもその重要性を、広く一般の人々やアーカイブの親機関に対し組織的で一貫したやり方で推進するということがないように見受けられる。たとえばアメリカのアーカイブでは、アーカイブズ月間というようなことを行っている。また、同じエネルギーと一貫性をもってクリエーターの人たちに対してアーカイブを推進してもいないようだが、これも国立公文書館以外の方々との数少ない会話からそのような印象を受けた。米国では、どの程度成功しているかについては意見が分かれるが、これはいつも話題に上ることである。（訳注・二〇〇八年六月九日、日本の第一回国際アーカイブズデーが催された。）

【タウジー】この質問に対する回答は持ち合わせていない。

◇アクセスについて

▼機密扱い文書の存在は公開できるのか。

【メンゲル】公開する。NARAが所管し一般人がアクセスできない記録について、NARAでは公にする。シリーズの段階では、そのシリーズに安全保障の秘密指定その他の制限がある場合、閲覧者は通知される。もし文書が公開ファイルから取り除かれた場合、何が何故取り除かれたかを公衆に知らせる除籍通知がそのファイルの中に入れられる。

▼政府から何らかの干渉を受けたことがあるか？

【メンゲル】NARAは法律によって、記録を審査し、国家安全保障上の機密や個人情報、法制定の情報などの情報を保護することが定められている。ほとんどの制限については、われわれにアクセスを決定する権限がある。国家安全保障情報は、大きな例外である。われわれは、法律により、秘密指定された情報を解除するに先立って関係政府機関に相談することが求められている。法律の改変やある種の情報がより機微に触れるようになった場合、われわれは政府機関からこの種の情報の取扱法の変更を要請される。このような場合、われわれは政府機関と共に、すべての機微に触れる情報が確実に保護されるよう努める。このよい例は、取扱注意を要する記録プログラム[4]である。二〇〇一年九月十一日の出来事の後ですべての政府機関はテロリストやアメリカに危害を加える意図をもつ集団にとって役立つかもしれない公開情報を保護するために、保持している記録を再評価するよう要請された。その結果、われわれは所蔵資料を再審査し、この範疇に入る記録を除外した。私はこのような例は干渉とは呼ばない。われわれは政府機関にはわれわれの所蔵資料に対する無制限のアクセスを認めていない。つまり、アクセス方針についてどのような変更もＮＡＲＡの賛同を得なければならない、ということである。

▼アーキビストの個性の違いによって情報公開は影響を受けるのか？時の政権の意志はどうか？

【メンゲル】これは興味深い質問だ。私は記録の公開について個人の個性が影響し得るとは考えない。私は、所蔵資料に関する自分の知識を同僚には教えないアーキビストと一緒に働いたことがある。このような態度は、所蔵記録に関する知識を制限し、その人が不在のときに利用者が来た場合、利用者への支援が制限されることになる。

情報自由法が要請している審査については、われわれはＮＡＲＡの制限を標準化するよう、大変な努力をはらっている。残念ながら情報の審査は、非常に主観的になり得る。たとえば、あるアーキビストはどの情報が公開できるか決める前にその主題について徹底的に研究し、規定以上の努力をするかもしれない。他のアーキビストは、いろんな理由で、規定以上の努力はせずに公開できる情報を非公開にするかもしれない。このような理由で、制限されている記録について、最終的なアクセス決定に先立ち一人以上の人が審査に携わるようにしている。

【ピアス＝モーゼス】アーカイブの専門職の人々の個性は幅広いが、ほとんどのアーキビストは、記録、とくに政府の記録へのアクセスに献身的であると私は信じている。このような姿勢は、何かを隠すかもしれない他の政府職員や役人とは、区別されものである。アーキビストは他人が作成した記録の守護者であり、したがって記録へのアクセスについて個人的な利害関係を持つものではない。記録に個人的な利害関係がある人は、（驚くにあたらないが）当惑を呼ぶような記録へのアクセスを提供することをためらうかもしれない。アメリカ・

アーキビスト協会は、政府記録のアクセスについて、数多くの公共的な立場を取ってきた。

裁判所は一般的に、コモンローおよび成文法の両方をもとに、政府情報へのアクセスを支持している。米国議会と各州議会が、この共通法の権利を強化する法律を通過させているという事実は、原則を考えた場合立法者はアクセスを支持する、ということを意味する。

それと同時に国家安全保障の利害と記録の自由なアクセスの間には、特別な緊張関係が存在する。紛争時には、記録の閲覧や自由なアクセスを含む多くの市民的自由が、国を保護するために制限されるかもしれない。守秘と公開性の間のバランスは、時を経る間に行ったり来たりする振り子である。

▼大学教授の論文の公開は有料か、無料か。

【ピーターソン】アメリカのアーキビストたちは、一般的にいって、アーカイブ資料の利用について、どのような料金を課することにも、反対している。もちろん、ある資料を利用者のためにコピーする料金、または少量以上のページのコピーについては、課金する。ある機関では、コピー作業に要する職員と機器のコスト回収を反映するレベルのコピー料金を設定しているが、他の機関では、僅かな収益を上げる程度のレベルにコピー料金を設定している。

▼大学アーカイブズのアクセスの制限期間について「合理的」とされる基準、あるいは考え方について教えていただきたい。

【グリーン】大学においてアクセス制限を決定する基準というものはない。アクセス制限は、機関アーカイブにおいても収集コレクションにおいても、さまざまである。機関アーカイブにおいては、異なるシリーズが異なる期間制限され得る。一般的に公立大学では私立大学より制限は低く、公立大学では州の各種の記録法によって非公開期間が定められている。私立大学では、ある資料は永久に公開されないということもあるだろう。

収集コレクションでは、過去およそ二五年の間、制限が一〇〇年以上継続するのは例外的で、高度に機微に触れる性質の資料だけがそのような制限を付された。より一般的なのは、ある個人の生存中、または作成日や寄贈日から二五年とか五〇年、といった制限である。

◇企業史料へのアクセス

▼米国の企業アーカイブの一般的事例で（又はクラフト・フーズ社の場合でもよいが）、取締役会議事録や合併交渉記録等について、作成時からどの位の年数経過後に、研究者に対して公開しているか。公開する場合、閲覧希望者の学術的能力や経験等については無条件か。

【タウジー】クラフト・フーズ社では、また私の知る限りほとんどの会社でも、取締役会議議事録とＭ＆Ａ（吸収合併）の最終記録は永久保存である。交渉作業の文書、案の段階や途中段階の文書は永久保存ではない。クラフト・フーズ社では取締役会議事録とＭ＆Ａ文書は、外部の研究者にも一般社員にも公開されていない。

▼企業の歴史とは結果としての経営指標や事実の年表だけではなく、経営意思決定のプロセスやレビューの集積だと思うが、アメリカにおいて社内外へオープンになった、そうした史料は存在するのか。又アクセスの方法はどのようになっているのか。

【タウジー】それは企業の性格や企業文化によって異なるが、企業アーカイブに所蔵される一部の記録には、意思決定過程が記録されている。これらは常に大変有益な保存すべき記録で、この情報を必要とする社員はアクセスできる。伝統的な記録類を保管するために、大勢の企業アーキビストは、永年勤続の社員や退職した社員にインタビューし、オーラルヒストリーを採集する。このようなインタビューでは、なぜ意思決定が行われたか、また、特定の成功や失敗の背後にある理由について質問する。これらの記録とオーラルヒストリーのインタビューを、いつか将来研究者が利用できるようになるかどうかは、企業アーキビストの考えに委ねられるだろう。いずれにせよ、このような記録は主として内部利用のために作成され、保持される。

◇デジタル資料、デジタル化について

▼デジタル・アーカイブの保存のデータフォーマットと利用しやすいアプリケーション・ソフト（特に画像データの見易いソフトはアメリカではあるか。（Web ブラウザなど）

【メンゲル】これは、世界中のアーキビストが直面している、一番重要でしかも最も困難な問題の一つである。電子形式の標準化は、ＮＡＲＡでは大きな関心事である。電子記録の収集、保存を確実に行うために、現在ＮＡＲＡは電子記録アーカイブ（Electronic Records Archive, ERA）を構築中である。このシステムは、ＮＡＲＡが電子記録をさまざまな形式で摂取し、これらの記録を保存し、マイグレートさせ、一般公衆がもっと早くアクセスできるようにするものである。

以前は、いわゆるボーンデジタル（born digital）と呼ばれる、初めからデジタルで作成された特殊媒体の記録は、アナログ形式に変換して保存した。ＮＡＲＡは、今ちょうど、写真や動画フィルム、ＡＶ資料を含むボーン・デジタル記録の保存のための標準を開発し始めたところである。我々のところの所蔵資料は量が多いため、所蔵資料をデジタル化してインターネット経由で配信することは計画していない。ＥＲＡとアーカイブ・データベース・アクセス・プロジェクト（Access to Archival Databases, AAD）の開発を通じ、一部のボーン・デジタル記録をウェブサイトで提供し始めている。

【ピアス＝モーゼス】これがデジタル・アーカイブの保存に適切と言い切れるような、一つだけの、データ形式やソフトウェアというものはない。ＴＩＦＦは多くの異なるアプリケーションで読み取れる、一般的に受け入れられている画像データの標準形式である。ＰＤＦ／Ａ[5]はテキスト資料（グラフィックを含む）の標準として提案されてきた。ＰＤＦ／Ａはオープン・スタンダード[6]であるという事実にもかかわらず、未だに広く

採用されてはいない。ＸＭＬはデジタル情報の保存に向けた重要な段階として大きな将来性を示している。

デジタル情報形式が非常に多様であることを考えると、ある一つの形式がすべてのニーズを満たすということは考えにくい。ＸＭＬにしても魔法の弾丸ではないだろう。形式が異なれば別のＸＭＬスキーマを必要とするからである。予見できる将来アーキビストたちは、前に記録を提供したソフトウェアが時代遅れになるに従い、一つのデータ形式からもう一つの形式に記録をマイグレートさせていく必要がある。

【グリーン】私は技術の選択をおこなう最前線にはいないので、この質問への回答はひかえたい。

【タウジー】私のところでは、画像データ形式にはＪＰＧとＴＩＦＦを使っている。テキストデータの文書についてはマイクロソフト・オフィスのアプリケーションとＰＤＦ形式を使っている。

▼〝デジタル情報はインターネットで提供〟との話があったが、現在、紙文書を言わば on-demand でデジタル化し、インターネットで提供するようなサービスはなされているか。

【メンゲル】先程も述べたが、現在、ＮＡＲＡはアーカイブ・データベース・アクセス・プロジェクト（Access to Archival Databases, AAD）というシステムを通じていくらかの電子記録をオンライン提供している。このシステムは収集されたボーン・デジタルの記録をわれわれのウェブサイトで閲覧できるようにするものである。もうひとつ、これも先述のとおりＮＡＲＡは現在電子記録アーカイブ（Electronic Records Archive, ERA）を開発中で、これはボーン・デジタルの記録を収集し、格納し、保存することを容易にするものである。

テキスト資料に関しては、ＮＡＲＡは全面的なデジタル化を開始してはいない。われわれは関心の高い記録に対し一般のアクセスを容易にするために、小さなデジタル化プロジェクトをいくつか行ったが、これはごく小規模に実施されたにすぎない。これは、単にテキスト資料を系統的にデジタル化する予算裏付けがないだけのことである。そこで、いくつかの非政府系組織とともに、デジタル化パートナーシップを結ぶために緊密に協力して検討を開始した。これは、NARAが関心の高い記録を提供し、これらの団体がそれをデジタル化してウェブ上で提供するというものである。

▼デジタルファイルはデジタルで保存が基本的な方針かと考えるが、そのための技術とコスト想定について、取組みの現況はどうか。

【メンゲル】残念ながら私にはこの質問に対する最適な回答ができない。NARAはすでに述べた電子記録アーカイブ（ERA）開発のため、Lockhead Martinと契約を結んだ。このシステムは、さまざまなフォーマットのボリュームの大きな電子記録の収集を可能とするものになるだろう。ERAは電子記録を、将来の世代にわたる保存を保証する持続性のあるフォーマットで保管するであろう。一旦システムが完成されたら、一般のアクセスが可能になり、インターネット経由で記録を検索し、引き出すことができるようになるだろう。

▼米国のアーカイブ文書は紙からデジタル情報に移行しつつあるとの感想を持ったが、長期保存を行う場合の、そのぜい弱性、メディア、読みとり機能については、どの様に対応しているのか？

【ピアス＝モーゼス】デジタル情報の長期保存に関して確立されたベスト・プラクティスはない。陳腐化した電子記録の個々の事例に対処する中で学びつつあるところである。

現在のところわれわれの挑戦は、時を越えて情報が生き続けることを確実化することである。そのためにはたくさんのやり方がある。第一にわれわれは、進行中のプログラムでファイルが無傷な状態かどうか検査することにより、デジタル信号であるビットストリームを変質から保護することができる。一つには、記録のハッシュ値[7]を生成し、ハッシュ値が変化していないか定期的に検査する方法である。もしも記録がこのプロセスを使って確認できない場合には、劣化していない複本コピーと置き換える必要がある。ということは、記録に対して最低でも、三とはいわないまでも少なくとも二つの複本コピーが必要であることを意味する。LOC

ＫＳＳ[8]技術は、安価でオープンソースの解決法の一つで、分散しているコピーの無傷性の検査およびエラー修正を自動的に行うものである。詳しくは http://www.lockss.org/lockss/Home を参照されたい。

記録はできるだけ、物理的な媒体より回転ディスクに保管されるべきだというのが、私の意見である。記録は、どうしても必要でない限り、テープや光学ディスク（ＣＤ、ＤＶＤなど）にマイグレートされるべきではない。オフラインのメディアにある記録の無傷性検査は、努力が要るからである。

記録をのせるソフトが陳腐化するに従い、あるフォーマットから別のフォーマットにマイグレートする必要が生じるかもしれない。記録のマイグレーションは、見かけに変化をもたらすだろうし、そのコピーが真正性をもつと認められるかどうかに影響するかもしれない。アーキビストたちは、経験上どの程度の外見上の変化が受忍範囲にあるかの判断を支援することができるので、このプロセスの監視を助けるのに優れてふさわしい位置にある。

▼永久的保存の基準はどのように定められているのか、また、見直されるのか。

【メンゲル】ＮＡＲＡには、あらゆる種類の媒体に関して熟練している非常に能力の高い保存スタッフがおり、彼らは資料保存の世界にも緊密に関わっている。彼らは広範な保存技術の知識に基づいて、提言することができる。機能別の部署と一緒になって、保存方針を開発し、ＮＡＲＡの上層部に対してこれを提言できる。

▼ある個人、あるいはある団体に都合の悪い記録が〝行方不明〟になることはないのか。

【メンゲル】私は毀損または紛失した記録にアクセスができなかった例をいくつか聞いたことがある。われわれは、記録に損害を与え破壊する火事のような不運な事故を経験している。あるときある政府機関が記録のシリーズ全体の代わりに抽出したものを移管するよう求めた、という記録の処理過程を思い出す。そのときは問題のファイルは抽出された一部ではなく、ＮＡＲＡに移管されもせず、破壊された。

◇各種のアーカイブについて

▼ＮＡＲＡでは二〇〇六年に「National Declassification Initiative」というプロジェクトを開始したが、この背景を説明していただきたい。

【メンゲル】ＮＤＩは大統領命令一二九五八（Executive Order 12958）[9] 改正の要請とその期日に対応して展開された。この命令は、秘密指定解除に期日を設けた。このプロジェクトは、記録発生源の政府機関で審査された記録で第三者機関または移送先の利害関係に係る情報を含むものを、特定的に対象としている。ＮＤＩはＮＡＲＡが政府機関の秘密指定解除に携わる職員とともに、これらの移送先の審査を能率化し統合して行えるように開発された。

▼国家安全と情報自由の二つをどのように均衡させるのか。

【メンゲル】国家の安全と公共的なアクセスの均衡をとることは、ＮＡＲＡでは難しいプロセスである。われわれは、保持する記録を可能な限り十全に公衆に提供することに力を尽くしている。残念ながらＮＡＲＡのわれわれには、秘密指定された情報の指定解除の最終的な決定ができない。これら問題となった対象資料は秘密指定解除審査のために適切な政府機関に回付される。われわれは最大限、開示を支持するが、それでもなお当該政府機関の決定に拘束される立場にある。

▼過去においてＮＡＲＡからコピーしてきた映像素材が数多く存在している企業からの質問。この映像素材を改めて使用する際に権利関係をクリアーする問い合わせ先がわからないので困っている。たとえば、地上波の報道（ニュース）使用で許諾をとっていた素材を改めてＣＳ、ＢＳの放送波にのせる場合、またＤＶＤなどのパッケージ、ブロードバンド放送の場合についてなども知りたい。

【メンゲル】われわれのところには、資料形態別にいくつかの特別な部署があり、地図の記録を扱う部署（carto@nara.gov）、静止画を扱う部署、視聴覚資料の部署（mopix@nara.gov）がある。お尋ねの件は、使用を希望している記録の形態にしたがって、それぞれの部署に連絡をとっていただきたい。

米国の場合、ほとんどの連邦政府記録はパブリックドメインにあり、自由にコピーができる。しかしＮＡＲＡに移管された資料のうちには著作権のある資料もあり、さらに著作権またはその他の制限がある寄贈コレクションもある。もし記録が商業的な目的のために使われるのであればとくに、これらの記録の権利状態を確認するために、前述の部署に連絡するのが一番よいだろう。

▼米国の大学において、アーカイブの置かれている大学の比率はおおよその位か。

【グリーン】残念ながら、アーカイブを有する四年制と大学院の大学機関の正確な数はわからない。というのも、すべてのアーカイブが職業的アーキビストによって管理されてはおらず、またすべての職業的アーキビストがアメリカ・アーキビスト協会（ＳＡＡ）に所属しているわけではないからである。アメリカには四一四〇の公立・私立の大学がある。ＳＡＡの大学アーカイブズ部会での会員数は九七二であるが、これは必ずしもアーカイブの数と同じではないし、多分もっと多いと考えられる。おそらく、大学の三分の一にはアーカイブがある、と考えてよいだろう。

〔注〕

1　ICA Handbook Series Volume 7. Peter Walne, ed. *Dictionary of Archival Terminology, 2nd Edition.* (Munich : K.G.Saur, 1988).

2　General International Standard for Archival Description.

3　International Standard Archival Authority Record for Corporate Bodies, Persons, and Families.

4 本書二章メンゲル論文四四〜四五頁参照。
5 国際標準化機構（ＩＳＯ）のISO19005で定められている電子文書保存の国際標準。
6 誰でも自由に無償で利用できる規格。狭義には標準化機関が制定した規格や業界のデファクト・スタンダードを指す。（Wiscom『ビジネス用語辞典』http://www.blwisdom.com/word/key/000690.html　参照二〇〇八年六月三〇日）。
7 データの比較・検証に使われるソフトウェア技術。
8 Lots of Copies Keep Stuff Safe.
9 本書二章メンゲル論文注７。

国際会議の記録実務ー日米アーカイブセミナーの運営と記録整理の事例

長岡　智子

◇はじめに

「日米アーカイブセミナー」は、日米両国のアーカイブに関わる専門家とその利用者による国際会議であり、本書は会議の報告内容を中心としたアーカイブの専門書として編成されている。その中で小論は若干異色なものとなるが、ここでは少し視点を変えて、この事業に事務局として参加した立場から、国際会議の開催にともなって発生する各種記録の整理・保存をめぐる実務について紹介し、国際会議アーカイブの一つの事例として示してみたい。

次項以下、まず会議の規模や実施形態および事務局体制とその業務内容を概観し、次に事業実施期間中に発生した各種記録の整理方法、保存のための取捨選択をいかに行ったかについて順次述べていく。そして最後に、これらの記録を今後どのように保管管理していくかの見通しについても触れることにする。

◇国際会議の運営にかかる実務

ⅰ．会議の規模

日米アーカイブセミナーの会期は二〇〇七年五月九日から十一日までの三日間で、初めの二日間は非公開の専門家会議、最終日は半日の公開フォーラムを実施した。また、三日目の午前中には希望者による国立公文書館への見学訪問を行った[1]。

主な参加者は日米から報告者各五名、コメンテーター各二名、事業評価者一名[2]、実行委員会委員二名で、公開フォーラムにはこのうち米側の報告者五名とコメンテーター一名、日本側報告者一名と事業評価者がパネリストとして登壇した。なお、専門家会議には招待ベースのオブザーバー（助成団体、協賛企業等から）のべ一〇名が出席し、公開フォーラムにはアーカイブや図書館、企業などに関係する実務家や研究者、一〇〇名超の参加を得た。

以上は、本書に掲載されているプログラムほか[3]を参照されたい。

本事業はアメリカ・アーキビスト協会（Society of American Archivist, SAA）、日米アーカイブセミナー実行委員会（以下、実行委員会）および横断的アーカイブズ論研究会の三者が共催した。予算規模としては、準備段階から出版事業の完了までを目安に組み立てた全体の総額が約九〇〇万円で、実際にはこれよりいくらか縮小する結果となったが、主な財源は独立行政法人国際交流基金日米センター（ＣＧＰ）および日米友好基金（Japan-U.S. Friendship Commission, 本部・米国ワシントンＤＣ）の助成金であった。これに加えて日本側では、科学研究費補助金による研究プロジェクト「横断的アーカイブズ論の総合化・国際化と社会情報資源基盤の研究開発」（以下、横断的アーカイブズ論研究会）の参画を公開フォーラムの共催という形で得たほか、財団法人渋沢栄一記念財団（以下、渋沢財団）等の協力を受けた。

ii．形態

上述のようにセミナーは二日間の専門家会議と半日の公開フォーラムで構成されたが、専門家会議は全体で三〇名程度の円卓会議の形式をとり、公開フォーラムはパネルディスカッション形式で開催した。会場は東京大学山上会館のそれぞれ小会議室と大会議室を使用し、後者にはパネリストも含めて約一五〇名が出席した。

全体を通して日本語と英語の双方向の通訳を入れたが、専門家会議では会場仕様の都合上、逐次通訳を、公開フォーラムでは同時通訳を手配した。

またセミナーのより実質的な波及効果を高める目的から、公開フォーラムの最後に三日間の議論を踏まえた提言（Resolution）[4]の採択を行った。なお、「日米アーカイブセミナー」の中心は言うまでもなく上述の国際会議と公開フォーラムにあるが、事業としては成果物としての本書の刊行をも含むので、出版物の完成と配布作業の完了までは事業が継続しているものと考えられる。

ⅲ．事務局体制

本事業は前述のようにＳＡＡ、実行委員会および横断的アーカイブズ論研究会の三者が共催したが、事務局はＳＡＡおよび実行委員会に設置し、それぞれ米側と日本側で業務を分担する形をとった。なお、実行委員会は今回のセミナー開催のために発足した任意団体で、事務局は小川千代子委員長が主宰する国際資料研究所（ＤＪＩ）に置かれている。委員会の構成については本書掲載の実行委員会メンバーリスト[5]を参照されたい。

日米の事務局業務の分担領域を簡単にまとめると、米側が日米友好基金の助成申請および助成金管理、アメリカ人報告者の人選および連絡調整、英文報告書の編集発行などに関する業務を担当し、それ以外は日本側で行った。

日本側の事務局は実質的には実行委員会委員長、副委員長および事務局担当者の三名で構成されているが、それぞれ他の仕事と兼務の状態であったため、通常は電子メールを駆使したいわば「バーチャルな事務局」として存在し、これを必要に応じてミーティング等で補う形をとった。地理的・物理的・財政的等の理由から、ミーティングや各種事務作業には渋沢財団からスペースの提供を受けたが、さらにホームページの管理やセミナー直前の準備と会期中の補助などについて人員面でも同財団より協力を得た。また、公開フォーラムでは共催者の横断的アーカイブズ論研究会による業務分担も得ることができたほか、セミナー期間中は学生アルバイトも含め、のべ人数で総勢約一〇名のスタッフが動員された。

ⅳ．実務

今回のセミナーは、筆者がこれまでに経験した範囲では中規模ながら、国際会議にまつわるあらゆる側面を具えたものであり、一般的に国際会議に付随して必要となる業務を網羅しているといってよいだろう。その内容を具体的に箇条書きで示し、簡単な解説を加えてみる。以下は日本側事務局で行った業務をほぼ時系列に沿って並べてあるが、次項の「記録の整理」を意識した分類となっていることも言い添えておきたい。

・プログラムの構成と趣意書の作成
・参加者の人選と招待
・助成申請、後援・協賛依頼
・参加者への連絡、旅行手配
・会場関係手配
・通訳、翻訳関係手配
・公開フォーラム準備
・会議外の会合関係手配
・セミナー直前準備、当日業務
・経理事務
・フォローアップ
・助成団体等への報告
・出版関係

日本側の事務局が立ち上げられたのはセミナーの半年前の二〇〇六年一〇月だが、非公式な意見調整なども含め、本事業の準備が始まったのはさらにさかのぼること一年近く前の二〇〇五年冬ごろのことである。このため、初期段階の「プログラムの構成と趣意書の作成」および「参加者の人選と招待」の手続きは、米側で先行していた日米友好基金への助成申請の手続きとあわせて、日本側実行委の正副両委員長と米側事務局および基調講演者のトルディ・ピーターソン氏の間で進められた。なお、「参加者の人選と招待」には、日本側報告者五名の他、日米双方からあわせて四名のコメンテーターの人選も含まれる。「プログラム」と「参加者」の決定に至る作業は相互に密接に関係しており、今回の場合はプログラムの大枠が決まってから人選が行われたが、プログラム・参加者とも直前まで細かい変更と微修正が重ねられた。

今回のセミナーの日本側の主要財源はCGPの助成金であったことをすでに述べたが、同センターへの助成申請は二〇〇六年秋に行い、ほぼ申請通りの内容で交付内定が出されたのは二〇〇七年三月だった。この間に計二〇あまりの団体や企業等に向けて後援あるいは協賛の依頼も行った。

参加者が確定した後の各種連絡調整作業は、実際の会議への臨席にともなう手続きと、論文や各種情報の提供を依頼する手続きに大別できる。前者には各人の詳細な出席予定の確認や所属組織への出張依頼等の手続きの他、遠方（海外および日本国内）からの参加者の旅行関係の連絡や手続きも含まれる[6]。後者には事前の論文原稿提出のほか、配布資料作成に必要な略歴や写真の提供を求める作業がある。また、議論をより深化させるため土台となる一定の共通理解を予め参加者間に形成しておくことを重視して、専門家会議に提出される論文をすべて事前に配布することを心がけたため、日本語から英語への翻訳作業が会議前に必要となり、これにともなう連絡調整の業務も発生した。

次に会場関係については、地理的利便性と会議の性格、財政面などの条件から、会場の選定は事務局発足前に完了しており、会期の設定とあわせて予約も早い段階に行われた。設備面などの問題から公開フォーラムの会場を見直す案も出たが、最終的に山上会館での開催が確定し、その前後に複数回にわたって下見を行った。その際の主なチェックポイントは、机や椅子の設営と収容人数、発表のための補助機器や録音・通訳等の設備（持ち込みが必要な機材の確認を含む）、事務局スペースの有無などであった[7]。

通訳の方法については上述したとおりだが、業者選定に当たってはアーカイブの分野における実績を重視した。事前の資料提供は完璧とはいえなかったが、三名の通訳者（うち一名は公開フォーラムのみ）はいずれも高いパフォーマンスを示してくれた[8]。翻訳については会議前に日英の翻訳を行ったことはすでに述べた[9]が、これに加えて、会議後にも、本書の出版に向けて米側の論文を日本語に翻訳する作業が発生した。いずれの場合も業者を介さずフリーランスの翻訳者に依頼する形をとり、参考資料の提供や論文執筆者と翻訳者の仲介も事務局で行ったが、これは主に財政的な理由による。

セミナー準備のうち、特に公開フォーラムについては告知と参加申込の受付でかなりの量の事務作業を行った。前者については両面刷りで一枚のチラシを作成し、それを渋沢財団のウェブサイト上で公開したほか、後援団体などに紙および電子形式で送付して回示を依頼し、広報を行った。その成果もあって定員を大きく上回る参加申込があり、最後は断らざるをえない状況となった。申込は電子メールとファクスで受け付け、一件ずつ確認の回答を行い、氏名や所属、連絡先等の情報を網羅した名簿を簡易データベースにして管理した。

セミナーの会期中には、セッションの合間のコーヒーブレークや会議終了後のレセプションなどを行ったが、この種の会合関連の手配も準備の中に含まれる。具体的には、専門家会議初日の夜に参加者の歓迎会、公開フォーラムの終了後に懇親会を、それぞれ学士会分館と山上会館ラウンジで行い、ブレークについては最終日のレセプションと同じ山上会館の料飲業者に手配を依頼した。いずれもメニュー指定や人数把握などの煩瑣な業務を要する[10]。

一般的に国際会議の約一か月前には直前準備が本格化する。その作業の中心は配布資料のとりまとめになるが、今回のセミナーでは公開セミナーで参加者に配る資料集を冊子体にして印刷した。これは専門家会議でも使用することを念頭に、全体のプログラム、開催趣旨、報告者・コメンテーター・評価者の略歴、報告要旨などを日英二カ国語でコンパクトにまとめたもので、作成には多くの時間と作業を要したが、事業の概要を紹介する上でも便利な、活用範囲の広い印刷物となった。この他の配布物として、専門家会議にはバインダー（内容は各報告の全文、参加者の詳細な履歴、会場および周辺地図などの関連情報）、公開フォーラム用には追加資料、質問用紙[11]、名札[12]などを用意した。この他、直前準備には参加者に宛てたウェルカムレター（特に宿泊をともなう参加者には旅費の清算方法などに関する情報を盛り込んだもの）、各会場で使用する飲み水や文房具、卓上名札、各種機材、公開フォーラム受付用の名簿等々の用意が含まれる。

そして当日を迎えるわけだが、予想外の事故も含めて多種多様な雑務が発生する中、必ず必要となる用務としては、会場設営、受付（出席者氏名のチェック、追加資料のコピー作成および配布、同通レシーバーや名札の配布及び回収、会費徴収など）、進行補佐（卓上の名札や水のセット、質疑応答の補助など）、録音、記録用写真の撮影などがある。今回の公開フォーラムでは、事前の申込なしで会場を訪れた傍聴希望者への対応に苦慮する場面もあった。

次に、時系列でいえば扱いが前後するが、事務局設置当初から事業実施中の全期間にわたって発生する業務に経理事務がある。これはおもに助成金等の収入と各種支払いの出納（現金の手渡しや銀行口座の出入金を含む）に関する管理と、それらの記帳作業に分けられるが、加えて、後述する財団等への報告に際して経理報告をまとめる作業もある。会議の主催母体が一定以上の規模を有する組織であればこの種の業務は専門部局が担当することになるのだろうが、今回のセミナーのように小所帯の場合にはすべて事務局で行うことになる。

会議終了後の業務のうち、比較的短時間のうちに行うべきフォローアップのなかに、参加者からのフィードバックを受けるという業務がある。今回は、公開フォーラム参加者に電子メールによるアンケート調査を実施した他、専門家会議への参加者に対しても別内容のアンケート調査を行い、さらに公開フォーラム会場で出された質問への回答執筆を依頼した。その結果は本書に反映されている[13]。また、本セミナーの成果普及活動の一環として、公開フォーラムで採択した提言をインターネット上に公開した他、総務省や日本経団連等の政策決定上影響を持ちうると考えられる機関に配布した。

事後に行う主要な業務の一つに助成団体等への報告が挙げられるが、今回の場合は横断的アーカイブズ論研究会とCGPに対する報告がこれに当たる。二〇〇八年五月末日をもって、いずれもひととおりの手続きが完了している。

さらに、セミナーの成果還元を行う上で中心となるのが出版事業だが、今回は日米双方でこの作業を分担することが当初から計画されていた。米国ではSAAが報告論文を中心とした英文の報告書を編集し、同協会のウェブサイト上で公開している[14]。日本では本書の刊行がこの作業に当たるわけだが、当事務局の関与は入稿までとし、その後の編集作業は専門家の手に委ねることとなっている。そして、本書の完成と配布作業の完了をもって本事業はようやく終了を迎える見通しである。

◇記録の整理

次に、前項で述べたような実務にともなって発生した各種記録について、その整理方法の一案とともに簡単に述べてみたい。これらの記録を媒体別に分類すると紙と電子体に分かれるが、ここでは主に紙媒体の整理方法を示し、電子媒体の記録については最後に触れることにする。

以下は日米アーカイブセミナーの日本側事務局で管理している記録のファイリング方法である。なお、筆者が実践している国際会議関連の記録の整理法は、以前在籍していた財団法人国際文化会館の企画部で習得したものであることを付記しておく。

◎プログラム、趣意書（策定過程の記録を含む）
◎参加者
・連絡先一覧
・セッションごと出欠予定、論文等提出状況等の一覧表
・参加者別通信記録
◎会場・ホテル
・会場関係
・宿泊関係
・会合関係
◎公開フォーラム
・案内チラシ
・参加申込、名簿
・アンケート
◎通訳、翻訳関係
・通訳
・翻訳（翻訳原稿含む）
◎論文

◎出版関係
・日本語
・英語
◎経理
・助成申請、報告
・後援・協賛団体関係
・収支記録、証拠書類

以上は、分量にしてA四サイズの二穴式、厚さ五センチメートルのチューブファイルで四冊ほどになるが、前項で箇条書きにした実務内容にだいたい対応する項目名で分類してあり、どの項目も最新情報が一番上に来るように綴じてある。これらの文書記録は、いわゆる現用および半現用の扱いで、発生記録を網羅しているため最大規模のものといえよう。今後は保存を念頭に取捨選択して分量を減らして行く作業が必要となるが、これについては後述する。

なお、現用記録としてのこれらの文書の利用については、上述のような事務局体制の実態もあったため、効率的な情報共有の実践例としては決して好材料を提供できるとはいえない。当初は各種書類を二組作成して二重に保管する努力もしたのだが、次第に手に余るようになり、最終的には筆者の自宅で原本を管理する形に落ち着いた。このような状況で、正副両委員長と事務局担当者の間の情報の共有は、もっぱら電子メールと電子ファイルで行うこととなり、このため、必要に応じて当該の記録をメールで再送して共有するというような無駄な作業が発生する結果となってしまい、おおいに反省すべき点と考えている。このための善後策として、渋沢財団のファイルサーバーに共有のフォルダを設け、それを電子ファイルの保存管理に活用した。ここでも基本的な分類は上記の紙媒体の記録と対応する形にした。

筆者に限って言えば、電子メールを複数か所で確認する必要に迫られたため、送受信したメールの分類作業だけでも相当の労力を費やし、結局メールの検索機能や着信日を頼りに記録を探さざるをえないというのが実情だった。他方、事務局用メールアドレスへの着信は自動的に正副両委員長に転送される仕組みにしてあり、着信は即座に直接的に共有されたため、実際の業務に当たっては電子メールの記録がもっとも役立ったともいえる。

◇記録の保存

上記の書類を保存するに当たって、いかなる基準で取捨選択を行うかというのは現在進行形の課題であるわけだが、セミナー開催後一年を経過した現在、当面のところ次のように考えている。

・印刷物になったものについては、最終稿以外は廃棄する
・同一文書の古い版は廃棄する
・配布資料等のうち他の機関で作成され、保存されているものは廃棄する
・通信記録の扱いについては、電子メールの記録が大半を占めるなか、特に紙媒体に起こして保存するものの選別には内容の精査が必要であろうが、企画段階の通信記録には問題意識の萌芽が伺われるものなどが散見され、今後この事業がどのような形で引き継がれて行くかが未知数の現状においては、単純な事務連絡のものなどは別にして、可能な限り保存しておくことが望ましいと考えられる。
・経理書類については、助成金の使用規程で五年間の保存義務が課されている。

以上は紙媒体の文書記録の保存に関するものだが、電子媒体のもの（録音と写真を含む）については分類後、

ディスク等に焼いておく必要があろう。

◇おわりに

今後の課題として残るのが、これらの記録の保管場所である。この点は事務局関係者間でも調整が済んでいないが、やはり何らかの形で組織に委託する形をとらざるをえないであろう。その際、これまでの経緯や実行委員会との距離などから判断して、候補と考えられるのは渋沢財団か国際資料研究所であろうが、スペースその他の問題を考慮しながら検討が重ねられることと思う。

さて、ここまで国際会議の一事例としての日米アーカイブセミナーをめぐる会議運営と記録整理の実務について述べてきたわけだが、アーカイブの生成過程を記しているので、「アーカイブへのアクセス」という本書の中心課題からは、やや外れた内容であるとみえるかもしれない。しかしながら、一般的にいって国際会議は、開催のたびに開催主体と運営体制が形成され終了後にはそれが解散することが多い。大学や団体のような組織体が開催する場合でも、期間限定の開催主体を形成することは同じである。このような場合記録はどう残されていくのか、国際会議アーカイブの事例として、本セミナーの記録の概要を記した。残され方は後のアクセスに直結するからであり、国際会議の記録は残りにくいアーカイブ資料の代表である。筆者としては、本セミナーを通して記録が生成する過程の実態をこのような形で記録に留めることで、あらゆる営為に付随して記録が作成されるという事実をあらためて確認していただく一助となれば嬉しく思う。さらに付け加えるならば、今後アーカイブの世界でも国際的な議論の場はますます増えていくことと推測されるが、そのような場面で本セミナーの経験が少しでも参考になれば望外の幸せである。

〔注〕

1　この正規プログラムに加え、会議前日の五月八日夕方に米側参加者を中心とした打合せ会議を行った。

2　これはおもに助成元の国際交流基金から何らかの形で評価システムを組み込むことが課されていたことから設定した役割であるが、今回のセミナーにおいては、当該分野に精通した専門家に第三者評価を依頼し、評価者の視点からみた専門家会議の議論に対するコメントを公開フォーラムで報告するという方式をとった。評価者には、その発表をもとにした論考を本書に寄せてもらうと同時に、別途、評価報告書作成の労もとっていただいた。

3　本書ix～xv頁に掲載。

4　本書一～三頁に収録。

5　本書vii頁。

6　今回のセミナーは国際会議であったものの、海外参加者の旅行手配は宿所の確保のみ、支払いに関しても日本側事務局が関与したのはコメンテーター二名分だけという、最小限のものでおさまった。日米の事務局の分担体制がうまく機能した事例といえよう。

7　パワーポイント投影用のパソコン、プロジェクター、スクリーン、および同時通訳の装置等、必要な機材はほとんど外部から持ち込むこととなった。また、山上会館の会議室には事務局が機能的に動けるような適当なスペースがなかったが、今回のセミナーでは宿泊用の個室をそれに当てたところ、インターネットの使用も可能で、非常に便利だった。

8　専門家会議の通訳については、逐次にすることで所要時間が二倍半に増えることから、仮設ブースを用いて同通にすることも検討したが、スペースの問題から断念した。また、専門家会議の参加者は初来日の米側報告者五名が日本語を全く解さないのに対し、英語については全員がよく理解するという状況があったため、特に英語への通訳を正確かつ丁寧に行うよう業者側に依頼した。ただし実際には日本語への通訳もれなく行われ、その分時間は要したが、より緻密な議論を行う上で効果的だったものと思われる。他方、公開フォーラムでは参加者の大多数を占める日本人を意識して、米側コメンテーターによる発表も日本語で行った。

9　厳密には、原稿をもとから日英両語で作成した報告者もいたことから、日本語から英語への翻訳対象となった原稿は三本にとどまる。なお、専門用語の訳語の参考資料として翻訳者には以下の二点を紹介した。

文書館用語集研究会編『文書館用語集』（大阪大学出版会、一九九七）。

Richard Pearce-Moses, *A Glossary of Archival and Records Terminology* (Society of American Archivists, 2005) オンライン

版 http://www.archivists.org/glossary（参照二〇〇八年七月一日）。

10 この他に八日の打合せ会議のあとに米側報告者の歓迎会を宿所のＫＫＲホテル東京で行った。これらの経費は自己資金からの捻出が必要となる場合が多く、今回も米側との折半や一部会費制などの方法をとることによって経費の節減に苦心した。

11 質疑応答の時間を短縮するため予め配布した質問用紙を回収する方式をとった。

12 レセプション参加者のみ。

13 本書二〇九～二二八頁参照。

14 http://www.archivists.org/publications/epubs/accesstoarchives/index.asp（参照二〇〇八年七月一日）。

第八章　国際関係の中のアーカイブ

外交問題と資料アクセス――アジア歴史資料センターの成立過程

小出　いずみ

◇はじめに

三日間にわたって開催された日米アーカイブ・セミナーは、アーカイブに関する国際交流の会議であった。そもそもこの会議は、アメリカのアーキビストから日本のアーカイブについて知りたい、という要請を受けたものであるが、日本側も日本の各種のアーカイブについて、網羅的ではないにせよ、アメリカと比較しながら概観できるよい機会になるだろうと企画された。またこの会議では、日米双方の利用者からお互いのアーカイブの国境を越えた利用についての経験が披露された。

そこで本稿では、アーカイブという文化的な装置が国際的な関係の中でどのように影響され、利用され、評価されるのかについて、すなわち、国際交流や国際関係の観点からアーカイブのアクセスをみることにする。

事例には、アジア歴史資料センターの設立過程を取り上げる。同センターは、外交政策の一環として設置されたからである。

◇アジア歴史資料センターの設立過程

二〇〇七年には、消えた年金記録や薬害肝炎訴訟などの問題が起こり、記録の重要性に焦点があてられた。いうまでもなく、学術研究上の要請に比べて、訴訟に代表されるような権利に関する争いがある場合には強力なアクセス要求が起こる。

アジア歴史資料センターが構想されるに至った文脈は、このようにあからさまにではないが、戦後補償を求める訴訟問題も一つの遠因となって形成された。以下では、まず、歴史認識が国際的な問題になった過程を追い、次に、外交課題と化したこの問題への対処として考え出された「平和友好交流計画」とその一環として考えられていたアジア歴史資料センターについて、それがなぜ現在の形で設置されるに至ったかについて記すことにする。この事例には、アーカイブへのアクセスの問題が国際的な問題と深い関わりをもつ様子がよく現れているからである。

◆国際問題化した歴史認識

歴史認識が外交問題として浮上した過程を、第二次世界大戦後の講和や賠償、経済援助の動きなど、日本とアジアの関係の文脈の中でみると、戦争関係終結の仕方の問題が戦後長く持ち越されていたことがわかる。戦後処理には三〇年以上の長い時間が費やされ、中華人民共和国（中国）との間で平和友好条約が結ばれたのは漸く一九七八年で、依然として平和条約が未締結の国もある[1]。韓国と中国との国交回復交渉の過程では、日本の植民地支配や軍事支配をどうみるか、謝罪のことばに対するすれ違いなどの歴史認識問題が何度もからまって、難航した。

日本が次第に経済大国化し、硬直した戦後の枠組みが冷戦終結により崩れ、平和維持活動として自衛隊の海外派遣が現実のものになると、アジア諸国の日本に対する危惧と批判が大きくなった。一九八〇年代に始まる教科書問題と靖国神社参拝問題は、「歴史をどうみるか」が国際的な争点になることを顕著に示している。さらに、冷戦が終わって国際的な力関係に変化が現れ始めた一九八〇年代末以降、日本の戦後補償をめぐる動きが活発化した。それまで国家レベルの講和や賠償によって決着されたとされてきた問題の解決方法への異議申し立てで、日本国内でも元従軍慰安婦や強制連行に対する補償を求めた訴訟が起されるようになってきた[2]。

これらの問題に対し日本は、一九七〇年代終わり頃からたびたびアジアの戦争被害に対する言及と謝罪発言を繰返してきた。主なものをあげると、教科書問題に対する鈴木善幸首相の記者会見での発言（一九八二年八月二四日）およびその翌々日の歴史教科書に関する官房長官談話（宮沢喜一）、盧泰愚大統領歓迎宮中晩餐会（一九九〇年五月二四日）ならびに楊尚昆国家主席主催晩餐会（一九九二年一〇月二三日）での答辞などの天皇の発言、慰安婦問題に関する官房長官談話（一九九三年八月四日、河野洋平）などである。細川護熙は首相任命の記者会見（一九九三年八月十一日）で、先の戦争[3]は侵略戦争であったという認識を、首相として初めて示した。

それでは、日本のどのような歴史認識が国際問題化していたのだろうか。日本の政治家の発言が国際的な問題を引き起こすことは、以前にも起こったが、この頃はとくに、問題となった、歴史についての発言が目立つ。これらのうち、閣僚の発言内容とその波紋を一覧表で示すと、「歴史認識問題発言（一九九四〜一九九五）」（次頁に掲載）のようになる。発言内容をみると、日本がアジアで行った戦争は侵略戦争ではないとするもの、植民地支配を正当化するもの、アジア諸国に与えた被害を過小評価するもの、などであることがわかる。つまり、「先の戦争」をどうみるかという歴史認識が、国際的に問題とされたといえる。

「歴史認識問題発言（一九九四～一九九五）」

年月日	発言者	内容	波紋	出典
1994.5.5	永野茂門 法相	毎日新聞報道によると、「太平洋戦争は侵略戦争という定義づけは、今でも間違っていると思う」、「南京大虐殺はでっち上げだと思う」などと発言。	江沢民国家主席、訪中中の原参議院議長に不快感表明。韓国外相は駐韓大使を呼び抗議。7日辞任、在任期間10日間。	『戦後補償とは何か』p.188.『教科書に書かれなかった戦争 Part10』増補版（梨の木舎、一九九五）p.218-240.『朝日年鑑』一九九五 p.145, 319.
1994.8.12	桜井新 環境庁長官	閣議後の記者会見で「（太平洋戦争は）侵略しようと思って戦ったのではない」「アジアはそのおかげでヨーロッパ支配の植民地支配の中からほとんどの国が独立した」と発言。	韓国政府抗議、長官発言撤回。13日アジア各国も反発。14日長官辞任。	『朝日新聞』一九九四・八・十三。『教科書に書かれなかった戦争 Part10』増補版（梨の木舎、一九九五）p.242-258.『朝日年鑑』一九九五 p.146, 252.
1994.10.24	橋本龍太郎 通産相	衆議院税制改革に関する特別委員会で「戦争を行ったということは事実でありますが、侵略戦争と言い得たかどうかとなれば、私には疑問は残ります。」	25日韓国外務省が遺憾の意を表明。村山首相「問題ない」。27日五十嵐広三官房長官の「橋本発言は日本政府が公式に述べてきた立場と一致」の説明を孔魯明駐日韓国大使が受け入れ、決着へ。	国会会議録。『朝日年鑑』一九九五 p.147
1995.6.5	渡辺美智雄 元副総理	「日韓併合条約は円満に結ばれた」などと発言。後に「円満に」の部分を取り消して謝罪。	韓国が批判。6日ソウル日本大使館広報文化院に火炎瓶投入。	『朝日年鑑』一九九六 p.48. 国会会議録一九九五年六月七日の衆院外務委で言及あり
1995.8.8	島村宜伸 文相	就任記者会見で「（先の戦争が）侵略戦争じゃないかというのは考え方の問題」「侵略のやり合いが戦争じゃないですか」「相も変わらず昔を蒸し返して、それを一々謝罪していくというやり方はいかがなものか」と発言。	韓国の批判。「侵略行為や植民地支配に対し、深い反省に立つのは当然」「真意が伝わっていない」と撤回せず。官邸説得により11日発言撤回。	『朝日年鑑』一九九六 p.247, 309.
1995.11.8	江藤隆美 総務庁長官	10月日本人記者との懇談で、「植民地時代には日本が韓国によいこともした」と発言。韓国の東亜日報が報道。「日本は学校を建て、大学をつくり、鉄道を建設し、港湾を整備、山には木を植えた」などの趣旨と報道。	オフレコ発言を取り消したが外交問題化。10日首相が厳重注意。韓国硬化、河野外相訪韓拒否。13日辞表。	船橋洋一編『いま、歴史問題にどう取り組むか』p.43.『朝日年鑑』一九九六 p.46,249,309.『外交青書』一九九五年版Ⅱ 韓国の項「過去の問題との関連では、先の大戦の認識に関する日本の閣僚発言をめぐる問題があった」

◆掘り起こされる資料

謝罪や責任表明が頻繁になるのは、一九九〇年の盧泰愚韓国大統領訪日が大きなきっかけだった。日本側では天皇が代替わりし、戦争責任について、いくらか議論しやすい環境になったのかもしれない。盧泰愚大統領訪日の際に行われた外相会談で、韓国側は、強制連行や従軍慰安婦問題などの調査を日本政府に要請した。それに応えるために事実の掘り起こしが行われるようになり、資料があらためて「発見」されることになって、これまで語られてこなかった近代日本史の闇の部分にも、次第に光が当てられるようになった。さらに、その頃から、戦後補償を求めた訴訟も数多く起されるようになり、「加害者」としての日本が、遠い戦地においてではなく国内の身近な場所で、問題とされるに至った。訴訟内容の真相解明に向けて、証拠能力を有するさまざまな様々な資料が発掘され、国会でも議論された。事実の掘り起こしによって、加害者としての日本を直視することが迫られることになった。

盧泰愚大統領来日の際、強制連行者の名簿を要求された日本政府は、一九九〇年五月二八日の参議院予算委員会における竹村泰子議員の質問[4]に促されるように、五月二九日朝鮮人強制連行者の名簿を調査することを決定した[5]。五月三〇日の予算委員会で竹村議員は従軍慰安婦関連を含めてこの問題に関する調査を再び要求した。その後もたびたび調査について国会で質疑が行われた。調査の対象として指示された省庁は、外務省、文部省、厚生省、労働省、警察庁、防衛庁などであった[6]。

一九九〇年七月四日には、太平洋戦争中に日本軍に召集・採用された朝鮮人軍人・軍属の名簿約一一〇冊、五万人前後と、台湾人一万人分約五〇冊が厚生省に保管されていることが明らかになった。日本政府は、これを韓国が提出を要求した強制連行者の対象外であるとしたが、韓国政府は七月六日、軍人・軍属名簿も対象との判断を表明した[7]。八月七日に日本政府は、韓国から求められていた戦前・戦中の朝鮮人徴用者（強制連行者）名簿について、約八万人、実態の一割程度とみられる名簿が保存されていた、と調査概要を発表した[8]。一九九二年七月六日には日本政府は資料調査の中間発表を行い、一二七点の資料を公表[9]、同時に加藤紘一官房長官が「朝鮮半島出身者のいわゆる従軍慰安婦問題に関する発表」とする談話で、「慰安所の設置、慰安婦の募集に当たる者の取り締まり、慰安施設の築造・増強、慰安所の経営・監督、慰安所・慰安婦の衛生管理、慰安所関係者への身分証明書等の発給等につき、政府の関与があったことが認められた」[10]と述べた。日本政府は初めて公式に、従軍慰安婦について政府の関与を認めたのである。

さらに政府は、韓国に調査団を派遣し[11]元従軍慰安婦十六人から聞き取り調査を行った。そして一九九三年八月四日に二次調査の結果について内閣官房内閣外政審議室が発表[12]、同時に河野洋平官房長官が談話を発表した。談話では、慰安所について旧日本軍が直接あるいは間接に関与していたこと、慰安婦は強制的な状況下に置かれていたことなどを認めた。さらに、「われわれはこのような歴史の真実を回避することなく、むしろこれを歴史の教訓として直視していきたい。われわれは、歴史研究、歴史教育を通じて、このような問題を永く記憶にとどめ、同じ過ちを決して繰返さないという固い決意を改めて表明する。」[13]と述べた。

戦後補償訴訟に向けては様々な団体や個人によっても資料探しの努力が続けられ、次第に資料の存在が明らかになった。一九九二年一月十一日には、吉見義明中央大学教授が慰安所への軍の関与を示す資料（旧日本軍の通達・日誌）を防衛庁図書館で発見、と報道された[14]。一九九二年十二月には、在日朝鮮人総連合会の調査で、国立公文書館から「旧満州では慰安婦の組織的管理が一九三三年から始まっていた」という文書が発見された[15]。一九九四年六月二二日の参議院外務委員会では、柿澤弘治外務大臣が、東京華僑総会に保存されていた戦争中の中国人労働者に関する敗戦直後の報告書[16]が、外務省の作成であることを認めた[17]。外務省はそれまで、資料は現存していないのでわからない、との答弁を繰り返していた[18]が、それを翻さざるを得なくなったのである。さらに、中国人強制連行が一九四二年の閣議決定によって行われたこと、明らかに強制連行であったことが、外務省自身による調査によって明らかになっていることに対し、今後の対応を問われると、柿澤外相は、以下のように答弁している。

今後は、政府としては、このような認識を広く国民の間で共有するとともに、後世に伝えていくことが重要であると考えておりまして、そうした観点に立って本件報告書の写しを外交史料館等で一般の方々に閲覧する等の措置をとりたいと考えております[19]。

事実を事実と確認することにおいて資料は役割を果たすのであるが、事実確認を共有するには資料の閲覧が可能であることが必要である、という認識を示すこの発言は、アーカイブへのアクセスを考える上での重要な指摘である。

この一連の質疑の中で質問者の清水澄子議員は、当時中国人の使用者であった企業が、日本政府が中国人の強制連行を認めていないことを理由として、強制連行の犠牲者の碑文にそれを記すことを認めなかったことを指摘し、今回政府が公式に認めたことであり、企業に対しても事実を認めて反省することにおいて政府が指導的役割を果たしてほしい、と要請した。それに対し外相は、「国民を含め企業も客観的事実を認識するという点では、政府としてそうした方向を勧奨するよう努力をしていきたい」[20]（傍線筆者）と述べている。

◆「平和友好交流計画」

宮沢喜一首相は所信表明演説（一九九二年一月二四日）で初めて歴史認識問題に言及して、過去の事実を直視するとの決意を表明した。そして細川内閣の後に成立（一九九四年六月三〇日）した村山富市内閣は、歴史認識の問題に取り組むことになる。終戦後五十年を控え、とりわけ近代の日本とアジアの関係をどうみるか、アジアにおける日本の戦争をどうみるかについての日本の歴史認識が国際問題化し、対外政策として対処せざるを得ない状況に立ち至ったからである。

一九九四年八月三一日に発表された総理大臣談話[21]で、近隣アジア諸国との間で外交問題化していた、戦後未処理のままだった種々の問題の解決を目指す政府の姿勢と方針が示された。その中で「平和友好交流計画」が提唱され、歴史研究支援と交流を中心とした対外的な文化政策によっても、外交問題に対処しようという方針が明らかにされた。「アジア歴史資料センター」は、この談話に端を発する。談話では、平和友好交流計画は一九九五年度から一〇年間に渡って一千億円相当の新たな事業を行う、とされた。計画の内容は、「過去の歴史を直視するため、歴史図書・資料の収集、研究者に対する支援等を行う歴史研究支援事業」（傍線筆者）、「知的交流や青少年交流などを通じて各界各層における対話と相互理解を促進する交流事業」、その他であり、「また、この計画の中で、かねてからその必要性が指摘されているアジア歴史資料センターの設立についても検討していきたい」[22]とされた。

この時の談話発表記者会見の想定問答が二種類残されており、「アジア歴史資料センターとはいかなるものを考えているか」との問いに対し、一つには、「一、我が国とアジア近隣諸国との近現代の歴史に係る文献・資料を集中、管理し、研究者及び一般の用に供することの必要性についてはかねてより有識者から指摘されているところ。二、このような観点より、平和友好交流計画の中で、アジア歴史資料センターの設立についても検討してまいりたい。」[23]と記され、もう一つには、「…我が国とアジア近隣諸国との近現代の歴史に係る政府の公文書等の文献・資料…」[24]（傍線筆者。この部分のみ異なる。）と記されている。この時点では、「アジア歴史資料センター」構想がどのようなものであるのか、明確にはなっていなかった。

談話について、『毎日新聞』は、侵略戦争と植民地支配を反省するなら、歴史の直視、おわび、償いが履行されなければならない。歴史の直視は「結構なことである。…問題はその研究成果をどう生かすかである。旧日本軍の残虐行為にしても、日本の教科書とアジアのそれとはかなりの落差がある。生々しいアジアの教科書に比べると、日本のは微温的である。研究成果が図書館の隅でほこりをかぶっていては、何もならない。それを積極的に歴史教育に活用していかなければならない。近・現代史の副読本として、研究成果が生かされるような、さらなる前進的措置も視野に入れてほしい。」[25]としている。

『産経新聞』はこれと対照的だった。談話により慰安婦への補償を国が行わず民間に協力を求める道筋ができたこと、確定債務問題などへの対処については評価しながら、警戒を要する事業は「平和友好交流計画」だとする。「とくに最大の力点が置かれている歴史研究支援には大きな懸念がある。首相談話の基調が暗いと指摘したのは、客観的であるべき歴史研究に対し、『過去の過ちを直視』『大きな傷痕を残している近隣諸国等を中心に』などと、くどくどと前提を付しているためだ。これでは研究の結論がすべて日本断罪になるのは明白だ。先の戦争の歴史的経緯は多面性に富み、南京事件はじめまだ検証が必要な『通称事実』が実に多い。」[26]と述べている。

総理大臣談話の中で一番注目を浴びたのは、元従軍慰安婦に対する補償の問題であり、これについては様々な反応があった。一方、平和友好交流計画や歴史研究支援については、前向きの事業と見る見方が[27]多かっただけに、〝この事業は日本断罪に結びつけられている〟という先入観が窺える『産経新聞』の記事は、際立っていた。

政府は、同年十一月に「アジア歴史資料センター（仮称）設立検討のための有識者会議」を立ち上げる。

◆有識者会議の提言

有識者会議は、石川忠雄前慶應義塾塾長を座長に、学界、財界、ジャーナリズムや労働組合、図書館関係者など十五名で構成された。最初の会議で述べられた問題意識は、日本人のアジア意識とアジア人の日本認識のギャップが開いている、日本の青少年は歴史に無知で認識がない、という点であり、日本人が日本の歴史、とくに近代史を知らないことが共通の問題意識として確認された。そこから導き出されるセンターの設立目的として、歴史認識のミゾを埋める、あるいはある種共通の歴史意識を育てていく場になること、が挙げられた。この事業による望ましい結果として、「長期的に、センターに行けばかなりいい資料があって、日本政府もそれほど隠し事もせず資料を提供する、という信頼感が日本内外で共有されることが一番重要な役割」[28]、「日本人自身と同様、アジア諸国の人々も啓発されるようなもの」[29]などの点が挙げられた。枠組みとしては、国として長期にわたった恒常的な事業であり、それゆえヨーロッパ諸国ですでにどのようなことが行われているか参照すべき、既存のアジア関係の研究機関などとの協力関係を築くべき、と言われた[30]。

有識者会議は一九九五年六月三〇日に提言を提出するまでに九回の会議を開催、他に五回にわたる運営部会と三回の起草委員会を開催、加えて日本学術会議および史料関係専門家からのヒアリング各一回、一般からの意見聴取、さらに十五か国にわたる海外視察を行った。海外視察では、とくに公文書公開についての諸外国の状況が調査されたが、これは日本の歴史資料に関する状況を相対化する視点を有識者会議メンバーに与え、日本における歴史記録に関する制度の著しい遅れが、問題として把握された。

提言の内容をみてみよう。設立の意義は、「われわれ日本人が世代の相違や立場の違いを乗り越えて、近現代史における日本とアジアとの関係を見つめようとする姿勢を世界に向かって示すことにほかならない。」[31]としている。すなわち、日本人が歴史を直視する姿勢を内外に示すことによって、「日本とアジアとの間に相通じる歴史認識を育む上での一助となり、ひいては日本とアジアとの間に、堅固な相互信頼に支えられた真の友好関係を確立する契機となることが広く切望されている。」というのである。また、基本的性格として挙げられたのは「日本とアジア近隣諸国等との間の近現代史に関する資料及び資料情報を、幅広く、片寄りなく収集し、これを内外の研究者をはじめ広く一般に提供することを基本的な目的とする施設」であり、さらに「日本及びアジア諸国における関係諸施設・機関等のハブセンターとしての役割を果たすとともに、国内のみならず国際的にも、日本・アジア関係の近現代史に関する資料及び資料情報を発信できるものであることが望ましい。」とされた。

センターの事業としては、資料収集提供、資料所在情報収集提供、交流事業の三種の事業形態が提案された。対象資料の種別については、史料（公文書及び手記・日記等の私文書）、文献・図書、写真、映画・ビデオ、オーラルヒストリー、裁判関係資料等、と広く捉えられ、時間的な範囲は十九世紀中ごろから二〇世紀前半とし、明瞭な年月や歴史上の出来事によって年代を切ることを避けている。対象地域も「当面は日本を含む東アジア、東南アジア、太平洋諸島、オセアニアに重点を置くこととし、事象によっては、それ以外の地域が対象となることも当然あってよい。」と、重点が示されただけで境界は区切られず、また、資料の所在については「地域的限定を行う必要は全くない。」とされ、国内外の資料が対象とされた。

運営体制については、国の機関とすべきで、専門的なスタッフ、運営に関する専門家の助言、内外の諸機関との連携が提言され、核になる事業の速やかな開始を求めている。

この提言で特異なのは、「周辺環境の改善、改革」について、別項目を立てて言及している部分である。海外における参考施設の調査等を通じて痛感させられた、として、以下の四点が挙げられている。「歴史記録に関する国民的な意識の喚起」、「歴史記録の中で中心的な部分を占める公文書の扱い、特に公開時期の問題」、「アーキビストの人材育成と社会的な認知」、「公文書を作成する立場にある各省庁等国の機関の理解と協力が歴史記録の保存にとって基本的に重要」の各点である。提言の中でこの部分が付けたりにみえるのは、アジア歴史資料センターそのものではなく歴史資料に関する日本の制度一般をめぐる状況に対する改善策を述べているからであるが、海外視察で得た知見から、これらの点は必須の基礎的な課題、と委員たちには認識された。

◆漂流するセンター設置案

一九九五年は終戦後五〇周年にあたり、戦争の歴史を思い出させる出来事が多かった。日本社会党の村山富市を首班とする内閣は、戦争責任に関する国会決議[32]を行ったが、実際に決議された内容は妥協の産物であり、日本の戦争責任を曖昧にした、と返って内外から批判された。一九九五年年八月十五日には総理大臣談話[33]が出され、平和友好交流計画を打ち出した一九九四年の談話より頻繁に、「村山談話」として言及されるようになった。一九九六年に入ると村山は退陣を表明、自社さ[34]政権協議で橋本龍太郎を首班とする連立内閣に合意し、一月十一日内閣総辞職、第一次橋本連立内閣が成立した。

自社さ政権の「新しい政権に向けての三党合意」（一九九六年一月八日）によれば、「引き続き取り組む課題」として、「【戦後処理問題】 昨年、戦後五〇周年の節目に当たり歴史の教訓・反省に学び、未来を望んで人類社会の平和と繁栄の道を歩む決意をした。今後、歴史資料センターや子供図書館の設立、平和友好交流計画の推進、女性のためのアジア平和国民基金への支援・協力その他解決すべき諸問題に着実に取り組むとともに、アジア諸国民等との信頼関係を確立する。」[35]と述べられている。同年十一月の「第二次橋本政権発足にあたっての三党合意」（一九九六年一〇月三一日）でも、「平和外交および沖縄関連 歴史認識については、一九九五年八月十五日の村山総理談話を基本にすえ、アジア重視の外交を展開する、また、戦後処理の残された課題に関して検討する。」と述べられている[36]。

アジア歴史資料センター設置に向けて事務方はどう動いていたのか。有識者会議の提言から一年を経て一九九六年七月に、関係省庁（総理府、外務省、文部省及びオブザーバとして国立国会図書館）をメンバーとするアジア歴史資料センター設立検討チームが、内閣官房外政審議室に作られる。このチームは、センターの法的側面、組織や人員、運営、事業、予算などについて八月までの四回にわたる会合で検討を重ねた。その結果、政府の意思決定としての閣議了解（ないしは決定）を行い、主務官庁を決定の上、準備室を発足させる方向は確認したものの、主務官庁の調整には至らず、動きは停滞した。

一方、国会ではセンターの設立について、事業内容について、設立へ向けての進捗状況についてなど、何度か質問が行われた。とりわけ一九九七年一月二三日の参議院本会議では、土井たか子議員が代表質問でセンターの実現性とその後の経緯について質問し、橋本龍太郎首相が、有識者会議の提言の趣旨を踏まえながら構想の具体化に向けて所要の調査検討を行っているところである旨答弁、翌日も菅野久光議員が代表質問で、歴史認識と外交政策に関連し、センター設立に関する総理並びに外務大臣の見解を質し、首相に加え、池田行彦外相が設立を進めていく、と答弁した。

漸くこの年の後半になって、アジア歴史資料センター構想プロジェクトチームが外政審議室に設けられ、センターを作らないという選択肢はないこと、少なくとも総理府、外務省、文部省の共同責任で議論することが確認された。しかし所管問題は容易ではなく、これまで検討に加わっていた総理府、外務省、文部省、それに国立国会図書館のどこも、否定的な回答を出した[37]。

このような膠着状態が続く中、一九九八年一〇月の韓国の金大中大統領の来日を機に、日本の研究者らが「日本政府が保管している朝鮮支配にかかわるすべての史料の公開を求める声明」を発表するなど、植民地資料の公開を求める動きが起こった[38]。金大統領来日の結果「日韓共同宣言　二十一世紀に向けた新たな日韓パートナーシップ」が出された。翌月には中国の江沢民首相が来日、「平和と発展のための友好協力パートナーシップの構築に関する日中共同宣言」が出された。これらの宣言には過去を直視した文言が盛り込まれ[39]、歴史認識問題をなんとかして克服しようという動きが政府レベルでも相次いだ。

事務的な動きをみると、アジア歴史資料センター構想プロジェクトチームは一九九八年九月九日に第六回目の会合を開催した。そこで具体的進め方として、行政効率の観点[40]から既存の類似事業を活用することが確認された。さらに一〇月十二日の関係省庁会合において、所管について、総理府が、国立公文書館は、資料は各機関からの移管によるもので収集は直接行っていないが、公文書等を保管・閲覧に供する点では性格の近い機関であることを述べて、既存の類似事業の活用の点からも国立公文書館に附置の方向の流れが出てきた。同時に国立公文書館法が議員立法で国会に提出予定で、行政改革によって独立行政法人となる可能性があることも指摘された。アジア歴史資料センター設置に関係して国立公文書館が具体的に視野に入ったのは、漸くこの頃であった。一九九九年二月五日のプロジェクトチーム第八回会合では、国立公文書館にアジア歴史資料センターを「仮置き」することを前提として事業内容が検討された。一九九九年三月九日の参議院総務委員会では、千葉景子議員がアジア歴史資料センターの進捗状況を質問し、たとえば国立公文書館など、既存の施設に併設する形でやらざるを得ないのではないか、と発言をしている。政府内部の動きのすぐ後の千葉議員の発言をみると、この時期に最終的に、国立公文書館に附置する方向に固まった、と推測できる。

◆突破口となった政府のＩＴ戦略

アジア歴史資料センター構想の実現が見えない中、担当していた外政審議室は、有識者会議の提言後から継続的に、センター事業に関する委託調査を行っていた。アジア歴史資料センターの事業内容や具体的な機能は、実際のところ、外政審議室におかれたプロジェクトチームでの検討よりも、この調査に沿って練られてきたとみられる。以下にその一覧を挙げる。

アジア歴史資料センター構想にかかわる委託研究調査報告書一覧

▼『アジア歴史資料の現状と所在―「歴史資料」収集システムの国際比較』（平成八年度委託調査）。（財）日本国際交流センター。内閣官房外政審議室。一九九七・三 【概要】日本とアジア近隣諸国の近現代史に関する国内外の資料の所在が列記されている。日清戦争からサンフランシスコ講和条約締結までが中心で、公文書、私文書、刊行物だけでなく映像資料、写真、

音響資料、オーラルヒストリーも含まれている。調査では基本的に日本側機関が作成した資料の特定を優先。現実には海外と比較して日本の資料の整備・公開が圧倒的に遅れている、と指摘。

▼『アジア歴史資料センターに求められる機能とシステム』（平成九年度委託調査）。（財）日本国際交流センター。内閣官房内閣外政審議室一九九八・三【概要】　いかに収集し、いかに処理し、いかに提供するかを概念的・システム的に把握。アジア歴史資料の収集・提供に特化し、ハブ・センターの役割も果す国際的専門資料館で、文書館、図書館、調査機関の性格を兼備したサービスを提供、インターネット経由での横断的な電子的検索が可能でコピー入手や外国語での需要に対応できる機能を備えるべき。

▼『アジア歴史資料センター構想　調査研究報告書』（平成一〇年度委託調査）。（財）日本国際交流センター。一九九九・三【概要】　先行調査により所在が特定されている資料群でアジア歴史資料センターが収集対象とする可能性が極めて高いと考えられる国内の資料群中、明確にアジアとの歴史に関わると考えられる資料群のやや詳しい内容的および量的把握。そのデータをもとに資料のマイクロフィルム化および電子媒体化による公開を目的とした事業費算出のための基礎資料作成。対象は国立公文書館、外交史料館、防衛研究所図書館、国立国会図書館憲政資料室。

▼『アジア歴史資料センター　調査研究報告書』（平成十一年度委託調査）。（財）日本国際交流センター。二〇〇〇・三【概要】　閣議決定をふまえ、歴史資料センター開設に不可欠の基礎資料作成。四月に総理府に設置される開設準備室の設立準備基礎資料となることを想定。情報システム構築のコンセプト、資料のマイクロ・デジタル化仕様等、目録のあり方に関する調査報告。

▼『アジア歴史資料センター構想　共通用語編纂研究　委託調査報告書』（平成十二年度委託調査）。（財）日本国際交流センター。二〇〇一・三【概要】　キーワードの選定方法、選定基準、選定量等を経費、時間を含めて総合的に研究、検索用語に対する同義語・類義語、外国語表記等、検索用辞書に関する研究を目的。

▼『アジア歴史資料センター構想：整理分類体系研究　委託調査報告書』（平成十二年度委託調査）。（財）日本国際交流センター。二〇〇一・三【概要】　情報提供システムの根幹となる整理分類体系に関する調査。センターが提供する資料の所蔵機関（国立公文書館、外交史料館、防衛研究所図書館）の各独自分類をもとにセンター独自の標準目録項目を作成。検索システム、サーチエンジン等の検討。

▼「電子辞書の作成」（平成十三年度委託調査）。（財）日本国際交流センター。二〇〇一・十一【概要】　歴史用語の電子辞書。

これをみると、最初は国内外に所在する公私の文書、図書、映像資料、音響資料やオーラルヒストリーまでが対象範囲と想定され（平成八年度調査）、文書館・図書館・調査機関の性格を併せもったもの（平成九年度調査）、とされていた。それが、日本国内の資料の整備・公開が圧倒的に遅れている（平成八年度調査）ことから、次第に国内の資料、とくに公文書を優先することに的が絞られていく（平成一〇年度調査）。一方、インターネット経由のサービスは、早い段階から提唱された（平成九年度調査）。そして、平成一〇年度の報告書（一九九八年三月提出）では、資料はマイクロフィルムで複製して収集し、電子媒体化によって公開することを前提に試算が行われている。通常、国立公文書館が移管によって資料を収集するには、資料を保持してきた原局から公文書館へ資料の物理的な移動を伴う。複製という方法であれば、原資料を元の所蔵機関から移動することなくセンターで「収集」出来ること、元の所蔵機関にとっても、資料保存措置としてマイクロフィルムが残ること、電子媒体は公開に便利なこと、など、これまで問題となりがちであった、保存・閲覧両方の課題が解決できる可能性が大きくなった。

政治的な消極論に対してアジア歴史資料センター設置を後押ししたのは、一つにはセンターの事業が、このようにＩＴを利用する計画であったことである。この頃政府は、高度情報通信社会推進に向けた検討[41]をへて、情報通信技術戦略本部を内閣に設置[42]、その後二〇〇〇年十一月二七日にはＩＴ本戦略[43]を決定、その二日後には、高度情報通信ネットワーク社会形成基本法（ＩＴ基本法）[44]が成立、二〇〇一年のe-Japan 戦略へとつながる流れがあった。

アジア歴史資料センター構想時のＩＴ環境をみると、総務庁の「通信利用動向調査」[45]でインターネットに関する質問が設けられたのは一九九六年が初回だったが、それによると、インターネットを利用したことがある人は七・五パーセントであった。センター開設が決定した一九九九年のインターネット人口普及率は二一・四パーセントであり、二〇〇〇年は三七・一パーセント、二〇〇一年は四四・〇パーセント、二〇〇二年は五四・五パーセントと、その後急速に伸びている。

アジア歴史資料センターが、当初の構想のような「箱もの」ではなく、デジタル画像とデータベースの提供という機能に特化した形をとったことは、政治的な消極論が存在したセンター構想に対して推進力として働いた。ＩＴ化には予算が付きやすかったからである。平成九年度委託調査でインターネットの使用と資料の電子化が提案された時点（一九九八年三月）においては、インターネットの普及率自体はせいぜい一割であったし、サイズの大きい画像データ送信には通信速度がネックになっていた。ところが、センター構想が長期にわたって停滞した間に、情報技術が進歩し、デジタル画像とデータベースに特化した機能を大規模に実現することが格段に容易になった。開設後、初代センター長に就任した石井米雄は、これを評して「禍を転じて福となすというか、結果的には最新鋭のデータベースを構築できました」[46]と述べている。

一九九九年後半に入ると、プロジェクトチームは会合を重ね、次年度予算要求に間に合うように、アジア歴史資料センター設置の閣議決定への準備が進められた。国立公文書館の独立行政法人化との兼合いや、大きな予算を伴うマイクロフィルム化作業の予算要求をどこが行うかなどの問題、資料を提供する協力省庁との関係のあり方などが検討された。一〇月十八日の会合では、全会一致の閣議決定を行うために政府与党の了解を取り付けるべく動いているが、与党の中にも反対意見がありブレーキがかかっていることが記されている[47]。また、一〇月二八日の自民党の内閣部会でも閣議決定案の了承を見送り、部会長に対応を一任した、と報じられている[48]。約一か月後には、「村山政権の目玉『アジア歴史資料センター』大幅縮小、二〇〇一年開設へ」[49]として、十一月三〇日の閣議で正式に決定することが報道された。この記事では、「政府関係者によると、提言から大幅に規模が縮小されたのは、村山氏が政権から外れたことに加え、自民党内に『過去の戦争について自虐史観が強まりかねない』など設立への消極論があったのが響いているという。」と記されている。

一九九九年十一月三〇日に、「アジア歴史資料整備事業の推進について」閣議決定が行われ[50]、この事業を政府が一体となって推進すること、設置されるセンターは「我が国とアジア近隣諸国等との間の歴史に関し、国が保管する資料について国民一般及び関係諸国民の利用を容易にし、併せて、これら諸国との相互理解の促進に資することを目的」とすることが決定された。事業内容としては、「歴史記録の中で公文書は中心的な部分を占めており、また、資料の整理・検索に当たっては、高度情報化の流れに対応して、コンピュータによる情報サービスを行い得るようにすることが重要である。」ことに鑑み、「国立公文書館、外務省外交史料館、防衛庁防衛研究所図書館等の国の機関が保管するアジア歴史資料（近現代における我が国とアジア近隣諸国等との関係にかかわる歴史資料として重要な我が国の公文書その他の記録）を電子情報の形で蓄積するデータベースを構築し、インターネット等を通じて情報提供を行うこととする。」とされたアジア歴史資料データベースの構築、それに関連する諸事業として、ア．歴史記録の重要性に関する広報、イ．歴史資料を取扱う人材の育成、ウ．歴史研究、交流史の編纂に対する支援、エ．歴史研究者の国際交流に対する支援、オ．内外の歴史資料館の間の交流・協力、カ．アジア歴史資料の現状等に関する調査、の六点が挙げられている。

この閣議決定では、センターを平成十三（二〇〇一）年度に国立公文書館に開設することを定めているが、「政府が一体となって推進するために必要な基本方針の策定その他の基本的事項に係る企画・立案及び総合調整については、内閣官房が、総理府（中央省庁の再編後は内閣府）の協力を得て行う。」として、国立公文書館の内部組織という規定にはなっていない。さらに経費についても、「本事業を推進するために必要な体制及び経費については、関係省庁・機関の緊密な連携・協力の下、政府が一体となって適切に対応することとする。」としている。これを受ける国立公文書館では、その設置法にはアジア歴史資料センターを規定しておらず、法的根拠はない。「独立行政法人国立公文書館中期目標」[51]の中に「(2) アジア歴史資料のデータベースの構築及び情報提供」という項目があることによって、アジア歴史資料センター事業の実施を実質的に担保しているだけである。

この閣議決定を、目的と事業に注目して有識者会議の提言と比較すると、提言では、「近隣諸国の疑念を取り除き、相互理解と相互信頼を確立するため」、そして「歴史的事実の把握とその認識の隔たり」があり「日本とアジアとの間に相通じる歴史認識を育む」一助とする、としている。疑念の払拭すなわち相互理解は、歴史事実の把握により、「相通じる」[52]歴史認識の上にたった対話によって実現しうる、という論理構成がみえる。そして目的は、「日本とアジア近隣諸国等との間の近現代史に関する資料及び資料情報を、幅広く、片寄りなく収集し、これを内外の研究者をはじめ広く一般に提供することを基本的な目的」としている。一方、閣議決定では、「国民一般及び関係諸国民の利用を容易にし、併せて、これら諸国との相互理解の促進に資することを目的とする」とされている。閣議決定では「歴史認識」には直接触れないまでも、「これら諸国との相互理解の促進」という言葉で、大筋では提言と同じ方向を指している、と考えられる。ただし、「併せて」という言葉によってこの点は付随的な目的にし、「利用を容易にする」という具体的なところを中心的な目的にすえている。一方、対象とする資料について、この二つの文書は大きく異なっている。提言は、「日本とアジア近隣諸国等との近現代におけるかかわりに関する史料、文献・図書等の資料」[53]および資料情報を対象とするよう述べているのに対し、閣議決定は、先述した三機関等国の機関が保管する公文書、になっていることを見ると、資料の種類も範囲も狭くなっている。設立の閣議決定を報じた新聞記事では、実現されるアジア歴史資料センターは、構想と比べて「収集対象を国内限定当初構想大幅修正」[54]「大幅縮小」[55]など、自民党など一部の反対により規模が縮小されたと報じられている。

ところが、先述したように有識者会議の議論の詳細や委託調査研究の分析をみると、もっとも緊急で重要とされたことは、日本の公文書の公開であった。閣議決定では資料の範囲は狭められたが、公開方式としては、ＩＴの活用により何千万という原資料の画像をウェブ上で提供する機能をもっている。次項で述べるように公開閲覧方法の点では、当初の予想を超えた大規模な形で実現することになった、といえるだろう。

◆実現したアジア歴史資料センター

二〇〇一年十一月三〇日に開設されたセンターは、国立公文書館、外務省外交史料館、防衛庁（のちに省）防衛図書館の三機関から提供されている原資料の画像をウェブで公開し、文書目録のキーワード検索を可能にし、統合的に検索できる機能を備えた「デジタル・アーカイブ」となった。センターの紹介は、本書第二章ほか多くの機会に行われているのでここでは詳述しないが、構想段階と比較すると、構想の中心的な部分のみを、機能においては格段に向上させて実現したことになる。当初の構想とは異なる姿であったが、実現されたアジア歴史資料センターは、「いつでも」「だれでも」「どこでも」「自由に」「無料で」（画像ではあるが）歴史資料原文に対しアクセスできる体制を整えた。この実践を通して、日本における公文書の公開に関し、「アジ歴モデル」ともいえるスタイルが実例として確立したといえよう。

アジア歴史資料センターが公開する資料は、すでにこれら三機関で公開されているものばかりである。ただ複数館の文書資料を統合的に同じレベルで検索できる点は、アジア歴史資料センターが現在唯一で、「思わぬ資料と資料のネットサーフィン的出会いが、これまた意外な事実の発見を導き出すケースが増えてきた。国立公文書館アジア歴史資料センターの役割など、まさにそれだ。」[56]といわれるような提供の仕方を実現した。資料提供の「アジ歴モデル」を実現している具体的な機能は、以下の三点であると筆者は考える。

(1) 原資料の画像をウェブで提供
(2) 文書レベルについてキーワード検索が可能な目録情報を提供
(3) 機関に分かれている資料の統合的な検索が可能

すなわち、これらが、それまで「公開」されてはいたが、東京にある個別の所蔵機関へ物理的に足を運び、文書の簿冊の目録を使って目的の資料を探し出し、書庫から出納してもらう、という、資料への従来のアクセス過程を飛躍的に容易にした、核になる機能である。

アジア歴史資料センターがすでに公開されている公文書を、重ねて公開する必要があったのは、文書館では全国的な情報基盤が構築されておらず、従来の公文書公開モデルが時代の要請に合わなくなってきたことを意味する。このモデルを国立公文書館が取り入れつつあることは歓迎すべきであるし、その他の文書館でも、利用が容易なアクセス手段を提供し、単なる保存庫を脱することが必要である。アジア歴史資料センターが参加機関に対して資料画像と目録情報の提供を要請したため、参加機関で目録データの整備が進んだことが報告されている[57]が、文書館の社会的役割は、資料が利用されることによって果たされる。利用されるためには目録データの整備は必須である。資料提供のあり方、厳密にいえば、資料アクセスの提供に関する「アジ歴モデル」は、方法論として優れていると評価でき、日本の文書館の歴史において画期的なものであるといえる。

アジア歴史資料センターをその一環とした平和友好交流計画は、二〇〇四年で終了した[58]。アジア歴史資料センターは、密接な関連を持つはずのこの計画の歴史研究支援事業として行われた日韓、日中、日台の二国間事業と、とくに関係性を保持してはいない。センターは出自から離れて、日本の公文書アクセス機関という機能を徹底させていこうとしているようにみえる。しかしそもそもアジア歴史資料整備事業の閣議決定によっている以上、「アジア歴史資料」から離れていくことはできない。その上アジアに関連するすべての公文書を対象としているものでもなく、三機関に所蔵されている「アジア歴史資料」を選択的に提供しているにすぎない。しかも、「アジア歴史資料」をどのような基準で選んでいるか、選択基準は具体的に明示されていない。

アジアという名称をもちながら日本の公文書を公開しているのは、日本人が歴史を直視するための機関、すなわち、日本がアジアとどのような関係を持ってきたのか、日本国の組織記録を公開し、日本人に日本の実像を知らせることを大きな目的とする機関だからである。しかし、その役割は薄められつつあるようにみえる。たとえば、現在までに行われた特別展示のテーマは、岩倉使節団、日露戦争、日米交渉、『写真週報』に見る昭和の世相、と、むしろ「アジア」に関する資料ではないものを強調している。アジア歴史資料センターは、確かに日本資料センターと呼ぶほうが相応しい資料を公開している。にもかかわらず内容に相違して「アジア」という名称を冠しているがゆえに、日本史を探索している人が近づきやすいとはいえない。特別展示のテーマの選び方には、アジア歴史資料センターが日本資料センターであることを広報する意図がみえる。センター自体へのアクセスを増やすという意味では効果があると期待でき、センターへのアクセス増加は歓迎すべきであろうが、近現代において日本がアジア近隣諸国とどのような関係を持ったのか日本国民が歴史を直視するための日本資料センターであるという点からは、肝心の焦点が定まらなくなる。アジア歴史資料センターが「アジア」展示を回避していては、設置の意図は活かされていないことになる。

◇まとめ

◆資料アクセスと外圧

以上みてきたように、アジア歴史資料センターは、歴史認識問題という外交課題の解決の一助として構想され設立されたという点で、単なる歴史資料政策ではなく、外交政策であった。「アジア」歴史資料センターと称しているが、提供している資料は、日本政府の公文書で、その点、「日本」歴史資料センターである[59]。アジア歴史資料センターは資料アクセス提供の「アジ歴モデル」を確立したが、この資料政策は近現代の日本の公文書公開に対する内外の圧力があったからこそ実現されたのであり、とくに歴史認識問題が外交課題となるに及んで、ようやく実行されたものであった。日本の公文書公開閲覧機関であるアジア歴史資料センターは、確かに日本政府のイニシアチブにより設置された。しかし、本来ならば近代国家として備えていなければならない[60]にもかかわらず、余りにも未整備であった公文書の公開・閲覧に関する制度が、外圧によってようやく整備された、とみる方が実態に即している。国際的な圧力によって国内の制度が改編・整備されることは、明治の近代化のように自発的なものから占領期のように圧力のもとでの改編まで、様々な形で起こるのであるが、アジア歴史資料センターの設置にもそのような力学が働いた。

センター構想初期段階の有識者会議では「日本とアジア近隣諸国等との間の近現代史に関する資料及び資料情報を、幅広く、片寄りなく収集」することが提言されたが、初年度の委託研究調査で報告されたのは、現実には日本側の資料の整備・公開が圧倒的に遅れており、まず日本側が作成した資料が世界の誰でもが利用できるようにすることから着手されなければならない[61]、ということであった。「アジア」と称しながら、まず「日本」について最初に手当てしなければならず、「先行」させるだけだったのが、現時点ではそこに止まっている。「アジア歴史資料センター」の名称と「日本の公文書アクセス閲覧システム」という実体の乖離の原因は、日本国内の資料の整備・公開の圧倒的な遅れにあった、といえる。

一九八〇年代に経済大国化した日本では、大国の一員としてさまざまな面で国際化が要請された。軍事面では国際関係に参加できない日本は、文化面を強調する「国際協力構想」を打ち出した[62]。それは、「『世界に貢献する日本』としての姿勢であり、平和のための協力、国際文化交流の強化、政府開発援助の拡充の三つの柱から成る国際協力構想」[63]であった。これによって対外文化政策が「国際貢献」と結び付いていくが、アジア歴史資料センターの検討の過程でも、「国際貢献」の概念が大きく係っていた。日本が国際貢献をするときに障害になっているのは、歴史認識を含めた戦後処理問題である、というのである[64]。

歴史認識問題が外交課題となったのは、日本人に対し国際的に通用するような歴史認識の形成が求められたことを示している。つまり、「歴史を直視する」ことが期待されたのは、ほかならぬ日本国民であった。すなわち、アジア歴史資料センターは、外交課題への対応を目的とした対外政策ではあったが、政策対象は日本人であり、日本人による日本歴史理解促進のための政策だったのである。ただし、「アジ歴モデル」はインターネットを利用しているために、「どこでも」資料提供のサービスを受けられる。したがってサービス対象は、日本国内から世界中に広がった[65]。空間的な制限を受けないインターネットという手段の普及は、「対外」政策と「国内」政策の区別を曖昧なものにした、ということができる。

◆公文書の役割

公文書が「歴史的文化的価値」と「行政的経営的価値」を併せもっていることはすでに指摘されている[66]。しかしその行政的価値は、明治政府が認識していた行政側にとっての行政的価値[67]だけではなく、行政サービスを受ける側あるいは行政によって影響を被る側にとっても、行政を評価できる価値がある。一九九〇年代半ば、資料を発掘することによって闘われた戦後補償裁判は、この点にあらためて焦点をあてることになった。

平和友好交流計画発表の背景である歴史認識問題に関して、そもそも日本の公文書の公開が必要だということは、先に引用した柿澤外務大臣の言葉にも明瞭に表れていた。しかもこの計画を公表した総理大臣談話の記者発表の想定問答には、アジア歴史資料とは公文書等と説明されていたように、政府においても当初から公文書がまず主眼とされていた。つまり、歴史認識問題に対処するために、日本の公文書を公開することにより、日本国家が行ったことの責任を明確にすることは企図されていたといえよう。政府だけでなく、学会からも、「日本国内の資料」が重要である、と指摘されていた[68]。その公開が、世界中からいつでもアクセスできる形で実現されている。つまり、当初の構想の肝心な部分に焦点をあてて実現したのが、現在のアジア歴史資料センターである、といえる。「歴史資料」として公文書館などに収められている公文書は、生成されたときは「歴史資料」ではなかった。職務執行の文書であった。アジア歴史資料センターは、図らずも、公文書の「職務記録」の役割にもう一度大きく光を当てることになった、ということもできる。

有識者会議の提言にあったように、アジアの信頼を得るためには日本の資料や情報が提供される必要がある、という指摘は何を意味するだろうか。国の機関で保管する資料の公開がとりわけ期待されたわけであるが、国の資料は国が業務を執行するために作成・保管している公文書である。それを公開することは、業務の執行に関する責任を明らかにすることである。当該国の国民以外からも、その国の統治業務の執行に関する責任を明らかにすることが求められていることになる。国内であろうと国外であろうと、国の業務の執行に影響を受けた側からは、執行の責任を明らかにすることが求められると言い換えることができる。日本の公文書で構成されている「アジア歴史資料センター」を外交政策の一環として位置づけることができるのは、これが理由の一つである。

資料アクセスを提供するアーカイブという文化的装置は、以上のように国際関係や外交政策とも密接な関係を有しており、アジア歴史資料センターの事例には、とりわけ顕著にそれが現われている。

◆日米セミナーの成果

日米アーカイブ・セミナーにおいて日本側にとってとりわけ新鮮に映ったのは、「収集アーカイブ」と「機関アーカイブ」の概念であった。これらの概念については、古賀崇氏が本書第七章で、また小川千代子氏が第四章で触れているのでここでは詳述しない。従来、文書を公文書、私文書という種別に拠って考えることが支配的であった日本のアーカイブ論において、この区別の仕方は、アーカイブの機能について新たな視点を提供するものであった。

アジア歴史資料センターに即していえば、センターに資料を提供している機関には、本来、親組織のアーカイブすなわち「機関アーカイブ」であったが、資料が一部消失し、それを補うものとして、個人の下にあった文書類などの寄贈を受けているところがある。そのような例は、機関アーカイブに収集アーカイブの側面を合わせもったものといえる。一方、アジア歴史資料センターは、国の機関に保有されている日本とアジアの関係を示す資料を、選択的に収集し公開している、という点から、「収集アーカイブ」にあたるといえよう。一般的にいって収集アーカイブにおいて重要なのは、収集方針と収集の維持・継続性であると考えられるが、アジア歴史資料センターについても、同様なことがいえる。今後、収集方針の明確化と収集の継続性が問われるであろう。

〔注〕

1 ロシアとは国交は回復されたものの、平和条約は未締結、朝鮮民主主義共和国とは、国交が回復されていない。

2 日本国内における一九九〇年代前半の提訴数は以下の通り。一九九〇年　二件、一九九一年　六件、一九九二年　九件、一九九三年　五件、一九九四年　二件、一九九五年　八件。以上、高木喜孝「戦後補償訴訟の転機」（『季刊 戦争責任研究』第四〇号二〇〇三年夏）五八〜五九頁、朝日新聞戦後補償問題取材班『戦後補償とは何か』（朝日新聞社、一九九四）八七〜八九頁および『朝日年鑑』、『読売年鑑』などによる。

3 一九四五年九月二日に降伏文書が調印された戦争の呼称は何かについて、依然として定まった呼び方はなく、このように呼ばれる場合が多い。大東亜戦争という呼称は、一九四五年十二月十五日付けの連合国総司令部の覚書以降、一般に、政府として公文書においてこの呼称を用いなくなった。（第一六五回臨時国会における「大東亜戦争の定義に関する質問主意書」（二〇〇六年十一月三〇日、質問者鈴木宗男）の「政府はいつから大東亜戦争という呼称を用いなくなったか。その経緯と法令上の根拠を明らかにされたい」という質問に対する答弁書での安倍晋三首相の回答による。内閣衆質一六五第一九七号平成十八年十二月九日。）

4 国会会議録、第一一八国会参議院予算委員会（一九九〇年五月二八日開催）。強制連行でどれくらいの人が連れてこられたと考えているかという同氏の質問に対し、津島雄二厚生相は、厚生省は恩給の申達、遺家族の援護など、いわゆる旧陸海軍の軍人軍属についての人事関係業務を引き継いでいるところで担当外である、塚原俊平労働相は、戦時中の徴用は国家総動員法に基づいて行われ、労働省は戦前の勤労関係の部署を引き継いでいるが、労働省発足の昭和二十二年九月には既に同法は廃止されており、同法に基づく徴用工に関する当時の関係資料は労働省には全く残されていない、中山太郎外務相は、当時の記録を確認していないが、当時自分の体験した敗戦の混乱の中でどういうふうに行政が処理されていたか、軍人軍属のたぐいは厚生省が所管をしていたという答弁があったが、その点については厚生省並びに当時の内務省も関係があったのではないかという認識を持っており、そのような立場で再度検討をしてみなければならないと考えている、と答えている。

5　国会会議録、第一一八国会。一九九〇年五月三〇日参議院予算委員会における坂本三十次内閣官房長官の発言、「きのう内閣官房で、関係各省庁に対してそういうリストがあったら出してもらいたいということで、今鋭意調査中であります」。『朝日年鑑』一九九一、四六頁。

6　第一二二国会会議録。一九九一年十二月十二日参議院予算委員会における加藤紘一内閣官房長官の答弁。

7　『朝日年鑑』一九九一、八〇頁。

8　『朝日年鑑』一九九一、五二、八〇頁。

9　『朝日年鑑』一九九三、一七二頁。

10　外務省ウェブページ http://www.mofa.go.jp/mofaj/area/taisen/kato.html（参照二〇〇七年五月二十日）。

11　一九九三年七月二六日から三〇日まで。

12　外務省ウェブページ http://www.mofa.go.jp/mofaj/area/taisen/pdfs/im_050804.pdf（参照二〇〇七年五月二十日）に発表内容が掲載されている。さらに「いわゆる従軍慰安婦問題について（内閣官房内閣外政審議室）」データベース「世界と日本」http://www.ioc.u-tokyo.ac.jp/˜worldjpn/（参照二〇〇八年七月一九日）にも掲載。また、調査結果についての「資料」は、『戦争責任研究』第一号（一九九三秋）五六〜八三頁に収録され、文書件名、時期、発出者、宛先、記述の概要が掲載されている。

13　外務省ウェブページ http://www.mofa.go.jp/mofaj/area/taisen/kono.html（参照二〇〇七年四月二二日）。

14　『朝日新聞』一九九二年一月十一日付。

15　『朝日年鑑』一九九三、一七二頁。

16　この資料発見のニュースは、一九九三年五月十七日NHKニュースとNHKの番組「クローズアップ現代」で取り上げられ、更に詳しい調査後に資料の全貌が同年八月十四日NHKスペシャルで放送された。この報告書は、昭和二一年三月一日付けで外務省管理局が作成した「華人労務者就労事情調査報告書」（いわゆる外務省報告書）のほかに、その作成資料となった労働現場から報告された一三五の「事業所報告書」で、これらは東京華僑総会で保管されていた。このほかに、十六人の調査員が現地に赴いた結果作成した「現地調査報告書」がNHK取材班の手により発見された。（NHK取材班『幻の外務省報告書―中国人強制連行の記録』日本放送出版協会、一九九四・五・二五）。

17　清水澄子議員の「敗戦の翌年にGHQの指示によって強制連行された中国人を使った百三十五の事業所について調査された外務省の記録の原本が…東京華僑総会に保管されて…NHKのテレビ放送や新聞で報道」されたが、これは事実か、との質問に対し、川島裕外務省アジア局長が「本件報告書が当時外務省が作成したものであることは間違いない事実であると思われる」と答弁。柿澤外相もこれを確認した。

18 この報告書については、一九六〇年五月三日衆議院日米安全保障条約等特別委員会で田中稔男議員の質問に外務省伊關佑二郎アジア局長は、昭和二一年三月に、外務省管理局においてそういう調書の作成をしたそうだが、そういう調書があると戦犯問題の資料に使われて非常に多数の人に迷惑をかけるのではないかと全部焼却した、と答弁している。また、一九九三年五月十一日参議院厚生委員会で栗原君子議員が『世界』一九六〇年五月号掲載記事中の写真を示して質問しているが、小島誠二外務省アジア局地域政策課長は、不存在を理由に確定的なことは言えない、としている。なお、同年六月七日の参議院予算委員会で清水澄子議員がＮＨＫニュース報道に基づいて質問した時には、池田維法務省アジア局長は、当該資料を入手したので調査を行っている、と答弁している。

19 国会会議録。第一二九国会参議院外務委員会（一九九四年六月二一日）。ちなみに現在この資料は、外交史料館資料の目録情報としてウェブに記載されている。「外務省報告書（写し）」（一九九四年六月公開）、「華人労務者事業場別就労調査報告書」（二〇〇三年七月公開）http://www.mofa.go.jp/mofaj/annai/honsho/shiryo/shozo/sengo.html（参照二〇〇七年一一月二七日）。

20 国会会議録、第一二九国会参議院外務委員会（一九九四年六月二二日）。

21 http://www.kantei.go.jp/jp/murayamasouri/danwa/asia-danwa.html（参照二〇〇七年一〇月二七日）。この談話では、元従軍慰安婦に対する補償問題も提起され、その点の方が注目を浴びた。

22 同右。

23 「平成六年八月三一日付総理大臣談話に関わる発表文及び想定問」の問3。注24の文書とともに情報公開請求により二〇〇五年十二月二日内閣府において閲覧。

24 「平成六年八月三一日付総理大臣談話に関わる発表文及び想定問」の問6。こちらの文書は注23の文書と同名であるが質問数が多く、こちらが後で作成されたとみられる。

25 『毎日新聞』一九九四年九月二日朝刊。

26 『産経新聞』一九九四年九月二日朝刊。

27 たとえば『読売新聞』一九九四年九月一日朝刊「『歴史』に未来をつなげるとき」ならびに『日本経済新聞』一九九四年八月一日朝刊社説「『戦後補償』解決に国民の合意急げ」の記事。

28 有識者会議第一回議事録による。以下、有識者会議ほか開設準備関係の文書はすべて、行政文書開示請求により、二〇〇六年一月内閣府において閲覧した、アジア歴史資料整備事業に係る文書による。

29 同右。
30 以上、同右。
31 「アジア歴史資料センターの設立について」アジア歴史資料センター（仮称）設立のための有識者会議、平成七年六月三〇日。以下、引用はこの提言より。
32 「歴史を教訓に平和への決意を新たにする決議案」一九九五年六月九日に衆議院本会議で議決。
33 国会決議より明確に日本の過ちを認める内容。国会決議を補うものとして出された。
34 自由民主党、日本社会党、新党さきがけ。
35 『読売新聞』一九九六年一月八日。
36 内閣官房「平成九年度事務概要」（平成一〇年二月）中、「Ⅳアジア歴史資料センターについて」の項の別紙３に抜粋。
37 行政文書開示請求により閲覧したアジア歴史資料整備事業に係る文書による。
38 『東洋経済日報』一九九八年九月十八日「深層インタビュー　植民地資料公開を　自治省などに膨大な量眠る　韓日関係発展に必要」。
39 「小渕総理大臣は、今世紀の日韓両国関係を回顧し、我が国が過去の一時期韓国国民に対し植民地支配により多大の損害と苦痛を与えたという歴史的事実を謙虚に受けとめ、これに対し、痛切な反省と心からのお詫びを述べた。
　金大中大統領は、かかる小渕総理大臣の歴史認識の表明を真摯に受けとめ、これを評価すると同時に、両国が過去の不幸な歴史を乗り越えて和解と善隣友好協力に基づいた未来志向的な関係を発展させるためにお互いに努力することが時代の要請である旨表明した。」（「日韓共同宣言　二十一世紀に向けた新たな日韓パートナーシップ」一九九八年一〇月八日）。

　「双方は、過去を直視し歴史を正しく認識することが、日中関係を発展させる重要な基礎であると考える。日本側は、一九七二年の日中共同声明及び一九九五年八月十五日の内閣総理大臣談話を遵守し、過去の一時期の中国への侵略によって中国国民に多大な災難と損害を与えた責任を痛感し、これに対し深い反省を表明した。中国側は、日本側が歴史の教訓に学び、平和発展の道を堅持することを希望する。双方は、この基礎の上に長きにわたる友好関係を発展させる。」（「平和と発展のための友好協力パートナーシップの構築に関する日中共同宣言」一九九八年十一月二六日）。
40 この頃行政改革が議論され、省庁の統廃合や独立法人化が検討されていた。
41 一九九四年八月二日、高度情報通信社会推進本部が内閣に設置された。
42 二〇〇〇年七月七日。
43 重点政策分野の第一に超高速ネットワークインフラの整備が挙げられている。

44 「高度情報通信ネットワーク社会」とは、インターネットその他の高度情報通信ネットワークを通じて自由かつ安全に多様な情報又は知識を世界的規模で入手し、共有し、又は発信することにより、あらゆる分野における創造的かつ活力ある発展が可能となる社会をいう。http://www.kantei.go.jp/jp/singi/it2/hourei/gaiyou.html（参照二〇〇七年一一月一七日）

45 第七回『通信利用動向調査』http://www.johotsusintokei.soumu.go.jp/hodo/tdmk0113.html（参照二〇〇七年一一月一七日）。および平成十八年調査結果（二〇〇七年五月二五日発表）http://www.johotsusintokei.soumu.go.jp/statistics/data/070525_1.pdf（参照二〇〇七年一一月一七日）の数字までから作成。

46 「ひと　石井米雄さん　歴史資料を共有しアジアとの対話進めたい」『毎日新聞』二〇〇二年一月四日。

47 行政文書開示請求により内閣府において閲覧した「アジア歴史資料整備事業に係る文書」による。

48 『朝日新聞』一九九九年一〇月二九日。

49 『朝日新聞』一九九九年十一月二七日。

50 全文は首相官邸のウェブサイトに掲載 http://www.kantei.go.jp/jp/kakugikettei/991130ajia.html（参照二〇〇八年二月一一日）。

51 二〇〇一年度－二〇〇四年度 http://www.archives.go.jp/information/pdf/cyuki_mokuhyou1.pdf 二〇〇五年度－二〇〇九年度 http://www.archives.go.jp/information/pdf/cyuki_mokuhyou2.pdf（参照二〇〇七年一一月九日）。

52 「共通する」、とも、「同じ」、とも表現されていない。

53 提言はさらに、「センターが収集する資料の範囲は、史料（公文書及び手記・日記等の私文書）、文献・図書、写真、映画・ビデオ、オーラルヒストリー、裁判関係資料等とすることが適当である。」と敷衍している。

54 「アジア歴史資料センター　収集対象を国内限定　当初構想大幅修正　三〇日に閣議決定へ」『産経新聞』一九九九年十一月二五日。この記事は、「政府が収集対象を国の機関が保管する近現代の歴史資料に限る方針を決めたのは、アジア各国資料を収集した場合、旧日本軍の『残虐性』を強調した信ぴょう性の低い公文書が対象に含まれるケースも想定され」と解説している。

55 前掲、「村山政権の目玉『アジア歴史資料センター』大幅縮小、二〇〇一年開設へ」『朝日新聞』一九九九年十一月二七日。この記事では「政府関係者によると、提言から大幅に規模が縮小されたのは、村山氏が政権からはずれたことに加え、自民党内に『過去の戦争について自虐史観が強まりかねない』など設立への消極論があったのが響いているという。」と報じている。また、「アジア歴史資料センター　当初構想を大幅縮小　ようやく三〇日閣議決定　収集対象絞る」『日本経済新聞』一九九九年十一月二八日。この記事は「自民党内の反発を受けて収集対象を政府が保管する公文書などに限定する。」と報じている。

56 東京大学教養学部歴史学部会編『史料学入門』（岩波書店、二〇〇六）二四三頁。

57 国立公文書館の例については、八日市谷哲生「現場の苦労談　アジア歴史資料データベース構築事業へのデータ提供に関して」『アーカイブズ』二七（二〇〇七・三）六六頁参照。

58 「『平和友好交流計画』～一〇年間の活動報告～」（平成十七年四月十二日、内閣官房副長官補室（外政担当））http://www.cas.go.jp/jp/siryou/050412heiwa.pdf（参照二〇〇七年一一月七日）。

59 名称に由来する提供資料に対する誤解を埋め合わせるかのように、特別展示では岩倉使節団、日露戦争、日米交渉などのテーマを取り上げていて、アジアと日本の関係を示す特別展示は二〇〇八年一月現在まで行われていない。

60 マックス・ウェーバーは『支配の社会学１』（世良晃志郎訳、創文社、一九六〇）で、「近代官僚制の基礎として文書（公文書）を位置づけている」と、大石学は紹介している。（歴史人類学会編『国民国家とアーカイブズ』（日本図書センター、一九九九）一八、四一～四二頁）。

61 平成八年度委託調査報告『アジア歴史資料の現状と所在』はじめに　一頁。

62 一九八八年五月四日ロンドン市長主催による午餐会における竹下登首相のスピーチで公表された。全文は『外交青書』一九八八年版第三二号資料二（五）三四六～三五二頁に収録。国会ではその約二か月後、七月二九日に行った演説で触れている。

63 第一一三国会（一九八八年七月二九日開催衆参両院の本会議で言及）。

64 「【村山談話を】もう少し大きな流れから見てみると、竹下内閣時代に有名な日本の国際貢献の三本柱があって、その辺から日本が大きな国際貢献をしなければならないという流れが政府の中の一つの大きな方向性として出たという気がします。従軍慰安婦問題、確定債務問題については、宮沢内閣のときに調査が始まり、河野官房長官の時に政府の関与があったことを認めたわけですね。ということで、決して、村山社会党委員長を首班とする内閣ができたから急にこういう話になったのではなく、やはり冷戦後の新しい世界に日本がある種の役割を果たす上で、どうしても避けては通れない問題としてこれがあると考えています。そういう意味で、二十一世紀に向けて日本の方向性を示す重要なプロジェクトだと私は評価しています。」山影進の発言。「共通の歴史認識を成立させるために―アジア歴史資料センター設立に向けて―」『外交フォーラム』八二号（一九九五・七）七頁。

65 アジア歴史資料センターは対外文化政策として設置されたために、そのデータベースは国際的なアクセスを意識して仕組みが作られている。利用の説明は日本語以外に英語、ハングル、中国語で行われ、英文目録も準備されている。一〇〇年以上前の日本語や公文書独特の言い回しなどは、英訳によると理解しやすいことすらある。

66 たとえば、大藤修・安藤正人『史料保存と文書館学』（吉川弘文館、一九八六）一一頁。

67 渡辺佳子「第四章 明治期中央行政機関における文書管理制度の成立」安藤正人・青山英幸編著『記録史料の管理と文書館』（札幌：北海道大学図書刊行会、一九九六）一九四〜一九六頁。

68 たとえば、一九九五年五月二七日の歴史学研究会総会決議、「『アジア歴史資料センター（仮称）』に関する声明」。「一九九五年度歴史学研究会総会の報告」『歴史学研究』六七五（一九九五・九）六〇〜六一頁。

※本稿は、筆者の東京大学大学院人文社会研究科文化資源学研究専攻修士学位論文（平成一九年度）「国際関係の中の歴史資料政策―アジア歴史資料センターの成立過程について―」にもとづいている。

第九章　歴史をつむぎ、歴史をつくるアーカイブ

だれのため、何のためのアーカイブか——残すということ

小川　千代子

かつて、一九八〇年代中期に、米国・テキサス州の大学アーカイブを訪問調査に訪れたことがある。当時、ここでも大学アーカイブは整備途上であった。資料整備担当者であるアーキビストは、「何が何でも、保存することとです。保存がなければその先の利用も研究もありえません。資料の存在がすべてです。保存されていれば、資料はいつか利用される可能性があります。資料を廃棄してしまったら、その段階ですべては終わります。」と、熱く語りかけてくれた。案内された「大学アーカイブ」とは、数段の書架に整理中の紙資料がおかれている「ワークスペース」であった。「資料の存在がすべて」と熱く語るアーキビストの分厚いレンズの奥から注がれるまなざしは、その資料たちが包含する未来へのメッセージへの愛情でいっぱいだった。この愛情が「残す」ということを可能にしている、これが、アーカイブの根源だ、と直感した。

アーカイブとは、情報を固定化する動作であり、同時に固定化された保存情報＝保存記録であり、さらにはその集合を保存する場所＝記録保存館やその仕事を担う役所＝記録管理院を言う。

これを辞書的に見ていくなら、保存記録としてのアーカイブ（ズ）には、「公文書」という訳語がわりあてられるだろうし、記録保存館としてのアーカイブ（ズ）には記録保存所、公文書保管所などの表現が見られる。

◆記録管理院

「記録管理院」というのは一九九七年、『月刊ＩＭ』二月号誌上に公表した筆者の造語である。この「記録管理院」造語の背景には、筆者自身のある「思い」の凝縮があった。当時、日本には文書の保存管理を統括する担当する役所が存在していないこと、どちらかといえば偶然にたすけられて「残す」ことになったものの「保存管理と利用提供」を行う窓口業務の場所として「公文書館」だけが「アーカイブ（ズ）」としてようやく少しずつ知名度を上げてきていた。しかし、途上国先進国を問わず、各国の「ナショナル・アーカイブ（ズ）」では通常、その国の文書の発生段階から文書の作り方、所在や存在確認のための手法、作成された文書が当初の目的を終えて完結した後の保管や処分の実務作業とルールとの調整などを担当するということは、日本ではほとんど知られていなかった。文書は、作成され所期の目的に使われた後は、完結文書となる。その後は保存期間満了と共廃棄されるものと考えられ、アーカイブへの移管は今も少ない。この現状を何とか変える方法はないかという「思い」から考え出したのが記録管理院であった。

◆「残す」はチカラの反映

残すという動作、それはその動作を行うものの力（チカラ）をそのまま反映する。残そうとするものの力の強弱は、残そうとする対象物を実体ある存在として本当に残せるかどうかを直裁に左右する。このことは、自然界ではもっとも顕著に現れる。自然界の生命は、それぞれの子孫を残すことに懸命な努力を払う。生命力の強いものが子孫を残し、その弱いものは子孫を残すことができなかったり、残された子孫がその次の世代を残すだけの力を持たなかったりする。だから、自然界ではチカラあるもののみが「残す」事を許される。

人間は、このような自然界の生命の一種であり、子孫を残すことについては今のところ強いチカラを維持している。

◆記録を「残す」人間

人間は、子孫のほかにさまざまなモノを作り出す。その中に記録物も含まれる。そして、記録を残す、これがアーカイブの意味するところである。記録を残す、それは情報を固定化するところから始まる。紙などの媒体に固定化された保存情報がアーカイブという実体を伴うモノとなり、これを集合的に保管する場所や役所もまたアーカイブと呼ばれる。

情報の保存行為、保存された情報の実体的存在、実体的存在としての保存情報である記録の集積場所やそれを管理する役所、いずれも「残す」という動作、行為がその根源におかれるものである。作られた記録は、作られた時点から存在しはじめ、残されはじめる。

◆残せるか否か、これが問題

冒頭に紹介した米国・テキサス州の大学アーキビストの「保存がなければその先の利用も研究もありえません。」ということばは、当たり前すぎるほど当たり前のことである。他方、日本のアーカイブ関係者の間では、情報公開制度が普及するにつれて、作成される公文書に記される情報内容がそれ以前に比べて漠然とした表現に変化した、というウワサがしばしば聞かれる。情報公開制度のもとでは、公文書は原則すべてが公開されることになった。これを踏まえ、公文書を作成する人々は、情報公開制度により公開しても困らないように、公文書に記す内容を以前のように詳細なものではなく、「見られても困らない」、つまるところ漠然とした表現のものを作成するように変化している、というのである。

公文書の作成を担当するのは、公務員の人々である。納税者である国民は、情報公開制度の下で原則公開されることに「制度上」決められている公文書について、その内容を知りたければ開示請求を行う。開示請求がだされたら、行政機関はこれを受けて情報公開制度に沿って開示の可否を検討し、その結果に沿って開示請求者に対して開示が行われることになる。時には非開示もある。非開示の場合でしばしば問題とされるのは、不存在による開示請求却下であろう。存在しなければ、アクセスは不可能なのである。

テキサスの大学アーキビストは「資料の存在がすべてです。保存すれば、資料はいつか利用される可能性があります。資料を廃棄してしまったら、その段階ですべては終わります。」と、熱く語りかけてくれた。保存することと、利用や研究とを区別し、第一段階は保存と心得よ、ということである。「残す」ということは、チカラ＝権力の大小により実現の可否が左右されるという側面があることを忘れてはならない。残せるか否か、これが問題なのである。資料を残すチカラを発揮できなければ、資料は残らず情報は伝わらない。

◆「残す」は世界共通の関心事

アーカイブの国際ＮＧＯ、ＩＣＡ国際文書館評議会には世界一六〇か国余から国立のアーカイブ機関が加盟している。それぞれの国が抱える政治社会体制の多様性を乗り越え、この国際ＮＧＯにこれほど多くの国が加盟しているはなぜか。そこには共通の関心事として、「残す」ということがあるからであろう。体制のちがいをこえ、多くの国は文書主義により運営され、その成果である公文書類を大量に生み出す。生み出される公文書類は統治の足跡であり、継続性ある統治のための参考資料であり、その国の文化や歴史を映し出す情報資源である。国の運営に必要不可欠な情報資源たる公文書をどのように保存管理するか、これは政治社会体制を超えて国という組織にとっては共通の大きな課題である。

しかし、そこではだれのため、何のために残すのかが明確に意識されてきてはいない。

◆収集アーカイブと機関アーカイブ

マーク・グリーンは、日米アーカイブセミナーの発表の中でcollecting archives「収集アーカイブ」とinstitutional archives「機関アーカイブ」という二種類のアーカイブ施設の存在について説明した。日本ではこのような区分は一般的ではない。しかし、明確な定義がみられるわけではないが、古文書と公文書、というような区分方法はしばしば見られる[1]。日本の多くの文書館・公文書館は、制度としては機関アーカイブとして位置づけられながら、実態は、地域の古文書収集保存に力点をおく収集アーカイブとしての性格が強いといってよいだろう。

例えば、公文書館法の有権解釈では、公文書等の等には公文書以外のあらゆる記録が含まれるとする説明があり、公文書館では親機関の活動の結果として蓄積された公文書記録のほか、古文書に代表される親機関以外の出所を有するさまざまな記録をその保有対象とすることが明記されている。公文書、その他の記録とは、公文書のほか、古文書、私文書等あらゆる記録類を意味するものであり、公文書館法で言う公文書館は、公文書以外の文書も広くその保有対象とすることが定められている。このような有権解釈は、公文書館が歴史資料として重要な公文書のほか、古文書、私文書等あらゆる記録類を保存し、利用に供する、すなわち利用者のために奉仕する機関であることを明確にすることを目的に設けられたものと考えてよいだろう。実際、現在の独立行政法人国立公文書館では、ミッション・ステートメントを明らかにし、情報サービス機関であることを強調している。機関のアーカイブを確保する視点はそれほどに明示されていない。

日本の公文書館法及びその有権解釈を前提にして考えていくなら、歴史資料として重要な公文書等を保存し、現在及び将来の利用者のために備える、というのが日本の公文書館、すなわち国及び地方公共団体が設置するアーカイブ機関が担うべき役割であるといってよい。しかし、公文書館の利用者のために歴史資料として重要な公文書等を保存するということは、親機関そのものが納税者から請託された歴史説明責任を全うすることと同質であるといってよいのだろうか。「歴史資料として重要」という公文書館法の文言について考えれば考えるほど、歴史学者、歴史研究者にとっての研究対象史料と推して重要性がある公文書類、という意味合いに限りなく近づいていく印象が払拭しがたくなる。過去、現在、未来をシームレスにつなぐ時代の流れのなかで、国及び地方公共団体が、夫々の統治の経過を現在及び未来の納税者に対して、根拠に基づき説明するための材料を、文書管理規程等で定める保存期間を超えて、未来永劫保持していくためのシステムこそ、公文書館が本来になうべき役割であってよい。

◆文化のモノサシ

かつて、筆者は「アーカイブは文化のモノサシ」と書いた[2]。筆者の考えでは、何かがモノサシとなりうるのは、そこにある共通認識を基盤として異なる側面を測る目盛りをふることができるからである。アーカイブというモノサシには、「残す」という共通認識を基盤に、何を残すのか、どのように残すのか、残されたものはどのように利用に供されるのか、制度はどうか、施設設備建物はどうか、職員はどうか、という目盛りがふられている。

◆利用提供は別の課題

残されたもの、幸いにして残すことに成功したものを、誰がどのように利用するのか、これは残す、ということとは異なる課題である。アーカイブの公開や利用については、ＩＣＡが一九六〇年代後半に採択した大会決議に見られる平等閲覧原則、三〇年原則などの原則はあるものの、実際には国や組織によりそれぞれ運用が異なる。いうなれば、「残す」ことにも文化の多様性があるが、それとは別に利用提供の運用面にも多様な文化の展開を見ることができるのである。情報公開制度や個人情報保護制度のありようは、それぞれの国と個人と情報の関係を反映し、どれひとつをとっても同一のものはありえない。

◆残すということ

残すということは、残されたものを利用に供するということとは性質を異にする業《わざ》である。古来、力あるものが記録を残す、という法則がみられる。今日残されているあらゆるものが、その存在の事実によりどのようなものがどのようにして今日に残ってきているかを説明しているのである。残そうとする力の存在と、その力の強弱、力の継続の長短如何は、今日に伝わる記録の有無、多寡を直接、間接に左右する。

民主主義のツールとしてのアーカイブ、という定評がある。これは民主主義体制のもとでは、主権者は市民であるから、アーカイブは市民の手にゆだねられるということをいう。この体制が変われば、アーカイブは次の体制の主権者の手にゆだねられることは、フランス大革命とフランス国立文書館の成立経過との関係に象徴されるように、歴史がすでに証明している。

結論としては、いかなる種類の権力であれ、その時々の「権力」こそが記録を残すチカラを持ちうる。統治のために作られた記録には統治者がもつその時々の権力に基く情報が固定化されている[3]。端的にこれを表すのが、日本で言うなら戸籍や住民票などの個人の存在記録や、土地や建物に関する登記の記録であろう。その時々の統治者の権限で作成された記録は、そこに信頼性、公式性を備えるものと考えられる。古来、残されている文書の多くは統治にかかわる文書であり、それゆえ歴史を伝えるものとして信頼されてきた。

◆誰のため、何のためのアーカイブか

業務の継続に必要、説明責任、歴史を後代に伝える…残すということには様々な意味付けがなされている。

しかし、残すということの本質は、生命体の種の保存とおなじく、そうすることそのものが、生命の存在証明であるように思えてならない。アーカイブは、その作成者や発生組織が生きた証であり、だからアーカイブは作成者、発生組織のために、その存在を証明するためにこそ残される。残されたのちにそれがいつ「まで」残り続けるのか、これは力の強弱と偶然の組み合わせによって決まってしまう。

本書では、アーカイブへのアクセスを考えることをテーマに掲げた。英語のアーカイブという言葉には、動詞で残す、保存するという意味がある。残す、保存するという動作の延長上に生じる、残されたもの＝「アーカイブ」を、見る、利用する、すなわち「アクセス」について、日米の各種の視点から論じあってきた。

日米には異なる文化があり、アーカイブへのアクセスもまた、文化の違いを反映していることが明らかにされた。同時に、今や世界共通のコミュニケーション・ツールとして、世界を統一する文化となりつつあるデジタル文化が、アーカイブへのアクセスに新たな地平を見せ始めていることは、特記しておきたい。これまでは有体物に限定されていたアーカイブ資料は、デジタル化されデジタル・アーカイブとして人間の眼では読み取れず実体の見えない情報だけの存在、「無体情報」に変貌を遂げている。そして、無体情報化＝デジタル化によって獲得できたものは、何か。それは地理的な距離による情報伝達のハードルを取り払ったことだといってよいだろう。インターネットと電子メールのおかげで、—電気の供給と機器類が確保されていれば—情報は世界中を同時に駆け巡るものとなった。すなわち、現用情報へのアクセスは非常に容易になったと言ってよい。

今日の問題は、現代社会のなかで生み出されたデジタル・アーカイブという無体情報をどのように確保し、どう残していくのか、すなわち「残す」ということである。今新たに世界を席捲しつつあるデジタル文化だが、デジタル・アーカイブが時間のハードルを越えてアクセスを提供し続けるには、なお技術的課題が大きいようだ。克服できない課題というものでもあるまいが、現状では百年単位の保存は非常に困難であることだけが明確で、その解決方法は不明だ。有体物のアーカイブでは当たり前のように実現していた百年単位で時間を乗り越える「残す」ということだが、無体情報の世界の中にどうやって実現していくのだろうか。アーカイブとデジタル文化は、「残す」ということをめぐり、今後なお激しい相剋が繰り広げられるであろう。

〔注〕

1　公文書館法では公文書等を公文書その他の記録と解釈し、広く私文書、古文書等を含めている。

2　『世界の文書館』岩田書院ブックレット　五　（岩田書院、二〇〇〇）。

3　安藤正人は『入門　アーカイブズの世界』（日外アソシエーツ、二〇〇六）の「編集にあたって」の文中、「記録のちから」という表現を用い、「記録のちからを政治的抑圧や経済的搾取のためでなく、人権保護や民主主義のために活かしたいと願い、そのために格闘してきたレコード・マネージャーやアーキビストの努力は、昔も今も、そしておそらくは明日も変わらない」と述べている。ここでは、（統治者の手にある）記録は政治的抑圧や経済的搾取に用いられる可能性があるので、それを防ぎ、人権保護や民主主義のために活かすのがレコード・マネージャーやアーキビストである、という安藤氏が考えるアーカイブ世界のイメージが見える。一方、レコード・マネージャーもアーキビストも、多くの場合統治者の統治機構の一員である公務員であり、その業務を割り当てられる立場におかれている。安藤氏の言うように、記録の保存の目的、残すということについて人権保護や民主主義のために生かしたいと願うということには、実際の業務がそのようなものに近づいてほしいとレコード・マネージャーもアーキビストも願っているという背景が垣間見える。即ち、レコード・マネージャーもアーキビストも、「政治的抑圧や経済的搾取のためでなく」と願う背景には、実はまさに政治的抑圧や経済的搾取に関わる業務を担わねばならない立場におかれること可能性があることを忘れてはならない。この現実をきちんと見据え、向き合うとき、レコード・マネージャーやアーキビストは専門家としての職業倫理や行動規範の重みや意義を理解することができるようになるだろう。アーカイブを「残す」ということの本質は、主権者がもてるチカラ＝権力の大小により、実現の可否が左右され、この実現の可否により、その後のアクセスの可否が決まってしまうのである。

※本稿は『アーカイブを学ぶ』（二〇〇七、岩田書院）に掲載した同名のエッセイに加筆訂正したものである。

あとがき

日米関係史の研究者たちは、長らく、ワシントンにある国立公文書館（NARA）などアメリカで公開されている資料に依拠して、研究を行わざるを得なかった。これは、歴史資料に対するアクセスの制度や実情が、日米では大きく異なることに由来している。日米両国がかかわった出来事について、アメリカ側の資料を参照するだけで、その出来事の全体像や日本にとっての意味が明らかになるだろうか？

記録資料には、証拠となる潜在能力がある。つまり、記録資料へのアクセスがある、ということは、すなわち、パワーを持つことができる、ということだ。日米関係史の例について言えば、アクセスを提供することにおいて日米に非対称があれば、パワー・バランスは始めから取れていない、といえる。

現在のようにヒト・モノ・カネ・情報の移動が激しいグローバル化した世界では、日本の利用者がアメリカのアーカイブを利用する、あるいはアメリカの利用者が日本のアーカイブを利用する、というように、アーカイブの国際的な利用は例外的ではなくなりつつある。この現象は、アーカイブが国際的にも公共性を持つものである、人類の共通遺産である、という見方につながっていく可能性があることを示唆している。

日本の文書館、アーカイブの世界では、国際的な比較というと、おそらく、アーカイブの制度、組織体制や仕組みがどうなっているか、という、アーカイブ組織の、いわば、内部を比較検討することが多かったのではないだろうか。アーカイブによって何が出来るのか、何を提供できるか、というアウトプットの話は少なかったように思う。

アーカイブの類縁機関である図書館では、ライブラリアンの職務の真髄は、利用者と資料・情報を結びつけるところにある。ライブラリアンは、図書や資料を収集し、整理して組織化し、それを提供するが、そのすべての仕事が、現在と将来の利用者に対して資料や情報へのアクセスを提供する、という目的にむけて行われるわけだ。言い換えると、アクセスの提供が、ライブラリアンの役割の本質である。

アーカイブにおいても、その究極的な目的は、記録資料を生成した母体の組織内であれ、外部に対してであれ、利用者、現在と将来の利用者に対して、記録資料へのアクセスを提供することである、と言えるのではないか。なぜならば、アクセスの提供は、記録資料の閲覧を保証する法的な制度があり、記録資料が適切に残され、伝えられ、整理されて探し出せるようになっていなければ実現できないからで、アーカイブにまつわるさまざまな仕組みの積み重ねの上に初めて成り立つことだからである。

以上は、二〇〇七年五月の日米アーカイブセミナー公開フォーラムの開催趣旨で述べた問題意識である。ここにセミナーの記録を軸とした本書を送り出すにあたって振り返ると、その後の一年で日本では公文書管理法制定が視野に入り始め、漸く日本も、公文書の保存について組織的且つ具体的に根拠が与えられようという、歴史的な転換点にいることがわかる。そのような時に本書は、「アクセス」といういわば最終成果からアーカイブを考える視点を提供するものである。

「政府情報の公開は民主主義の大原則」（本書八八頁）である。本書のアメリカからの報告によれば、公開が大原則の公的アーカイブへのアクセスに制限を課している大きな理由は、国家の安全保障とプライバシーである。ところが、何が国家の安全保障に対する脅威になりうるかは、一定ではない。本書で米側著者からは何度か九・一一同時多発テロの影響が言及されているが、社会的な環境によって、おそらく技術の進歩によっても、変化する。「戦争」という国家安全保障上の非常事態が、記録に危機をもたらすことは、日本側の著者によっても言及されている。

また、ある記録に対してすべての人が平等なアクセス権をもつものでもないことも、本書で明らかにされている。たとえば医療記録のように、プライバシーゆえに一般には非公開でも、本人には開示されるのが原則、という記録もあるのである。しかし非公開の記録であっても、アメリカでは、記録の記録（つまり目録）は公開されている。それによってアクセス権のある人のアクセスに道が開かれる。アクセスの問題を考えていくと、結局のところ、記録は誰のものか、という問いに行きつく。

「日本のアーカイブはアメリカより五十年遅れている、という発言があったが、そんなことはない。悩みや課題は同じだ。デジタル化ではむしろ日本の方が進んでいる」とメンゲルは公開フォーラムでコメントした。日本からすると意外な見方であったが、そうなのかもしれない。ただ大きな違いもある。その一つは、アーキビストの社会的認知である。アーキビストの認定制度があるアメリカと異なり、日本ではどのような専門的知識と技術がアーキビストに必要なのか、一般に受け入れられている水準はない。本書によればアーキビストは、法に定められている公開と制限のバランスを見極める仕事をする。記録を守り、現在と将来において情報を求める人に提供するプロフェッショナル。アーキビストの個性によって情報の公開は影響を受けるか、という質問（二一九頁）には、アーキビストという職業について、興味深い回答が寄せられている。公共的な職務を行うアーキビストの認知は日本ではこれからである。

公文書管理制度が整備されれば、組織の職務文書を生成し、保存する機関アーカイブのあり方が問題になってくる。記録管理とアーカイブの連携がますます重要になってくる。「過去を支配するものは未来まで支配する。現在を支配するものは過去まで支配する。」本書九四頁でピアス＝モーゼスが引用している『一九八四年』の言葉は、記録と権力の関係を考える上で、非常に示唆的である。

日米アーカイブセミナーを開催し、その記録である本書を刊行するまでに、実に多くの方々の支援があった。そのうち、実行委員会の委員については巻末付録のviiページ、助成・協力・後援・協賛などの形で支援してくだった団体のリストはviiiページに掲載されている。とりわけアメリカの日米友好基金と日本の国際交流基金による助成が大きな役割を果たした。ここで改めて感謝を記したい。

本書のために英文原稿を翻訳してくださったのは、以下の方々である。岩崎久美子氏（メンゲル論文）、佐藤智子氏（ピーターソン論文）、市川直子氏（ピアス＝モーゼス論文）、岩下ゆうき氏（グリーン論文、ガロン論文、ブラウン論文）、後藤和世氏（タウジー・アドキンス論文）。

最後に、国際交流と翻訳の難しさを象徴する、訳語について記しておきたい。ＩＣＡ（International Council on Archives）の名称は、日本では立場によって、「国際文書館評議会」と「国際公文書館会議」の二つに翻訳が分かれている。本書では基本的に著者の立場を尊重し、訳語を統一することはしなかった。また、ＮＡＲＡ（National Archives and Records Administration）は通常、国立公文書館と訳される。しかし本来は、国立公文書館記録管理庁といった意味合いである。一九三四年にNational Archivesとして出発し、一九四九年に現用記録を対象とする、連邦政府の記録センター機能も合わせもってNational Archives and Records Service（ＮＡＲＳ）となり、一九八四年にはさらに独立機関の地位を得てＮＡＲＡと称されるに至った。しかし日本語訳としては「国立公文書館」が定着しており、記録管理庁という側面が抜け落ちている。したがって同じ「国立公文書館」という言葉を使っていても、日本とアメリカでは機能が大きく異なることに注意を要する。

二〇〇八年八月五日　飛鳥山にて　　小出いずみ

執筆者一覧

エリザベス・W・アドキンス（Elizabeth W. Adkins）、CA　フォード自動車　グローバル情報管理部長　米国アーキビスト協会会長 [2006-2007]

フォード自動車の Global Information Management （GIM）のディレクター。フォード社の企業アーカイブと記録管理プログラムの責任をもっている。1981 年 Laird Norton Company で仕事を始め、後にクラフト・フーズ社に移り、1987 年にはアーカイブ部長に就任した。1996 年 12 月、フォード社にアーカイブ管理者としてリクルートされ、2001 年には現在の職務に昇任した。ニューヨーク州立大学ビンガムトン校の歴史学部卒（B.A.）、カーネギー・メロン大学歴史学修士（M.A.）。アメリカ・アーキビスト協会（SAA）でも活躍し、2002 年 SAA フェローに選ばれ、2006-2007 年の会長に選任された。Academy of Certified Archivists 前会長でもあり、優秀サービス賞も受賞している。ARMA International や国際文書館評議会（ICA）のビジネス労働アーカイブ部会の幹事でもある。

フィリップ・C・ブラウン（Philip C. Brown）　オハイオ州立大学歴史学部準教授

米国ニューヨーク州ローチェスター生まれ。現在、大学では日本史・東アジア史・地図製作法史・歴史学研究法を教える。国文学研究資料館の客員研究員、また、フルブライト、国際交流基金、米国社会科学評議会（SSRC）、米国科学財団（NSF）/ 日本学術振興会から研究助成を受けた。日本では特に北陸地方のアーカイブをよく利用し、京都、岡山、沖縄でも文献調査を行う。国史を編纂する上で地方の歴史がどのように使われてきたか、大名の領地や村での土地所有形態、ヨーロッパや北米の研究者がどのように日本の一次資料を使用してきたか、などについて研究、また地理的情報システム（GIS）を導入した歴史研究もある。Early Modern Japan Network（EMJNet）創設者、*Early Modern Japan：An Interdisciplinary Journal* 編集長。著書に *Central Authority and Local Power in the Formation of Early Modern Japan: The Case of the Kaga Domain* （Stanford University Press, 1993）があり、また多数の論文を *Journal of Asian Studies*、*Journal of Japanese Studies*、*Social Science History*、『日本史研究』、研究紀要やエッセー集に発表している。

シェルドン・M・ガロン（Sheldon M. Garon）　プリンストン大学歴史学部教授

米国ミネソタ州生まれ。1982 年からプリンストン大学歴史学部で教鞭をとる。世界的な歴史の枠組の中で近代及び現代日本における社会と国家との関係を研究。著書に、米国歴史協会のジョン・K・フェアバンク賞を受賞した *The State and Labor in Modern Japan*（Univ. of California Press, 1987）、*Molding*

Japanese Minds: The State in Everyday Life （Princeton Univ. Press, 1997）、*The Ambivalent Consumer: Questioning Consumption in East Asia and the West* (Co-editor. Cornell Univ. Prcss, 2006）など。現在、多数の国にまたがる研究 "Keep on Saving": How Other Nations Forged Cultures of Thrift When America Didn't に取り組んでいる。ニュース・メディアでも現代の政治経済的な動向の歴史的な意義を解説。プリンストン大学ではカリキュラムと研究の国際化に貢献、2001 年から 2003 年まで同大国際関係研究特別委員会の委員長を務め、同大国際関係・地域研究所（PIIRS）の設立に寄与した。

マーク・A・グリーン（Mark A. Greene）、CA　ワイオミング大学 アメリカ文化遺産センター（AHC）所長　米国アーキビスト協会会長 [2007-2008]

AHC はワイオミング大学の記録、文書及び稀本を保管している。カールトン・カレッジでアーキビストとしてのキャリアを歩み始め、ミネソタ歴史協会の文書学芸員を 11 年務めた後ヘンリー・フォード博物館の研究センタープログラム長を務めた。アーカイブに関する多数の論文は米国、カナダ、スイス、英国で高く評価されている。米国アーキビスト協会では、運営会議に携わり、文書部門、アーカイブ教育と専門家育成委員会、議会文書円卓会議の委員長を経て 2007 年 5 月現在副会長として次期会長就任が決まっている。2002 年には米国アーキビスト協会のフェローに指名されている。

加藤陽子（Yoko Kato）　東京大学大学院人文社会系研究科准教授

さいたま市（旧大宮市）生まれ。1983 年東京大学文学部国史学科卒業、1989 年同大学院人文系研究科博士課程単位取得修了、博士（文学）取得。1989 年山梨大学教育学部講師、同助教授を経て、1994 年現職。『模索する一九三〇代：日米関係と陸軍中堅層』（山川出版社、1993 年）、『徴兵制と近代日本』（吉川弘文館、1996）、『戦争の日本近現代史：東大式レッスン！征韓論から太平洋戦争まで』（講談社現代新書、2002）、『戦争の論理：日露戦争から太平洋戦争まで』（勁草書房、2005）、『満州事変から日中戦争へ』（岩波新書、2007）など多数の著書がある。

古賀崇（Takashi Koga）　国立情報学研究所 情報社会相関研究系 助教、総合研究大学院大学複合科学研究科情報学専攻助教（兼任）

福岡県出身。1996 年東京大学法学部政治コース卒業、1999 年東京大学大学院教育学研究科修士課程修了、2002 年米国シラキュース大学情報学大学院修士課程修了、2004 年東京大学大学院教育学研究科博士課程単位取得退学。米国留学中の 2002 年 1 月～2 月に、米国国立公文書館記録管理庁（NARA）付属図書館情報センターにて目録担当インターンとして勤務。2004 年 4 月に国立情報学研究所助手に着任し、2007 年 4 月より現職。法学、政策学、図書館情報学、記録管理学など学際的視点を導入して、

多角的な視点から「政府情報アクセス」に関する研究を進めているほか、記録管理とアーカイブズに関する基礎理論にも関心をもつ。最近の著作に、「レコードキーピング：その射程と機能」（高山正也先生退職記念論文集刊行会編『明日の図書館情報学を拓く：アーカイブズと図書館経営』所収、樹村房、2007）、"Government Information and Roles of Libraries and Archives: Recent Policy Issues in Japan," *Progress in Informatics* 1 (March 2005), pp.47-58 などがある。

小檜山ルイ（Rui Kohiyama）　東京女子大学現代文化学部教授、お茶の水女子大学ジェンダー研究センター客員教授

国際基督教大学大学院博士課程修了。学術博士。専門は、アメリカ女性史、ジェンダー史、日米関係史。現在の研究関心は、20世紀初頭のアメリカの女性による超教派海外伝道とアメリカによる伝道事業衰退のプロセス。主な著書に、『アメリカ婦人宣教師―来日の背景とその影響』（東京大学出版会、1992）、『結婚の比較文化』（共著。勁草書房、2001）、『新版アメリカ学入門』（共著。南雲堂、2004）などがある。

小出いずみ（Izumi Koide）　財団法人 渋沢栄一記念財団 実業史研究情報センター長

1980年から財団法人国際文化会館で日本研究の専門図書館を担当。学術研究における一次資料の重要性とその情報資源化の必要性を痛感し、アーカイブズと資料アクセスに関心をもつ。*A Guide to Reference Books for Japanese Studies*（International House of Japan, 1989. rev. ed. 1997）編纂、『研究と資料と情報を結ぶ』（国際交流基金、2002）など会議の企画と会議録を編纂。2001年からは、主としてアメリカやアジアを対象とした二国間、多国間の国際文化交流プログラムを担当。2003年11月から現職。1978年同志社大学大学院修士課程修了（組織神学専攻）、1980年ピッツバーグ大学大学院修士課程修了（図書館学専攻）、2008年東京大学大学院修士課程修了（文化資源学専攻）。現在、同大学院博士課程在学。

松崎裕子（Yuko Matsuzaki）　財団法人 渋沢栄一記念財団実業史研究情報センター 企業史料プロジェクト担当、愛知学泉大学客員研究員

2004年より財団法人渋沢栄一記念財団実業史研究情報センターで企業史料プロジェクトを担当。アーカイブズに関する著作に、「イギリスにおける『アーカイブズへのコミュニティ・アクセス・プロジェクト（CAAP）：その歴史的背景と概要について』（愛知学泉大学コミュニティ政策研究所『コミュニティ政策研究』10号、2008）、"The Shibusawa Shashi Project And Sharing Information on Business Archives in Japan"（*Business Archives Principles And Practice*, London: Business Archives Council, no.91, 2006）等がある。1988年一橋大学社会学部卒、1991年シェフィールド大学大学院修士課程修了（国際関係学）、2001年名古屋大学大学院国際開発研究科博士課程修了。博士（学術）。

デイビッド・J・メンゲル（David J. Mengel）米国国立公文書館記録管理庁（ＮＡＲＡ） 特別閲覧・情報公開担当チーフ

1991年よりNARAに勤務。その前はニクソン大統領資料局のアーキビストとして文書の処理や録音テープの統括責任者を務めた。現在はNARA特別閲覧･情報公開担当チーフとしてアーカイブ資料に対する情報公開請求を精査し、非公開資料に対する開示請求を処理する責任者である。この部署は、アクセス制限のあるジョン・Ｆ・ケネディ大統領暗殺事件情報集、独立または特別協議会などのコレクションを管理している。メンゲル氏はまたNARAを代表して諸機関間安全保障上訴委員会（ISCAP）でのリエゾンを務める。

牟田昌平（Shohei Muta） 国立公文書館アジア歴史資料センター 調整専門官

2005年7月より現職。1977年早稲田大学第一文学部西洋史学科卒業、1981年ロンドン大学東洋アフリカ学院（SOAS）にて東南アジア国際関係史で修士号を取得。同年（財）日本国際交流センターに入所。シニア・プログラムオフィサーとしてシンクタンクのネットワークや「議会図書館日本情報センタープロジェクト」等の海外と日本との情報交流に関するプロジェクトを担当。1994年8月から1年間フルブライト研究員として米国議会図書館にて米国の情報公開制度の研究を行う。1996年より村山総理が設立検討を表明したアジア歴史資料センター設立プロジェクトを担当。センター設立後、主任研究員となる。最近では公文書館のデジタルアーカイブプロジェクトや内閣府が進める電子記録の長期保存について研究を行うと共にセミナーやワークショップを行っている。

長岡智子（Tomoko Nagaoka） 国際基督教大学21世紀COEプログラム コーディネーター

国際基督教大学教養学部人文科学科卒業（1987年）。財団法人国際文化会館企画部で国際文化交流事業の運営に携わり、2003年9月より国際基督教大学で21世紀ＣＯＥプログラム「『平和･安全・共生』研究教育の形成と展開」コーディネーターとして研究支援の業務に当たっている。東京大学大学院人文社会系研究科文化資源学専攻修士課程に在学中。共訳『助成という仕事―社会変革におけるプログラム・オフィサーの仕事』（Joel J. Orosz著、明石書店、2005）。

小川千代子（Chiyoko Ogawa）、 CA 国際資料研究所代表

東京都立大学人文学部卒業。東京大学百年史編集室に1975年から12年間勤務。この間アーカイブ資料の管理に関心を抱く。1987年国立公文書館に転じ国際交流を担当。1989年ＣＡ取得。1993年国際資料研究所を設立。全国歴史資料保存利用機関連絡協議会副会長、記録管理学会副会長、ＩＣＡ/ＳＰＡ（国際文書館評議会専門家団体部会）運営委員（2000-2008）など。東京

大学大学院、東京学芸大学、中央大学、学習院大学講師。著書『電子記録のアーカイビング』（2003）、『世界の文書館』（2000）（以上単著）、『デジタル時代のアーカイブ』（近刊予定）、『世界のアーキビスト』（2008）、『アーカイブを学ぶ』（2007）、『アーカイブ事典』（2003）、『文書館用語集』（1997）、「文書基本法（案）と記録管理院構想」（高橋滋他編『政策提言　公文書管理の法整備に向けて』、2007）（以上共著）など。

大津留（北川）智恵子（Chieko Ohtsuru Kitagawa）

関西大学法学部教授

東京大学大学院修士課程修了、ジョンズ・ホプキンス大学高等国際問題研究大学院修士課程修了。専門は国際政治学、現代アメリカ政治外交史。現在の研究関心は、アメリカの市民社会と政治過程の関係。主な著書に、「新しい秩序を模索するアメリカ外交」（佐々木卓也編『戦後アメリカ外交史』、2002）、『アメリカのナショナリズムと市民像―グローバル時代の視点から』（共著、2003）、「人権と民主主義」（松田武編『現代アメリカの外交』、2005）などがある。

リチャード・ピアス＝モーゼス（Richard Pearce-Moses）、CA　アリゾナ州図書館公文書館　デジタル政府情報統括長　前米国アーキビスト協会会長 [2005-2006]

アーキビストとして 20 年以上の経験を持ち、現在アリゾナ州図書館公文書館デジタル政府情報統括長としてアーカイブ、図書館及び記録保管部署と連携して紙文書のデジタル化を推進している。テキサス州立大学オースティンのハリー・ランサム・センター、テキサス歴史財団、テキサス州立図書館公文書館委員会、アリゾナ州立大学及びハード美術館にも勤務した。著書に、*Photographic Collections in Texas: A Union Guide and a Glossary of Archival and Records Terminology*（Chicago: Society of American Archivists, 2005）、ＳＡＡの基本参考書として出版された *A Glossary of Archival and Records Terminology*（Chicago: Society of American Archivists, 2005）などがある。

トルディ・ハスカンプ・ピーターソン（Trudy Huskamp Peterson）、CA　元米国国立公文書館記録管理庁長官代理。元米国アーキビスト協会会長 [1990-1991]

米国アイオワ州生まれ。現在アーカイブ・コンサルタントを務める。米国国立公文書館記録管理庁に長官代理としての 2 年間を含む 24 年間勤務した後 、米国政府を退職し、ハンガリーのブダペストに設立された Open Society Archives の初代常任理事を経て国連難民高等弁務官事務所のアーカイブ・記録管理部長を務めた。国際文書館評議会円卓会議会長（1993-95）と米国アーキビスト協会会長（1990-91）を歴任し、世界各地でアーカイブに関する講演を行っている。2005 年には 20 の真実委員会の研究をまとめた *Final Acts: A Guide to Preserving the Records of Truth Commissions*（最後のまとめ：真実委員会記録保存ガイド）をジョンズ・ホプキンズ大出版局から出版 *。また、五暫定国際刑事裁判所に関するレポート Temporary Courts, Permanent Records（暫定的な裁判所、恒久的な記録）も 2006 年 8 月に出版した ** 。

*http://wilsoncenter.org.press/peterson finalacts.pdf
**http://www/usip.org/pubs/specialreports/sr170.html

富永一也（Kazuya Tominaga）　財団法人沖縄県文化振興会（沖縄県公文書館指定管理者）公文書管理部資料課　公文書主任専門員

沖縄県那覇市生まれ、コザ市（現沖縄市）で育つ。高校教師を勤めるも進路変更し、沖縄県の奨学金制度でアメリカへ留学(1991-1993)。留学中に偶然スカウトされ、卒業と同時に沖縄県の公文書館建設準備室へ採用。プロジェクトのかたわら、1994年9月から翌年2月までスミソニアン協会公文書館にて研修。1995年の開館とともに公文書専門員となる。2001年から2005年まで4年間、沖縄県立図書館勤務。公文書館と図書館を比較する視点を得た。2005年に公文書館へ戻り、現在、沖縄県文書の引渡及び評価選別を担当。研究に「われわれのアーカイブズ」(『京都大学大学文書館紀要』2、2004)、「公文書評価選別と整理のための作業仮説」(『京都大学大学文書館紀要』6、2008）などがある。

ベッキー・ハグランド・タウジー（Becky Haglund Tousey)、CA　クラフト・フーズ社 グローバル・アーカイブズ部長

コロラド州アーカイブ、シカゴ市立図書館及アリゾナ州立大学などの非営利団体でそれぞれ政府記録や大学記録を扱いアーキビストとしての経験を積んだ後、1991年にアーカイブ・スペシャリストとしてクラフト・フーズに入社し、現在はグローバル・アーカイブズ部長を務める。地元及び地域的な専門家集団の活動にも参加しており、米国アーキビスト協会(SAA)評議員と国際文書館評議会(ICA)のビジネス・労働アーカイブ部門の事務局長を務める。

吉見俊哉（Shunya Yoshimi）　東京大学大学院情報学環長

1957年東京生まれ。東京大学相関社会科学分科卒業。同大学院社会学研究科博士課程単位取得退学。社会学・文化研究専攻。東大新聞研究所助教授、同社会情報研究所助教授、教授を経て、現在、同大学院情報学環教授、情報学環長・学際情報学府長。人々の集まりの場におけるドラマの形成について考えるところから出発し、近代化のなかでのポピュラー文化と日常生活、そこで作動する権力の問題をテーマに研究を展開。国民祭典やアメリカ化、消費社会化の文化史的分析、文化理論の方法的探究などに取り組んでいる。最近の著書に『親米と反米：戦後日本の政治的無意識』(岩波新書、2007)、『万博幻想：戦後政治の呪縛』(ちくま新書、2005)、『メディア文化論：メディアを学ぶ人のための15話』(有斐閣、2004)、『カルチュラル・ターン、文化の政治学へ』(人文書院、2003)、『カルチュラル・スタディーズ』(岩波書店、2000）などがある。

日米アーカイブ・セミナー実行委員会
JAPAN-US Archives Seminar Organizing Committee

小川千代子 国際資料研究所代表	委員長 Chair	*Chiyoko Ogawa, CA* Represetative, Documenting Japan International
小出いずみ 渋沢栄一記念財団 実業史研究情報センター長	副委員長 Vice Chair	*Izumi Koide* Director, Resource Center for the History of Entrepreneurship, Shibusawa Ei'ichi Memorial Foundation
末吉哲郎 東京都写真美術館参与 企業史料協議会副会長	委員 Member	*Tetsuro Sueyoshi* Advisor, Tokyo Metropolitan Museum of Photography; Vice-President, Business Archives Association
八重樫純樹 静岡大学 情報学部 教授 横断的アーカイブズ論研究会（平成 17-19 年度文科省科学研究費補助金基盤研究（B）「横断的アーカイブズ論の総合化・国際化と社会情報資源基盤の研究開発」（番号：17300081、代表：八重樫純樹））	委員 Member	*Junki Yaegashi* Professor, Faculty of Informatics, Shizuoka University; Representative, Cross Archiving Study Group
吉見俊哉 東京大学大学院情報学環教授 情報学環長	委員 Member	*Shunya Yoshimi* Dean and Professor of Sociology, Graduate School of Interdisciplinary Information Studies, Interfaculty Initiative in Information Studies, University of Tokyo
長岡智子	事務局 Secretariat	*Tomoko Nagaoka*

助成：	Supported by the Grants from:
日米友好基金（JUSFC）	The Japan U.S. Friendship Commission
独立行政法人国際交流基金日米センター（CGP）	The Japan Foundation Center for Global Partnership
横断的アーカイブズ論研究会	Cross Archiving Study Group

協力：	In Cooperation with:
米国国立公文書館記録管理庁（NARA）	U.S. National Archives and Records Administration (NARA)
財団法人渋沢栄一記念財団	Shibusawa Ei'ichi Memorial Foundation
国際資料研究所（DJI）	Documenting Japan International (DJI)

後援（50音順）：
ARMA 東京支部
企業史料協議会
記録管理学会
独立行政法人国立公文書館
情報保存研究会
専門図書館協議会
全国大学史資料協議会
全国歴史資料保存利用機関連絡協議会
東京大学大学院情報学環
日本アーカイブズ学会
文化資源学会

Supported by: (In alphabetical order)
ARMA International Tokyo Chapter / The Association for the Study of Cultural Resources/ Business Archives Association (BAA) / The Japan Society for Archival Sciences (JSAS) / The Japan Society of Archives Institutions Japan Special Libraries Association (JSLA) / Jouhou Hozon Kenkyukai / National Archives of Japan / Association of College and University Archives of Japan / The Records Management Society of Japan / Interfaculty Initiative in Information Studies, The University of Tokyo

協賛企業（50音順）：	With the Contributions from: (In alphabetical order)
キヤノン株式会社	Canon Inc.
株式会社国際マイクロ写真工業社	Cosmos International Inc.
株式会社コスモスインターナショナル	Jimco Co., Ltd.
コニカミノルタオプト株式会社	Kokusai Microfilm Co., Ltd.
株式会社ジムコ	Konica Minolta Opto, Inc.
日外アソシエーツ株式会社	Mitsubishi Kagaku Media Co., Ltd.
株式会社ニチマイ	Nichigai Associates, Inc.
三菱化学メディア株式会社	Nichimy Corporation
雄松堂アーカイブズ株式会社	Yokohama Micro System Co., Ltd.
株式会社横浜マイクロシステム	Yushodo Archives Co., Ltd.

日米アーカイブセミナー　JAPAN-US Archives Seminar

歴史資料へのアクセス：日本の経験、アメリカの経験
Access to Archives: Japanese and American Practices

全体プログラム
Program Schedule

会期：2007年月5月9日（水）～5月11日（金）
Dates:　Wednesday, May 9, 2007 – Friday, May 11, 2007

会場：東京大学本郷キャンパス山上会館
Venue:　Sanjo Conference Hall, University of Tokyo (Hongo Campus)

会議の用語：日本語および英語（専門家会議は逐次通訳、公開フォーラムは同時通訳
Working Languages: Japanese and English (Consecutive interpretation will be available for the closed sessions, and simultaneous interpretation for the public forum.)

I. 専門家会議　（山上会館 201-202 会議室）
I. Closed Session (Rooms 201-202, Sanjo Conference Hall)

5月9日（水）
Wednesday, May 9

10:00-10:30　開会の挨拶、オリエンテーション　**Opening Remarks and Orientation**

10:30-12:00　基調講演　**Keynote Speech**

「歴史の教訓：日本近代史における歴史の『誤用』について
加藤陽子（東京大学大学院人文社会系研究科准教授）
"Lessons" of the Past: The Use and Misuse of History in Japanese Modern History / *Yoko Kato* (Associate Professor of Japanese History, Graduate School of Humanities and Sociology, University of Tokyo)

12:00-13:00　昼食　**Lunch Break**

13:00-14:50　第一セッション：政府文書に関する報告

Session 1 "Access to Records of the National Government"

「NARA における米国政府記録へのアクセス」デイビッド・J・メンゲル（米国国立公文書館記録管理庁　特別閲覧・情報公開担当チーフ）

Access to United States Government Records at the National Archives and Records Administration / *David J. Mengel* (Chief, Special Access/FOIA LICON, U.S. National Archives and Records Administration)

「戦前の公文書に係わる神話と現実」牟田昌平（国立公文書館アジア歴史資料センター調整専門官）

Myth and Reality about Pre-World War II Government Records / *Shohei Muta* (Senior Researcher, Japan Center for Asian Historical Records, National Archives of Japan)

14:50-15:00　休憩　**Coffee Break**

15:00-17:00　第二セッション：地方自治体資料に関する報告

Session 2 "Access to Local Government Archives"

「板挟み—米国における州政府記録へのアクセス」リチャード・ピアス＝モーゼス（アリゾナ州図書館公文書館　デジタル政府情報統括長、前米国アーキビスト協会会長［2005-2006］）

Caught in the Middle: Access to State Government Records in the United States / *Richard Pearce-Moses* (Director of Digital Government Information, State of Arizona, and former president of the Society of American Archivists)

「決定的な不在：アーカイブズ戦略についての異見」富永一也（(財）沖縄県文化振興会（沖縄県公文書館指定管理者）公文書管理部資料課　公文書主任専門員）

A Decisive Absence: A Dissenter's View on Archival Strategy in Japan / *Kazuya Tominaga* (Chief Archivist, Archives Administration Section, Okinawa Prefectural Foundation for Cultural Promotion (The Designated Agency for the Management of Okinawa Prefectural

Archives))

17:30-19:30　レセプション　（学士会分館）

Reception Dinner (Gakushikai Branch Hall on the Hongo Campus)

5 月 10 日（木）

Thursday, May 10

10:00-12:00　第三セッション：大学保存の史資料に関する報告

Session 3 "Access to Archives in Academic Institutions"

「米国の大学における組織の記録と手稿コレクションへのアクセス」マーク・A・グリーン（ワイオミング大学 アメリカ文化遺産センター所長、米国アーキビスト協会副会長・次期会長［2007-2008］）

Access to Institutional Archives and Manuscript Collections in US Colleges and Universities / *Mark A. Greene* (Director, American Heritage Center, University of Wyoming, and Vice President/ President-elect of the Society of American Archivists)

「大学のアーカイブー東京大学情報学環所蔵資料を中心に－」吉見俊哉（東京大学大学院情報学環長）

Archival Collections in Japanese Universities: Focusing on Holdings of Interfaculty Initiative in Information Studies, University of Tokyo / *Shunya Yoshimi* (Dean and Professor of Sociology, Graduate School of Interdisciplinary Information Studies, Interfaculty Initiative in Information Studies, University of Tokyo)

12:00-13:00　昼食　**Lunch Break**

13:00-14:50　第四セッション：企業史料に関する報告

Session 4 "Access to Business Archives"

「ビジネス・アーカイブへのアクセス―米国の場合」ベッキー・H・タウジー（クラフト・フーズ社　グローバル・アーカイブズ部長）

Access to Business Archives: U.S. Access Philosophies / *Becky H. Tousey* (Senior Manager, Global Archives, Kraft Foods Inc.)

「日本の企業史料：その概観とアクセス」松崎裕子（渋沢栄一記念財団実業史研究情報センター企業史料プロジェクト担当、愛知学泉大学客員研究員）

Business Archives in Japan: An Overview and Access Issues / *Yuko Matsuzaki* (Resource Center for the History of Entrepreneurship, Shibusawa Ei'ichi Memorial Foundation; Visiting Research Fellow, Aichi Gakusen University)

14:50-15:00　休憩　**Coffee Break**

15:00-17:00　第五セッション：利用者の視点から

Session 5 "Comments from the User's Point of View"

アメリカの資料利用者のコメント

Comments from Japanese Users of American Archives

小檜山ルイ（東京女子大学現代文化学部教授）

Rui Kohiyama (Professor of American Studies, Tokyo Woman's Christian University)

大津留（北川）智恵子（関西大学法学部教授）

Chieko Otsuru Kitagawa (Professor of International Politics, Kansai University)

日本の資料利用者のコメント

Comments from American Users of Japanese Archives

シェルドン・ギャロン（プリンストン大学歴史学部教授）

Sheldon Garon (Professor of History, Princeton University)

フィリップ･C･ブラウン（オハイオ州立大学歴史学部準教授）

Philip C. Brown (Associate Professor of History, Ohio State University)

5月11日（金）

Friday, May 11

Morning　(U.S. Participants) **Visit to the National Archives of Japan**

Lunch (Sanjo Conference Hall)

II. 公開フォーラム　アーカイブの公共性とアクセス：アメリカの経験、日本の経験

（山上会館大会議室）

II. Public Session "The Public Nature of Archives and Access Issues: American and Japanese Philosophies and Practices"

(Main Conference Room, Sanjo Conference Hall)

13:30-13:50　開会挨拶　**Opening Remarks**

八重樫純樹（静岡大学　情報学部　教授、「横断的アーカイブズ論研究会」研究代表者、日米アーカイブセミナー実行委員会委員）

Junki Yaegashi (Professor, Faculty of Informatics, Shizuoka University; Representative, Cross Archiving Study Group)

趣旨説明　**Remarks by the Organizer**

小出いずみ（渋沢栄一記念財団 実業史研究情報センター長、日米アーカイブセミナー実行委員会副委員長）

Izumi Koide (Director, Resource Center for the History of Entrepreneurship, Shibusawa Ei'ichi Memorial Foundation)

13:50-14:30　基調講演　**Keynote Speech**

「アメリカ合衆国におけるアーカイブの姿勢とアクセス」
トルディ・ハスカンプ・ピーターソン（元米国国立公文書館記録管理庁長官代理、元米国アーキビスト協会会長［1990-1991］）

Attitudes and Access in the United States of America /
Trudy Huskamp Peterson (former Acting Archivist of the United States and former president of the Society of American Archivists)

14:30-16:30　パネルディスカッション　「アーカイブの公共性とアクセス」
Panel Discussion: The Public Nature of Archives and Access Issues

司会：吉見俊哉　Moderator: Shunya Yoshimi

[14:30-15:00]　アメリカの経験 **Archives in the United States**

「NARAにおける米国政府記録へのアクセス」デイビッド・J・メンゲル（米国国立公文書館記録管理庁　特別閲覧・情報公開担当チーフ）

Access to United States Government Records at the National Archives and Records Administration / *David J. Mengel* (Chief, Special Access/FOIA LICON, U.S. National Archives and Records Administration)

「板挟み—米国における州政府記録へのアクセス」リチャード・ピアス＝モーゼス（アリゾナ州図書館公文書館　デジタル政府情報統括長、前米国アーキビスト協会会長［2005-2006］）

Caught in the Middle: Access to State Government Records in the United States / *Richard Pearce-Moses* (Director of Digital Government Information, State of Arizona, and former president of the Society of American Archivists)

「米国の大学における組織の記録と手稿コレクションへのアクセス」マーク・A・グリーン（ワイオミング大学　アメリカ文化遺産センター所長、米国アーキビスト協会会長［2007-2008］）

Access to Institutional Archives and Manuscript Collections in US Colleges and Universities / *Mark A. Greene* (Director, American Heritage Center, University of Wyoming, and President of the Society of American Archivists)

「ビジネス・アーカイブへのアクセス—米国の場合」ベッキー・H・タウジー（クラフト・フーズ社　グローバル・アーカイブズ部長）

Access to Business Archives: U.S. Access Philosophies / *Becky H. Tousey* (Senior Manager, Global Archives, Kraft Foods Inc.)

[15:00-15:15]　休憩　**Break**

[15:15-15:40]　日本の経験　**Archives in Japan**

アーキビストから From an Archivist

富永一也（(財）沖縄県文化振興会（沖縄県公文書館指定管理者）公文書管理部資料課　公文書主任専門員）

Kazuya Tominaga (Chief Archivist, Archives Administration

Section, Okinawa Prefectural Foundation for Cultural Promotion (The Designated Agency for the Management of Okinawa Prefectural Archives))

利用者から From a User

フィリップ・C・ブラウン（オハイオ州立大学歴史学部準教授）

Philip C. Brown (Associate Professor of History, Ohio State University)

[15:40-16:00]　日米のアクセスを比較して―日米専門家会議からの報告

Archives in the U.S. and Japan: Executive Summary of the Discussions in the Closed Session

古賀崇（国立情報学研究所 情報社会相関研究系 助教、本事業評価報告担当）

Takashi Koga (Assistant Professor, National Institute of Informatics Japan, Evaluator of the Project)

[16:00-16:30]　質疑応答　**Q & A**

16:30-16:40　休憩　**Break**

16:40-16:50　提言の採択　**Adoption of a Resolution**

トルディ・ハスカンプ・ピーターソン

Trudy Huskamp Peterson

16:50-17:00　閉会の挨拶 **Closing Remarks**

小川千代子（国際資料研究所代表、日米アーカイブセミナー実行委員会委員長）

Chiyoko Ogawa (President, Documenting Japan International)

17:30-19:00　レセプション（山上会館 **1** 階談話ホール）

Reception (Lounge, Sanjo Conference Hall)

RESOLUTIONS

Japan-U.S. Archives Seminar, May 9-11, 2007

The Japan-U.S. Archives Seminar, held from May 9 to May 11, 2007, at Sanjo Conference Hall, University of Tokyo in Tokyo, with more than 150 participants, discussed the public nature of archives and the principles of access to archives, and adopted the following resolutions:

<u>Resolution 1: Access</u>

Recognizing that both Japan and the United States have rules and customs for access to archives, that the rules of access are determined by the organizations creating the records, and that the rules reflect the culture of the locality and of the organization, and
Further recognizing that archives have an obligation to respect and protect personal privacy as understood in the culture,

The Japan-U.S. Archives Seminar

Urges archival institutions to provide researchers with the maximum access to archives, to promote accountability in the institution creating the records and to make possible historical research on all of national history.

<u>Resolution 2: Establishment of Archives</u>

Considering that each type of archival organization must pursue an archival strategy appropriate to its parent body,

The Japan-U.S. Archives Seminar

1. Calls upon national governments to establish and sustain legal frameworks to control the entire processes of record keeping and documentation throughout the government,
2. Recommends that all local and municipal governments establish archives,
3. Expresses the wish that colleges and universities establish or enhance their archives and manuscript collections and make them accessible for research use, thereby making them common intellectual assets for all researchers,
4. Invites companies and business organizations to promote the awareness of the

value of preserving business records and supporting archival programs.

Resolution 3: Description and Duplication

Reaffirming that the history of the 20th century is global and that research demonstrates the increasing significance of our shared archival heritage,

The Japan-U.S. Archives Seminar

Recommends that archives, professional organizations, and relevant institutions and organizations that administer archives create and publish appropriate finding aids meeting the international standard for archival description and encourage the reproduction of and access to the archival heritage of the 20th century by employing technology of the 21st century.

Resolution 4: Preservation

Concerned that the records of institutions and individuals be preserved for future generations,

The Japan-U.S. Archives Seminar

1. Encourages archivists and government officials to consider the wide variety of possible users when they appraise records for permanent retention and when they solicit donations of historical materials,
2. Recommends that institutions preparing official histories preserve the materials used in the research and writing to ensure that future researcher have access to the compiled record,
3. Urges institutions holding archives to provide adequate funds to preserve and protect historical materials.

事項名索引

※「→：」は他の参照先（をも見よ）を示す

【あ行】

【さ行】

【ま行】

【や行】

【ら行】

【わ行】

アーカイブへのアクセス
―日本の経験、アメリカの経験
《日米アーカイブセミナー2007の記録》

2008年9月25日　第1刷発行

編　者／小川千代子・小出いずみ
発行者／大高利夫
発　行／日外アソシエーツ株式会社
〒143-8550 東京都大田区大森北1-23-8 第3下川ビル
電話(03)3763-5241(代表)　FAX(03)3764-0845
URL　http://www.nichigai.co.jp/

組版処理／日外アソシエーツ株式会社
印刷・製本／光写真印刷株式会社

《中性紙北越淡クリームキンマリ使用》

ISBN978-4-8169-2136-0　　*Printed in Japan,2008*